感　　谢

北京联合大学应用文理学院资助

湖北省文物考古研究院支持

中国旧石器时代打制石器类型学研究

A Study on the Typology of Chinese Paleolithic Knapped Stones

冯小波——著

金城出版社
GOLD WALL PRESS

图书在版编目（CIP）数据

中国旧石器时代打制石器类型学研究 / 冯小波著
. — 北京：金城出版社有限公司，2023.8
ISBN 978-7-5155-2302-6

Ⅰ. ①中… Ⅱ. ①冯… Ⅲ. ①石器—考古—中国—旧
石器时代 Ⅳ. ① K871.11

中国版本图书馆 CIP 数据核字（2021）第 264238 号

中国旧石器时代打制石器类型学研究

作　　者　冯小波
特约编辑　周天媛
责任编辑　欧阳云　杨　超
责任校对　彭洪清
责任印制　李仕杰
开　　本　710 毫米 × 1000 毫米　1/16
印　　张　15.5
字　　数　275 千字
版　　次　2023 年 8 月第 1 版
印　　次　2023 年 8 月第 1 次印刷
印　　刷　鑫艺佳利（天津）印刷有限公司
书　　号　ISBN 978-7-5155-2302-6
定　　价　128.00 元

出版发行　**金城出版社有限公司**　北京市朝阳区利泽东二路 3 号（100102）
发 行 部　（010）84254364
编 辑 部　（010）64214534
投稿邮箱　825994321@qq.com
总 编 室　（010）64228516
网　　址　http://www.jccb.com.cn
电子邮箱　jinchengchuban@163.com
法律顾问　北京植德律师事务所　18911105819

序　言

旧石器时代占据人类历史的99.6%以上，对人类社会的发展有着至关重要的影响。人类的生理和心理特征都形成于旧石器时代，在人类的思维方式和文化现象中，至今依然留有旧石器时代狩猎采集生活的深刻印记。目前，人类起源演化的研究重心逐渐转向东亚地区，在现代人类究竟是“单一中心起源”还是“多地区起源”的争论中，中国旧石器时代考古研究占据着越来越重要的地位。旧石器时代考古学是一门具有自然科学和社会科学双重特征的综合性、交叉性学科，较之新石器时代及其后各时期考古学研究，中国旧石器时代考古学研究尚存在很多薄弱环节，亟须建立起自身的学术体系，并与新石器时代考古学相贯通。

中国旧石器时代遗存丰富多样，自1921年发掘北京周口店龙骨山北京人遗址至今，已发现超过2000处遗址或地点，涵盖了距今210万年至1万年的各个时段。

长期以来，对中国旧石器时代器物的分类和类型学研究，都是在国外权威学者的分类体系中进行的，在实际研究过程中虽然广泛使用了先进科技手段，但理论归纳尚不完善，考古发掘工作不够规范、发掘资料的整理不够细致、常用术语使用混乱、石器分类和命名不统一的现象十分突出。

经过几十年的田野工作，中国旧石器时代考古的材料愈发丰富、研究愈发深入，研究工作迫切需要一套规范化的学术术语和分类体系，并在学术研究与交流中统一使用，由此进而建立我国旧石器时代文化序列标尺，引导国内的研究工作，亦便于国际间顺畅交流。

我在《先秦考古——中国考古学（上）》中曾谈到旧石器时代的石器，根据国外学者的描述简单地讨论过旧石器时代的石片、石核及石器种类，但那些分类的词汇还比较笼统、抽象，学者们要想实际操作还需进一步细化分类体系。

1987年，本书作者冯小波（时为北京大学1985级本科生）由我亲自带领，赴湖北省天门市石家河遗址进行田野考古实习，通过半年的田野实习，他系统学习了田野考古学、器物类型学等理论和知识，坚定了将来做一名优秀考古工作者的初心和信念。他1989年毕业后进入湖北省文物考古研究所，长期从事旧石器时代与古人类学的考古发掘及研究工作，2005年获得法国人类古生物研究所博士学位。

通过长期实践和学习，冯小波教授逐渐成为一名出色的考古发掘领队，更可喜的是，他把在法国学到的发掘理论和方法，创造性地运用到中国旧石器时代考古发掘和研究中，形成了一套具有中国特色的旧石器时代考古学研究范式。

在本书中，作者运用并借鉴了生物学的分类方法，参考地质学、年代学、民族学等学科的研究方法，对中国旧石器时代打制石制品进行类型学探讨，将类型学方法应用于旧石器时代考古调查、勘探、发掘、整理的全过程，在遵循全面性、逻辑性、科学性的基础上，提出了中国旧石器时期打制石制品分类的基本原则，建立了一套科学、合理的旧石器时代考古石制品观察体系，填补了中国旧石器时代考古类型学研究的一项空白。冯小波教授还告诉我，他还研发了一套"激光不规则轮廓曲线仪"的绘图仪器，可准确、高效地绘制打制和磨制石器，其效率比传统的绘制石器方法提高30倍以上。

我希望冯小波教授继续努力研究旧石器时代考古学文化，多出版高水平的成果，同时也将研究视野拓宽到新石器时代的石器，对新石器时代的生产工具进行一些开创性研究，将新石器时代数量巨大的磨制石器也按照这本书的思路展开探索性研究，开创新石器时代考古学"陶器、石器并重"研究思路。

嚴文明

2023年7月3日

前　言

如何判断一块石头是否古人制作的石器，对于一名专业的文物考古工作者颇为不易，更别说普通人了，尤其旧石器时代的工具，辨认起来更加困难，主要源于旧石器时代的工具均为打制，乍一看，与自然破碎的石块没有太大的区别。

目前我国旧石器时代考古石器的研究方法主要有两种，一种是张森水先生的方法，另一种是参考美国学者尼古拉斯·托斯的方法。但这些方法还有许多需要完善之处，尤其是初学者不得其要。

为了化繁为简，让读者对旧石器时代考古学石制品研究方法一目了然，本书参考了国外（特别是旧石器时代考古学发源地——法国）有旧石器时代考古学研究传统的学者们及中国旧石器时代考古学研究先行者们的研究方法，从绪论、中国旧石器时代考古学研究方法概述、石制品野外信息记录、石制品的分类与定位、石器的加工特征、石制品的观察与测量、手斧与斧状器的观察与测量等方面进行了梳理，还举例说明了主要的石制品类型描述。

本书尤其在石制品的分类与定位、加工特征、观察与测量等一些基本概念上着墨甚多，可能对一些旧石器时代考古学研究人员和一些有志于这方面研究的初学者有一定的参考和借鉴作用。

本书的初衷是“抛砖引玉”，只是旧石器时代石器类型学研究的一个起点，希望同仁们、读者们多提宝贵意见，在实际工作中逐步补充、修正、完善，经过从理论到实践、从实践再回到理论的多次验证，下次修订再版时可能就更加合理、更容易操作。

期待中国旧石器时代考古研究者能够发出自己的声音，让我们一起为完善、提高中国旧石器时代考古学研究水平共同努力。

冯小波

2023 年 5 月 22 日

目　录

第六章
石制品的观察与测量 122

绪 论

石器是人类最初使用的主要生产工具，在人类出现后的很长时期内，石器在人类生产、生活中占有支配地位。在考古学上，将主要使用石器的时代称之为石器时代，石器时代大约开始于距今 300 万年前，又可划分为旧石器时代、中石器时代和新石器时代 3 个阶段。每个时代的石器，制造工艺和器型都具有不同特征，甚至到青铜时代，某些石器在生产上仍然发挥着重要作用。

根据石器的制作方法，可分为打制和磨制（含琢制、钻孔）两大类。随着时间的推移，制作工艺和器型都有着显著的变化，因而石器的制法和器型，常常成为判断遗迹或文化性质的重要标尺。

在考古学研究中，不同时代的考古类型学研究有其自身的规律和方法。由于旧石器时代遗址保存下来的遗迹、遗物与其他时代的遗址不同，因此，旧石器时代考古学研究和其他时代的考古学研究方法略有不同，尤其是类型学方法，与相关的自然科学联系紧密。特别是旧石器时代遗址发现的遗迹、遗物包含丰富，涉及第四纪地质学、古人类学、第四纪哺乳动物学、岩石学等方面的知识，文化遗物基本上都是石器，知识体系偏自然科学与理工学科，与中国传统教育体系中考古学科的知识体系略有不同，导致从事旧石器时代考古学研究的人员数量偏少。

旧石器时代的生产生活工具主要是打制石器，均是以岩石（或矿物）为素材制作的工具。也许在人类使用石器的同时或者更早，人类有一个使用木器、竹器等其他质地工具的阶段，但是因为这些工具保存下来的条件非常苛刻，所以现在我们谈到旧石器时代工具的时候，更多讨论的是以岩石或矿物为素材制作的工具。石制品（包括石器）是旧石器时代遗址中出土数量最多、种类最繁杂的生产工具及生活用具，又是人类最早制造和使用并且能够保存下来的少数几种工具之一。

旧石器时代考古学研究的目的就是运用考古地层学科学地发掘旧石器时代文化遗址，运用考古类型学方法整理出土遗物，探讨遗址形成过程、相关功能区域的布局，以及各种遗物的制作和使用方法及其功能等，同时参考民族学调查资料，从多个方面探讨旧石器时代的文化面貌。因此，要了解旧石器时代即人类社会最初阶段的面貌，就必须深入细致地研究旧石器时代的石制品。具体而言，就是要周密和细致地观察石器成品、半成品、制作过程中的废品、制作过程中产生的石片和碎屑，以及制作石制品的工具，借鉴民族学调查资料，复原古代石制品的制作和加工技术，利用模拟制作石制品实验，检验复原石器制作和加工技术。同时结合石制品的形态及石制品表面遗留的各种痕迹研究，对比相关实验考古研究结果，解释石制品的功能和使用方法，为深入研究遗址的性质以及遗址内各个功能区域的布局、生计方式以及由此反映的生活结构乃至意识形态提供多方面的、可靠的资料。

总体而言，在石制品的分类问题上应该遵循以下三个基本原则：第一，同一级度的分类必须根据相同的标准；第二，各个级度的分类应该相互独立，不相互重叠和相互矛盾；第三，每个级度的分类必须包容性强，能够最大限度地覆盖各个子项的各种变化。

分类是类型学中最基础、应用最为广泛的方法和手段。它应当具有三个基本要素：目的、对象和层次。首先，分类是有目的的行为，没有目的的分类毫无意义。其次，分类是有对象的，大到宇宙小到原子核，分类无所不在。第三，分类的层次必须明确，每一个层次必须力求分类的标准相同。

我们可以从制作技术、为什么要研究石器和如何研究石器三个方面来说明本书的必要性和重要性。

一、制作技术

“技术”一词在这里被保留为一种对史前物质文化的概念性方法，基于对技术（包括动作）的推理性研究。考古学家对这个没有物质性目的的“技术”概念进行了解释，认为人类的身体活动（如舞蹈），也是一种技巧。A-G. 奥德里古（A-G.

Haudricourt）认为：“如 果一个人可以从不同的角度来研究同一对象，那么可以肯定的是，有一种观点比其他观点更重要，那就是能够给出研究对象的出现和转化规律的观点。很明显，对于一个人工制造物体来说，如果‘技术’要成为一门科学，人类对其制造和使用的观点至关重要，它是一门关于人类活动的科学。”

虽然在本书中，“技术”只应用于加工的石头，但必须记住，“技术”是一种文化中发挥作用的整个技术系统。加工的石制品研究在史前时期很快就受到重视，是因为这些石制品是保存完好的“技术”的第一个证据，以后才涉及到其他质地制品的研究，如木制品、骨制品的制作等，然后才是由用火的技术产生的制品，如陶瓷、金属、玻璃等制品。

对“技术”的研究不仅仅限于“技术”。在建立考古学编年表时，考古学家总是关注“技术”的发明、它们的复杂性以及它们代表一种文化的能力。同样，如果不考虑“技术”的话，就不可能有有效的类型学。因此，我们不建议用“技术”来代替类型学，因为这两种方法并不满足相同的目标，它们可以同时应用，并进行有益的比较。

在任何情况下，“技术”分析都必须能够在确定文化选择之前评估（文化）决定论所占的比例。

二、为什么要研究石器

这项“技术”是法国人类学研究源流的一部分，现已成为史前研究的主流。1943年，人类学家和史前学家 A. 勒鲁瓦 - 古郎（A. Leroi-Gourhan）出版了《人与物质》，这是《进化与技术》的第一卷，他的目的是通过研究技术、社会或象征行为来探索人类。自 1964 年以来，该书极大地扩大了史前研究的范围。

A. 勒鲁瓦 - 古郎最初的贡献之一是引入了“操作链”的概念，这是该书中发展的技术方法的基础。在石制品研究中，“操作链”考虑了所有的过程，通过制造和使用工具的所有阶段，从原材料的供应到它的被放弃。它允许构建人类对材料的使用，将每个物体置于技术背景中，并在每个解释层次上提供方法论框架。法国民族学中类似的趋势导致了“文化技术学院”的出现，这个学院出版了《技术与文化》杂志。这一学派帮助恢复了对物质文化的利用，强调每一个技术行为都是一个社会或文化行为，并扩大了技术系统的研究领域，需要考虑所有的技术变化。

三、如何研究石器

我们从以下六个方面来解释如何解读石制品上包含的信息。

1. 方法论

我们所采取的方法有意局限应用于加工石制品的技术，史前技术学家提出的新问题产生了新的研究方法，强调用方法论来表达它们。

（1）技术系统的概念。

将石制品加工作为一个子系统，很容易理解，对这些技术的研究可以丰富一个史前群体的历史。通过分析不同子系统之间的相互依赖关系，可以达到一个新的推断水平，人工石制品性质包括切割、钻孔、刮削、刮擦等，满足涉及其他子系统的特定活动必然相关的若干需求。正是通过对共同行动所涉及活动的各种分析结果进行交叉分析，才有可能确定共同行动的目标，丰富了我们的解释。虽然我们刚刚开始有效地利用技术系统的概念作为研究行为的手段。

从这个角度来看，加工石制品可以通过工具、原料、动作和技巧等可识别元素的组合来研究。

在类型学研究中，工具（广义上的）是加工流程的最终目的，然而，它们在很大程度上依赖于原料、工艺和能力。

原料属于地质环境，它们的性质、大小受特定的物理定律控制。原料可以直接加工，甚至可以对其进行结构改造（特别是通过加热）。

动作与心理运动有关，手和身体根据大脑传递的命令行动，这是人类运动能力的一部分。

技巧是由运动和认知技能组成的，这些技能与知识相结合，并在技能和表现方面受到重视。技巧的传递是通过在一个群体中学习来实现的，这种集体知识也可以传递给其他群体。技巧分析对于评估文化中的技术事实至关重要。

（2）与规划及其实施有关的概念。

加工活动的基础是或多或少复杂的规划，这些规划可以通过重新构建“操作链”来确定。在加工操作中，规划是由一个概念性的、具有智力性质的方案形成的，该方案本身是通过一系列称为“规划操作方案”的操作来实现的。

在一个“操作链”中，概念和操作方案、知识和能力、技术和方法之间的关系组织如下：

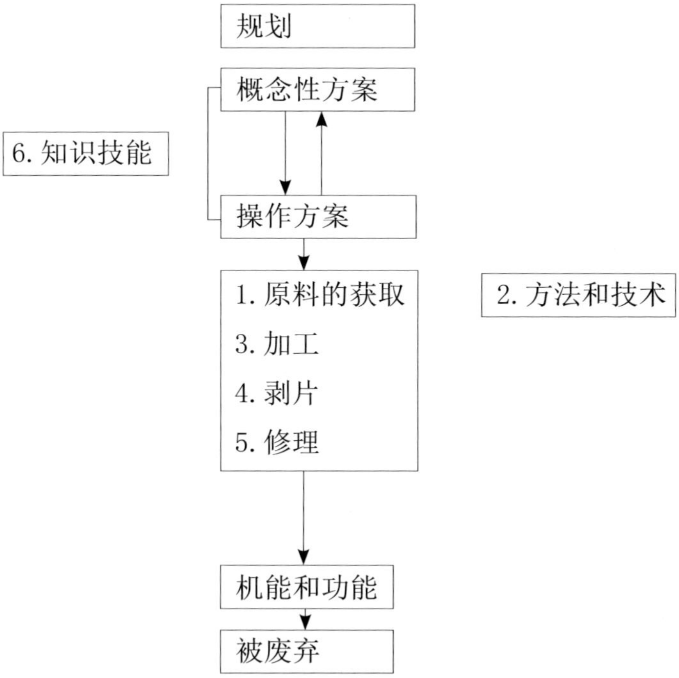

图 1-1 “操作链”关系示意图

例如，在石叶剥片中，很容易识别史前工匠的规划，制造一种或另一种加长形态的素材。然而，史前工匠根据他所属的文化，通过一个特定尺寸的概念方案和操作方案来实现他的规划。为了证明这种规划的存在，有必要收集所有这些信息，首先在石制品组合中找出规律，然后在可比较的石制品组合中寻找出规律。事实上，如果没有反复观察类似的现象和事实，考古学家就无法进行比较，只能局限于细枝末节。

（3）“技术”的另一个目的是研究技术系统与社会经济现象之间的关系。这是最成功的方法之一，以接近史前生活方式。

石制品可以从管理学的角度来研究。所谓管理，我们指的是对原料、素材和工具的差异化管理。比如，如果在一个地层中收集了几种原料，并且用任何一种材料都生产了不同类型的工具，那么我们就不能谈论原料的节约。另一方面，如果有可能选择，我们可以根据情况讨论节省原料、剥片或工具。然而，为了确定这些选择，确保原料的质量和可用性是至关重要的，在提出微小石料作为一种文化选择之前，谨慎的做法是确定现有的原料是否适合加工成一个更大的石制品。因此，一个石制品组合可以在这些技术经济术语中作为一个整体来研究，就像刚才所说的，技术变化可能与文化选择相对应。

2. 信息解读

解读在两个层面上进行理解。

（1）第一层面：观察。也就是说，对每个石制品的初步技术阅读，从简单的石片或废料到最精细的工具，无论考古背景如何，都可以估计它在“操作链”中的位置。

正如我们所看到的，这条“操作链”不仅与物品的制造瞬间有关，而且与其之前对原材料的寻找，以及之后它的可能使用和被抛弃均有关系，贯穿它的整个历史，直到对它的分析。

（2）第二层面：推理。即解释“操作链”中石制品的相互依赖，即使缺少环节，存在和不存在都是有意义的。例如，在切割石制品的作坊中，带石皮的碎片的缺失或数量较少的指标，表明原料在其他地方进行了打制尝试或粗加工。或者石叶切割作坊可能没有石叶，然而，仅仅是一些独特制品的存在，如石核、有脊的石制品等，就足以确定在该地点进行的加工石制品活动和规划。这种推理层面也必须与石制品所涉及的其他技术活动相联系。

推理的价值不仅取决于遗迹表现出的性质，还取决于对技术和方法的认识，也就是我们自己对“操作链”的控制。

在一个地层中，可能只有一条“操作链”，一般来说，有几种不同的策略，这取决于史前人类是否会实施不同的策略，取决于不同的活动或延迟的活动。每个“操作链”的所有阶段并不总是在一个遗址中或一个遗址的发掘中表示出来。

3. 专业术语

词汇的准确性可以使我们在分析材料时清晰、高效，统一描述语言的问题由此凸显。如果没有表达、交流和与他人的交流，任何解读都将是徒劳的。

A. 勒鲁瓦 - 古郎希望建立了“一种期待的词汇，在这种词汇中，部分词汇显露出和不受控制的身份认同的难点”。我们提出的术语表是专门为技术词汇而设计的。许多术语是传统的，有意从日常术语中借用，即使它们并不完全合适。但它们的使用是神圣的，易于操作，简而言之，剥离了它们最初的含义，现在被整合到史前研究的专门词汇中，如雕刻器（burin）、微型雕刻器（microburin）、勒瓦娄瓦文化（Levallois）等。

我们避免使用不精确的技术术语，并试图为同一现象保留一个术语。要消除混淆、减少同义词、消除歧义、指导我们的选择。

4. 线图

线图表示采用同样的方法（一般可参照立方体描绘六个面）。它必须实现，这也是我们一直在尝试的，不是作为一个插图来支持单词和定义，而是作为一个真正的技术画法。事实上，图表和图纸不再是岩石的简单复制品，而是与文本同时设计的，它们可能会被等同于术语的符号所取代。如果一个好的句子比一个模糊的通用术语更好，那么一个精确的技术图纸可以代替模糊的描述。

5. 照片

石制品的照片拍摄非常重要，如同石制品的线图一样，最好拍摄石制品的六个面，以到达全面了解石制品整体的颜色、岩性、自然特征、人工特征等信息。如有可能，通过摄影技术消除拍摄时的阴影。

6. 三维模型

随着三维技术的发展，可以采用最新的科技手段，将所有石制品（石核、石片、石器等）全部以实景三维模型的方式记录下来，需要的时候可以用 3D 打印出来进行对比研究。

第一章

旧石器时代石制品类型学研究简史

早期的旧石器时代考古学直接来自地质学，相应的石制品分类体系秉承了古生物地层年代学研究中判断地层年代和进行区域性沉积环境对比时所使用的“标准化石”法则，即从一个或一类遗址中找出最具代表性的器物，与其他遗址的出土物进行对比分析，找出它们之间的异同，明确该遗址整体的石器文化面貌，这种以典型器物判断遗址或石器文化的研究方法对整个考古学研究工作产生了极其深远的影响，至今我国一些考古学家仍津津乐道的、以区域性的器物类型学研究考古学文化的方式更是将这种方法发挥到了极致。

在旧石器文化研究中，众所周知的阿舍利 (Acheulian) 石器便是根据发现于法国阿舍利地区，以两面加工的手斧和薄刃斧等器物为代表的欧洲旧石器时代早期石器类型，后来这一命名又被应用到欧洲以外以手斧和薄刃斧等石制品为代表性特征的同类旧石器时代遗址中。另外，诸如欧洲旧石器时代中期莫斯特（Mousterian）文化中的莫斯特尖状器、勒瓦娄瓦（Levallois）预制台面石核技术等命名也是典型器物研究的结果。

毫无疑问，当旧石器时代考古学科建设处于草创阶段时，这种仅以典型器物命名一个或一类遗址石器文化面貌的法则有其非常科学而实用的一面，在实际工作中简便而易于操作，能使人们迅速而直观地认识一个或一类遗址的文化内涵。但是，当考古学研究从单纯的材料积累上升到更为精确的量化数据对比分析及探讨遗址背后人类行为等问题时，这种将人类文化现象简单化的典型器物研究法则便不可避免地越来越显示出其孱弱的一面。

尽管弗朗索瓦·博尔德斯（François Bordes）和基于博尔德斯理念的石制品分类体

系在旧石器时代考古研究实践中取得了巨大的成功，但在实践中它也暴露出一些新的问题：一方面，一些研究者并不在意或者没有意识到分类的目的是为了更充分有效而又简明扼要地归纳早期人类石器组合的内涵，从而最终服务于对人类的行为和社会组织的研究和探索，反而本末倒置，为了分类而分类，这一点在对欧洲旧石器时代中期以后石器组合的研究中表现得尤为突出，以刮削器为例，有的研究将其划分出几十种不同的类型，然而在随后的系列研究中，迪波尔（Harold L. Dibble）等人却发现，这些所谓的不同刮削器类型实际上只是使用过程中刃缘钝化后，人类不断地重新修理刃缘部分以使其重新锋利起来的结果，与器物的类型完全无关。此种烦琐的、为分类而分类的做法只能将考古学研究引入歧途。

另一方面，由于分类时缺乏对不同器物的严格界定，加之分类本身就是个主观能动的过程，这样一来，在面对同样一群器物时，即使训练有素的考古学家也会给出截然不同的分类表。尽管如此，基于博尔德斯理念的石制品形态分类体系至今仍被旧石器时代早期遗址的研究者奉为圭臬，因为在进行区域性的石器文化对比研究时，这种分类理念具有得天独厚的优势。

为了扬长避短，克服博尔德斯石制品形态分类体系在回答早期人类认识以及技术行为方面的缺陷，不少学者将博尔德斯石制品分类体系与各式各样的石制品量化数据分析结合起来，这些量化的属性涉及到制作石制品的原料、器物尺寸、重量以及其他方面，而预先设定需要统计的属性多少则取决于研究者所要解决的问题。

一、西方的旧石器时代考古类型学研究简史

旧石器时代考古的分类方法来源于生物分类学。概括来说，生物分类学是对各类生物进行鉴定、分群归类，按分类学准则排列成分类系统，并对已确定的分类单元进行科学命名的学科。其目的是探索生物的系统发育及其进化历史，揭示生物的多样性及其亲缘关系，并以此为基础建立多层次的、能反映生物界亲缘关系和进化发展的“自然分类系统”，有利于人们认识生物，了解各个生物类群之间的亲缘关系，从而掌握生物的生存和发展规律，为更广泛、更有效地保护和利用自然界丰富的生物资源提供方便。

（一）萌芽期（20 世纪 60 年代前）

旧石器时代考古学于 19 世纪后半叶起源于西欧，最初的旧石器时代文化遗存分类是由欧洲的古生物学家或博物学家进行的，他们在发掘和研究哺乳动物化石时顺带发现了石制品等人工制品，于是便根据这些材料与当今工具的相似性命名并描述。

在很大程度上，这些石制品是被当作与“标准化石”(Index Fossil) 一样的所谓“标型器”来判断、标注和对比时代的。这个时期的代表人物是法国的加布里埃尔·德·莫尔蒂耶 (Gabriel de Mortillet)，他在技术演变的基础上，建立了现今大家都接受的阿舍利（Acheulean）、莫斯特 (Mousterian)、梭鲁特 (Solutrean) 与马格德林 (Magdalenian) 等不同文化期。

20 世纪初，史前考古学进入文化历史学研究阶段。器物类型的“标准化石”概念并未改变，考古学家致力于从石制品对比来定义和划分考古学文化。类型学研究成为建立旧石器时代文化发展时空框架的基础。这一时期法国旧石器时代考古学的代表人物则是阿贝·步日耶 (Abbe Breuil) 和德尼·佩隆尼 (Déni Peyrony)。步日耶的贡献是在加布里埃尔·德·莫尔蒂耶 (Gabriel de Mortillet) 的时代表基础上又增添了另一欧洲史前考古分期——奥瑞纳文化期 (Aurignacian)，完善了法国的旧石器时代年代序列；而佩隆尼的贡献在于认识到旧石器时代文化晚期存在相互叠压的不同石制品组合（工业）。

1948 年，莫维斯（H.L.Movius）在《东亚、南亚的旧石器早期文化》（*Lower Paleolithic culture of Southern and Eastern Asia*）中，将石制品分为单面砍砸器、两面砍砸器、手锛、原型手斧、手斧、薄刃斧、石片石器、刮削器、使用石片、石核等类型。

（二）成型期（20 世纪 60 年代—2000 年）

20 世纪五六十年代，欧洲和美洲旧石器时代石制品类型学的发展进入成熟阶段。

1961 年，格雷厄姆·克拉克（Grahame Clark）首先提出了模式 I 技术（Mode1 technology），用于进行世界范围的旧石器时代文化的比较研究。在 20 世纪中叶以前，欧洲一直是旧大陆多个地方进行旧石器时代文化分期对比的标尺。然而，随着世界各地旧石器时代考古材料发现的日益增多和研究的深入，尤其是 20 世纪中叶非洲大量上新世 / 早更新世（Plio-Pleistoence）石制品的发现和研究，学者们认识到旧大陆不同地区的文化面貌存在较大差异，以欧洲为中心的文化分期不一定适用于在欧洲以外的旧石器时代考古研究中。在这种背景下，格雷厄姆·克拉克将旧石器时代文化划分为5种技术模式并逐渐完善，被各国学者广为采用，在旧石器时代文化分期及对比研究方面产生了深远影响。其中模式I技术的典型特征是由与初级剥片产品共生的简单的石核（砍砸器、盘状器、多面体石核等）和石片，并常有经随意修理的石片（刮削器、石锥、雕刻器等）等产品；其生产技术为锤击、砸击和碰砧技术等。在欧洲这个阶段常被称为“前阿舍利文化”（pre-Acheulean）。模式I技术相当于非洲的奥杜威（Oldowan）文化。

比伯森（Biberson）于20世纪60年代对北非的马格里布（Maghreb）和撒哈拉（Sahara）地区的砾石文化进行研究时，于1967年提出了一套分类系统。该系统首先注意到了剥片方向和序列问题，即首先将石制品按照单向、双向和多向分为三大类，每一大类下又根据形状、片疤数量和推测功能划分为若干类型。该分类体系虽然目前较少有学者采用，但其以技术和行为出发点的分类却仍被不少学者运用到奥杜威文化或模式I石核的剥片分析方法中。

玛丽·利基（Mary Leakey）首先注意到了遗址出土的不仅有典型器物类型，大量的废片也是揭示早期人类技术和行为的重要材料。在对奥杜威峡谷(Olduvai Gorge）第一地点(Bed-I)和第二地点早期地层（Lower Bed-II，1.98-1.66Ma BP）出土石制品进行研究时，她首先将各类大型的块状和经过修理的石制品主观地看作是古人类使用的工具，因此，人类行为占据其分类的出发点。该分类体系首先将石制品分为工具（Tools）、使用材料（Utilized materials）和废片（Debitage）等三大类，同时将遗址中未见人工痕迹的原料当作备料（Manuports）来处理。工具又按照尺寸大小分为重型工具（Heavy-duty tools，最大尺寸在5厘米及以上）和轻型工具（Light-duty tools，最大尺寸在5厘米以下）。

玛丽·利基的分类系统不同程度地受到了博尔德斯的一定影响，她对重型工具的分类类型包括：砍砸器（Choppers）、盘状器（Discoids）、多面体石核（Polyhedrons）、重型刮削器（Heavy-duty scrapers）、准石球（Subspheroids）/石球（Spheroids）和原始两面器（Proto-bifaces）等，这些类型为日后众多早期石制品研究者所采纳并沿用至今。

对轻型工具进行分类时，玛丽·利基的出发点是工具的原始状态多为石片，刮削器（Scrapers）、石锥（Awls）、边缘修理石片（Laterally trimmed flakes）、雕刻器（Burins）等是其主要类型；值得注意的是，她将砸击法产生的产品（Outils écaillés）放在了轻型工具里面。其分类体系中的使用材料是指那些用来打制石制品的类型，包括石锤、石砧和各类带有打击痕迹的砾石或石片等；而废片主要包括完整石片、破碎石片和各类碎屑等。

玛丽·利基的分类体系强调功能和形态，没有石核的概念，多数石核应该属于其分类的重型工具范畴，而一些剥片简单随意的石核则可以放进其使用材料类型中去。她的分类和之前的分类方法最大的区别是其以文化发展史为研究取向，同时注意到了技术的因素，但其在技术的揭示方面未做过多尝试。需要指出的是，该分类体系在提供了形态多样化的各类工具类型外，还对不同类型在年代上发生的变化建立了一个序列，即从奥杜威→发达的奥杜威（Developed Oldowan[A、B]）→阿舍利的演化过程，不同的工具类型和所占石制品比率均有相对明显的变化，这恰恰是其文化史研究取向的终极目标。目前该分类体系是早期石制品研究时被学者采纳最为广泛的分类方法，尤其是其对重型工具类型的划分，是学者在研究石核或石核工具时难以回避的。

1961 年，弗朗索瓦·博尔德斯结束了旧石器时代考古研究的混乱状况，他提出的分类法和类型学为田野采样和室内分析建立了一套较为严谨和系统的范例，使旧石器时代考古学学科变得更为科学和严谨。博尔德斯最大的贡献是首次提出统一的分类标准，他根据器物形态的数理关系和石片标志来确立和划分石制品类型，用量化分析来取代传统的标准化石法，他的分类标准和分类方案一直影响至今。也有部分学者对博尔德斯的类型学提出批评意见，主要是：主观性太强，分类基本上着眼于典型标本，未考虑器物形态渐变的可能；石制品的特征可能是由多种因素造成的，如原料、用途、形制、技术和再加工等，而在博尔德斯分类体系中这些特征均被作为形制特征来考虑。

弗朗索瓦·博尔德斯提出的分类方法如下（分为 63 种类型）：

1. 典型勒瓦娄瓦石片（Éclats Levallois typiques）；

2. 非典型性勒瓦娄瓦石片（Éclats Levallois atypiques）；

3. 勒瓦娄瓦尖状器（Pointes Levallois）；

4. 加工（修理）的勒瓦娄瓦尖状器（Pointes Levallois retouchées）；

5. 似（假）勒瓦娄瓦尖状器（Pointes Pseudo-Levallois）；

6. 莫斯特尖状器（Pointes Moustériennes）；

7. 加长型莫斯特尖状器（Pointes Moustériennes allongées）；

8. 梭形尖状器（Limace）；

9. 单直刃刮削器（Racloir simple droits）；

10. 单凸刃刮削器（Racloir simple convexes）；
11. 单凹刃刮削器（Racloir simple concaves）；
12. 双直刃刮削器（Racloir double droits）；
13. 直刃—凸刃双刃刮削器（Racloir doubles droits-convexes）；
14. 直刃—凹刃双刃刮削器（Racloir doubles droits-concaves）；
15. 双凹刃刮削器（Racloir doubles biconcaves）；
16. 双凸刃刮削器（Racloir doubles biconvexes）；
17. 凸刃—凹刃双刃刮削器（Racloir doubles convexes-concaves）；
18. 双直刃相交的刮削器（Racloir convergent droits）；
19. 双凸刃相交刮削器（Racloir convergent convexes）；
20. 双凹刃相交刮削器（Racloir convergent concaves）；
21. 斜刃刮削器（Racloir déjétes）；
22. 端直刃刮削器（Racloir transversal droit）；
23. 端凸刃刮削器（Racloir transversal convexes）；
24. 端凹刃刮削器（Racloir transversal concaves）；
25. 在较平的面上的刮削器（Racloir sur face plane）；
26. 有陡型加工的刮削器（Racloir à retouche abrupte）；
27. 有薄背加工的刮削器（Racloir à dos aminci）；
28. 有两面加工的刮削器（Racloir à retouche biface）；
29. 有错向加工的刮削器（Racloir à retouche alternes）；
30. 典型端刮器（Grattoir typique）；
31. 非典型端刮器（Grattoir atypique）；
32. 典型雕刻器（Burin typique）；
33. 非典型雕刻器（Burin atypique）；
34. 典型钻具（Perçoir typique）；
35. 非典型钻具（Perçoir atypique）；
36. 典型有背石刀（Couteau à dos typique）；
37. 非典型有背石刀（Couteau à dos atypique）；
38. 无加工的有背石刀（Couteau à dos naturel）；

39. 刮刀（Raclette）；

40. 截断的石片（Éclat tronqué）；

41. 莫斯特石錾（Tranchets）；

42. 凹缺刮器（Éncoches）；

43. 锯齿状器（Denticulés）；

44. 有错向雕刻器法加工的尖突（Bec burinant alterne）；

45. 单面上有加工的石片（Retouche simple face plane）；

46—49. 有陡型、错向、厚型、薄型加工的石片（Retouche abrupt，alterne，épaise，mince）；

50. 两面加工的石片（Retouche bifaces）；

51. 塔亚克尖状器（Pointe de Tayac）；

52. 三刃凹缺刮器（Triangles encoches）；

53. 似微小雕刻器（Pseudo-microburin）；

54. 单端刃凹缺刮器（Encoche en bout）；

55. 端刃刮削器（Hachoir）；

56. 刨形器（Rabots）；

57. 有柄尖状器（Pointes pédonculé）；

58. 有柄工具（Outil pédonculé）；

59. 单向加工的砍砸器（Choppers）；

60. 反向加工的砍砸器（Chopper inverses）；

61. 双向加工的砍砸器（Chopping-tools）；

62. 不同类型非叶状尖状器（Types divers）；

63. 两面加工的叶状尖状器（Pointes foliacées biface）。

博尔德斯在观察法国莫斯特文化的类型频率分布时发现，不同石器组合中不同类型的比例差别十分明显。他分辨出四类不同的莫斯特文化类型，并认为它们代表了4类相对独立的民族群体：（1）莫斯特类型（Typical Mousterian）；（2）莫斯特基纳类型（Quina Mousterian）；（3）莫斯特锯齿状器类型（Denticulate Mousterian）；（4）传统莫斯特类型（Mousterian with Acheulean Tradition）。

博尔德斯确立的分类系统的一个明显优势是直观易懂，不用懂石器分析的原理也能照葫芦画瓢地使用。这个系统力求建立行之有效的分类标准，形态是基础，并引入形态数理关系和相关指数来规范对形态的界定和表述，同时还引入了技术的因素，例如加工方式和疤痕特征来区分各种变异；对手斧类引入观测部位和指数来加以细化和量化。博尔德斯根据扁平度分为薄型与厚型手斧，在薄型手斧中以手斧最大宽位置（Y 轴）和边缘圆度参数（X 轴）建立分布图表，然后在图表上的分布区分出 4 类手斧：三角形手斧，亚三角形手斧，科迪福姆形（心形）和椭圆形、圆盘形手斧及比目鱼形（扁平）手斧。在厚型手斧中进一步分出了阿布维利手斧、不完整手斧 (partial biface)、石镐以及似石核手斧。

图克（Turq）将博尔德斯的石制品分类系统归纳为 8 个主要类群：尖状器类、单边刃和双边刃刮削器类、基纳型刮削器类、阿舍利传统的莫斯特器类、费雷思莫斯特器类、锯齿状器和凹缺刮器类、综合器类、旧石器时代晚期器类。

在玛丽·利基的分类体系推出不久，南非著名考古学家格林·艾萨克（Glynn Isaac）在对东非肯尼亚库彼福勒（Koobi Fora）遗址和相关大量早期古人类遗址进行研究时，创立了其分类体系。他的早期研究受到了玛丽·利基分类体系的影响，尤其是在对不同工具的类型划分方面。然而，他发现，玛丽·利基分类体系过于注重形态和类型且较为复杂，忽视了以技术为出发点的分类思路。随后他对玛丽·利基的分类体系进行了简化，并着重强调了以古人类技术行为的复原为研究取向，其分类体系最终在其去世 12 年后（1997 年）发表的库彼福勒遗址（1.9-1.3Ma BP）研究中得以整体展现。在东非和南非早期人类及相关研究的杰出贡献，使他成为南非 20 世纪最具影响力的科学家之一。

艾萨克首先将遗址出土的石制品以技术和行为为出发点分为打制修理类（Flaked pieces，FPs），即石核、石核工具和修理石片等；废片类（Detached pieces，DPs）和打击类（Pounded pieces，PPs）。同时，将遗址出土的未带人工痕迹的原料命名为未经打击的产品（Unmodied pieces，Uns）。在对打制修理类产品进一步分类时，他参照了玛丽·利基的工具类型划分，但简化为砍砸器（Choppers）、盘状器（Discoids）、石核刮削器（Core scrapers）和石片刮削器（Flake scrapers）等几种类型，每一种类型又可根据外形和体型大小细分为各种次级类型。废片类产品指由剥片或修理行为而产生的完整石片、各类破碎石片、碎屑和破碎石核等。而打击类产品为古人类剥片或修理行为而使用的石锤、石砧和带有打击痕迹的砾石等。需要说明的是，在艾萨克对库彼福勒的石制品研究时，将玛丽·利基的重型刮削器和石核刮削器合并为石核刮削器。鉴于遗址中未识别出准石球和石球，他指出，若发现了这种类型，可将其归入打击类产品而非打制修理类产品。

从艾萨克的分类体系中不难看出，以复原古人类技术和行为为出发点的分类体系让学者一目了然，面对那些复杂的工具类型时不会再出现无从下手的尴尬。在其分类体系推出后即在奥杜威文化研究领域产生较大的影响，并受到了从事非洲早期人类石器技术和行为研究者的青睐。因此，几乎所有美国考古学家从事奥杜威文化研究时均采用艾萨克的分类体系。

美国学者尼古拉斯·托斯（Nicholas Toth）参与了艾萨克对库比福勒遗址的研究过程，他从实验考古学的角度对库比福勒遗址的石制品进行了行为和功能学的研究。以技术为出发点，尼古拉斯·托斯模拟打制了石制品并同遗址出土石制品进行对比，同时结合功能研究，于 1982 年完成了博士论文，并于 1985 年发表了其分类体系。托斯的分类体系完全以技术为出发点，并放弃了玛丽·利基复杂的工具类型，用石核和修理产品代替了玛丽·利基的工具和艾萨克的打制修理类产品。

托斯将石制品分为石核与修理产品、石片和碎块（片）和打击品三大类。在对石核和修理产品大类的进一步分类时，以片疤最大尺寸为标准来区分石核（片疤≥ 2 厘米）和修理产品（片疤＜ 2 厘米）；在对石核进一步分类时，以剥片前的类型（原型）进一步将石核分为砾石剥片石核、石片剥片石核和其他无法确认原型的石核，每种类型再依据单向、双向、单向 / 双向和多向等剥片方向分为相对应的次级类型；在对修理产品划分时，依据古人类对毛坯修理的方向分为向背面单向修理、向腹面单向修理、向背面和腹面单向无规律修理以及双向交互修理等四种类型；在对石片和碎片（块）的分类时，首先依据人类技术特点保留的完好程度划分为完整石片、碎片和断块三类，而打击类产品常包括打击石锤和准石球 / 石球等。

托斯创立的完整石片的六分法（以台面和背面保留自然石皮程度来复原古人类剥片的技术流程）在奥杜威文化石片研究领域产生了深远影响，为世界众多学者所采用，他的石制品动态分类方法在 1990–1992 中美泥河湾盆地东谷坨旧石器时代遗址考古联合发掘时引入中国，并得到了进一步完善。

欧弗·巴尔 - 约瑟夫（Ofer Bar-Yosef）等在尤比迪亚遗址的研究中则吸收了艾萨克的研究成果，将石制品归纳为石核工具（Core tools）和石片（Flakes）两个大类，前者相当于艾萨克的第一、三类划分，而第二种则与艾萨克的器物分类一样，包括石片、石叶和未经修理的尖状器，在大的分类基础上然后再细分亚型。

戴斯蒙德·克拉克（Desmond Clark）和克莱因丁斯特（Kleindienst）后来在赞比亚卡兰博瀑布（Kalambo falls）遗址的研究报告中将所有石制品划分为成型的工具、使用或简单修理的工具和废料三大类。其中第一类成型的工具划分为大型切割工具、重型工具和轻型工具。大型切割工具包括手斧、薄刃斧、石刀和重型刮削器，尺寸一般在 100 毫米以上；重型工具包括石核斧、石核重型刮削器、砍砸器和石球等；轻型工具包括刮削器、尖状器和雕刻器等；第二类是指刃缘有使用痕迹或损坏，或者是有很小的、稍加修理片疤痕的石制品；第三类包括未经修理的毛片、断块和目的为剥片的石核。

随着石器类型学的不断完善和旧石器时代考古学研究的不断深入发展，有学者开始探究石制品类型变化的影响因素。首先是在 20 世纪 60 年代后期，美国学者乔治·卡尔·弗里松（George Carl Frison）发现一些残破和废弃的石制品被史前工匠进一步加工改造成其他工具继续使用的现象。他的研究表明静态观察所划分的各种类型，并不一定是通常所认为的标准工具，而可能是不同使用阶段的废弃物。

美国考古学家詹姆斯·丰托·迪兹（James Fanto Deetz）通过研究指出，石制品加工是一个“离心过程”，石器打制过程是通过不断去掉原料片屑来进行加工的，这一过程的特点是打制过程中的失误无法再进行弥补，因此，石制品加工过程中会产生很多因为失误而非刻意造就的器物形态变异。在我们观察和分类的器物中，大部分并非是具有类型学意义的工具，而是半成品、废品或剥片过程中产生的废弃物。

基于詹姆斯·丰托·迪兹（James Fanto Deetz）的认识，美国考古学家哈德罗·L. 迪波尔（Harold L. Dibble）则通过莫斯特边刮器可以经过不断修锐而成为横刃刮削器的过程，指出石制品的形态可以由于不断的修整、修理和再利用而完全改变其初始面貌。因此，传统的旧石器时代工具类型划分，只是对并非刻意所为，而是经过了不断修整和再生产的过程之后，已无法使用而废弃的石制品的主观分类。

20 世纪 80 年代中期前后，“操作链”与动态类型学 (Dynamic Typology) 的研究模式逐渐成形。“操作链”研究模式的确立，是当代旧石器时代考古研究非常重要的变化，正在给旧石器时代考古类型学的发展带来广泛而深刻的影响。

1992 年，丹尼斯·德·索纳维尔 - 博尔德斯（Denise de Sonneville-Bordes）发表

了有关欧洲旧石器时代晚期和中石器时代时代的石器类型及特征，使这一类型学体系更加完善。她所描述的主要石器类型有：

1. 扁平端刮器（Grattoir Mince）；
2. 卡米那德扁平端刮器（Grattoir Caminade）；
3. 上劳杰里扁平微小端刮器（Micrograttoir De Laugerie-Haute）；
4. 指甲盖形扁平端刮器（Grattoir Unguiforme）；
5. 龙骨形厚端刮器（Grattoir Caréné）；
6. 鼻形厚端刮器（Grattoir À Museau）；
7. 刨形厚端刮器（Rabot）；
8. 两面雕刻器（Burin Dièdre）；
9. 两面龙骨形雕刻器（Burin Caréné）；
10. 两面弓形雕刻器（Burin Busqué）；
11. 瓦雄两面雕刻器（Burin Des Vachons）；
12. 有一面断裂的雕刻器（Burin Sur Cassure）；
13. 科比亚克雕刻器（Burin De Corbiac）；
14. 有加工平切刃的雕刻器（Burin Sur Troncature Retouchée）；
15. 有横向刃的雕刻器（Burin Transversal）；
16. 鹦鹉嘴形雕刻器（Burin Bec De Perroquet）；
17. 诺阿耶雕刻器（Burin De Noailles）；
18. 有修整平切刃的雕刻器（Burin Sur Troncature Modifié）；
19. 巴萨勒雕刻器（Burin De Bassaler）；
20. 拉康雕刻器（Burin De Lacan）；
21. 有加工的石叶（Lame Retouchée）；
22. 奥瑞纳石叶（Lame Aurignacienne）；
23. 刮削器（Racloir）；
24. 有平切刃的刮削器（Pièce Tronquée）；
25. 钻具（Perçoir）；
26. 刮刀（Raclette）；
27. 贝托内刮削器（Pièce De La Bertonne）；

28. 科斯天基石刀（Couteau De Kostienki）；

29. 有凹缺的刮削器（Pièce À Encoche）；

30. 有小疤加工的刮削器（Pièce Esquillée）；

31. 沙泰勒贝隆尖状器（Pointe De Châtelperron）；

32. 半月形有背石刀（Demi-Lune）；

33. 格拉维特尖状器（Pointe De La Gravette）；

34. 杜福尔石叶（Lamelle Dufour）；

35. 冯特 - 伊万石叶（Lamelle De Font-Yves）；

36. 有背石叶（Lamelle À Dos）；

37. 有斜刃的石叶（Lamelle Scalène）；

38. 有斜刃的三边形石叶（Triangle Scalène）；

39. 背部有弯曲的尖状器（Pointe À Dos Courbe）；

40. 背部有棱角的尖状器（Pointe À Dos Anguleux）；

41. 马洛里尖状器（Pointe De Malaurie）；

42. 长方形石叶（Rectangle）；

43. 短箭形石叶（Fléchette）；

44. 下劳杰里尖状器（Pointe De Laugerie-Basse）；

45. 塞莱汀叶形尖状器（Pointe Foliacée Szélétienne）；

46. 斯特莱特斯卡娅叶形尖状器（Pointe De Streletskaya）；

47. 特尔曼斯卡亚叶形尖状器（Pointe De Tel'manskaya）；

48. 有刨形刃的尖状器（Pointe À Face Plane）；

49. 月桂树叶形刮削器（Feuille De Laurier）；

50. 柳树叶形刮削器（Feuille De Saule）；

51. 冯特 - 罗伯特尖状器（Pointe De Font-Robert）；

52. 科斯沃基尖状器 (Pointe De Kostienki)；

53. 有凹缺的梭鲁特尖状器（Pointe À Cran Solutréenne）；

54. 有凹缺的地中海尖状器（Pointe À Cran Méditerraéenne）；

55. 有翼端和有柄的尖状器（Pointe À Ailerons et Pédoncule）；

56. 特亚特尖状器（Pointe De Teyjat）；

57. 汉堡尖状器（Pointe Hambourgienne）；

58. 有凹缺的马格德林尖状器（Pointe À Cran Magdalénienne）。

1995 年，M.L. 伊尼藏（M.L.Inizan）、M. 勒迪龙（M.Reduron）、H. 罗赫（H.Roche）和 J. 蒂克西埃（J.Tixier）出版了《史前加工石器》（*Préhistoire de la Pierre Taillée*）系列的第四册《石器打制技术》（*Technologie de la Pierre taillée*），这个系列之前出版过三册：《术语和技术》（*Terminologie et Technologie*）（1980）、《细石叶剥片管理》（*Économie du débitage laminaire*）（1984）和《石器打制技术》（*Technologyof Knapped Stone*）（1992）。在第四册中，作者从原料、打制方法、剥片、修整、第二步加工、技术解读、绘图表现方法等方面进行了综合分析，还附有多国语言的专业词汇对照表。

（三）成熟期（2000 年—至今）

法国著名古人类学家和旧石器时代考古学家亨利·德·伦默莱（Henry de Lumley）在对非洲和欧亚大陆奥杜威文化研究时创立了其分类体系，并在 21 世纪初对埃塞俄比亚欧莫（Omo）、费杰吉（Fejej）地区的石制品组合和法国阿拉戈洞穴（La Caune de l'Arago）、泰拉阿玛塔（Terra Amata）、拉扎瑞特（La Grotte du Lazaret）等遗址以及格鲁吉亚德玛尼西（Dmanisi）遗址出土的奥杜威石器进行研究时完善了其分类体系。

伦默莱的分类体系对砾石工具、石核、石片石器和废片有清晰的分类标准。他首先将遗址出土的无人工打击痕迹的石质标本分为完整砾石（Galet entier）、断裂砾石（Galet fracturé）、石片（Éclat）、石叶（Lame）、小石片（Petit éclat）、碎片（Débris）、小碎片（Petits débris）、微小碎片（Micro-débirs）、石核（Nucléus）、有孤立凸起片疤的砾石和石锤（Galet à enlèvement isolé convexe et percuteur）、加工的砾石（砾石石器）（Galet aménagé）、小工具（石片石器）（Petit outil）等大类。

加工的砾石（砾石石器）（Galet aménagé）分为有孤立凹下片疤的砾石（Galet à enlèvement isolé concave）、单向加工的砍砸器（Chopper）、双向加工的砍砸器（Chopping-tool）；小工具（石片石器）（Petit outil）分为刮削器（Racloir）、凹缺刮器（Encoche）、雕刻器（Burin）、尖突（Bec）、锯齿状器（Denticulé）、尖状器（Pointe）、端刮器（Grattoir）、复刃刮削器（Outil composite）。

伦默莱对砾石工具的进一步划分在一定程度上受到了 H.L. 莫维斯的影响，以单面砍砸器（Choppers）和两面砍砸器（Chopping-tools）为主要类型。不难看出，伦默莱的分类体系也深受弗朗索瓦·博尔德斯的分类体系影响，将砾石工具看作是古人类加工制作可供利用的产品，类型包括各类单向、双向或经过修理的砍砸器（Choppers 或 Chopping tools）或未经过修理但推测可供古人类使用的各类特殊石片。

2007 年，法国的让 - 吕克·皮耶尔 - 德斯瑞斯科斯（Jean-Luc Piel-Desruisseax）在《史前工具 - 黑曜岩砾石加工的手术刀》（*Outils préhistoriques-Du galet taillé au bistoury d'obsidienne*）一书中，从燧石制作技术、石质工具、动物骨质工具、角质工具、黑曜岩石刀制作等几个方面对史前工具进行了分类描述。

二、中国旧石器时代考古类型学研究的实践和发展

中国学者在旧石器时代考古研究中关于石片、石核和工具分类的一些模式和范例的讨论，让我们深刻认识到在旧石器时代文化研究中石制品分类的复杂性。在分类时，石制品材料、分类标准以及研究目标等因素的差异会导致出现各式各样的分类体系。这一点非常正常，因为出于研究材料、技术、文化特征的千差万别以及研究者研究目标各有侧重，建立一套放之四海而皆准的分类体系，是不现实的。但是，无论针对什么样的研究材料，出于什么样的研究目的，在石制品分类上都应该遵循一些全面性、逻辑性、科学性的基本原则。

般来说，一种类型的确立应基于一种以上的共同特征，而这种共同特征应表现为一定数量的分布频率。而对于同一范畴的器物应有较为统一或规范的定义方法和划分标准。因人而异的类型划分使得作为度量文化关系的类型学失去了它对比分析的意义。无论对石制品进行怎样的划分归类，都是通过对石器本身具有的某一种或几种属性特征来把握的，是特征的组合。对于石制品的研究，要尽可能多地从石制品各个方面获得最大量的信息，要对石制品进行全方位、多角度、多层次的研究分析，因此对石制品的分类不能只是找寻归纳一个最合适的属性来概括其全部内容，这样会出现以点概面的不足，而是应该寻找一系列的属性，对石制品进行不同层面、不同角度的，或具体或综合的归纳和分析。同时，石制品的分类还要综合考虑到原料、当地的自然环境、地质地理环境、文化传统以及个人习惯等各种影响分类的因素。这样的分类才能够照顾到与石制品相关的其他因素，为更深入和更广泛的研究打下基础。

中国古生物学家、古人类学家裴文中在北京西南约50千米的周口店龙骨山发现北京猿人第一个头盖骨及用火遗迹，对研究人类起源有重大意义。1927年，北平协和医学院加拿大籍人类学家步达生曾鉴定在该处发现的臼齿化石为一个人类新属，并定名为北京猿人 (*Sinanthropus pekinensis*) 。

1928年，布勒（M. Boule）、步日耶（H. Breuil）、桑志华（E. Licent）和德日进（P. Teilhard）在《中国旧石器时代文化》（*Le Paléolithique De La Chine*）中介绍水洞沟的石制品时分为石核（Nuléus）、石片石器（Outils dérivés de l'éclat）、尖状器（les pointes）、刮削器（des racloirs）、刮削器-尖状器（des racloirs-pointes）、石叶石器（Industrie dérivée de la lame）、有加工的石叶（Lames retouchées）、雕刻器（Burins）、细石器工具（Outillage microlithique）。

20世纪80年代前后，中国旧石器时代考古类型学进入成熟阶段，其最重要的标志是石制品分类系统愈加完善，一部分学者还开始对中国的旧石器时代考古类型学进行专门探讨。20世纪80年代中期发表的《中国猿人石器研究》一书的分类方案和周口店早期的石制品分类相比更加系统和全面。稍后发表的《中国旧石器文化》一书的石制品分类系统也有更进一步的讨论，提出功能与形态兼备考虑的分类原则，将工具分为制作石器与加工生活资料为主的两大类。《观音洞——贵州黔西旧石器时代初期文化遗址》一书中，石制品的分类研究则更加注意石制品的加工技术与结果。对石核和石片的分类采用台面数量和性质来划分，在工具的分类中则将端刮器和凹缺刮器并列，同时还作了更多关于石制品分类方法与问题的讨论。

20世纪80年代以后，中国的旧石器时代考古分类和类型学研究有更进一步的发展。在这一阶段比较有代表性的研究工作是丁村新发现石制品的研究，开始对不同的石制品类型建立相应的分类系统。在石片的分类中将完整石片和残断石片分开，并引入尼古拉斯·托斯（Nicholas Toth）的六分法对完整石片进行分类；在对工具的分类中，在注重形态、功能和加工技术的同时，特别强调工具的运动方式，将斧状器、修背石刀、凹缺刮器与锯齿刃器等从砍斫器和刮削器中分离出来；细石器的分类中从石核、细石叶到工具也都建立了完整的系列。在这一阶段，中国学者对中国旧石器时代考古类型学的专门探讨更加深入，有的学者已经开始在全球视野下探讨中国旧石器时代考古类型学问题。

随着类型学研究的深入，一些学者也开始认识到石制品的加工是一个动态的过程。早在20世纪80年代中期，盖培在对阳原细石核的研究中就开始借用动态类型学的概念，对细石核进行动态分类，并进而对其工艺过程及思想进行分析。

2001年卫奇以尼古拉斯·托斯（Nicholas Toth）的六分法为基础，提出了石制品的动态分类系统，使石制品的分类标准更具逻辑性、层次性和科学性。他详细罗列了不同类型石制品的观测项目，在石制品分类和观测项目的设定上则充分考虑到石制品制作的动态过程，从而能够尽量便捷有效地区分出不同生产阶段的石制品，也便于各类型石制品技术特征的数理统计和定量分析。

如今中国旧石器时代考古学界，"操作链"的理念和模式已日渐深入人心，成为石制品生产技术和行为研究的重要手段。石器研究开始从静态分类转向动态剥片过程的重建，石制品鉴定和分类的标准也开始做出相应的调整和改进。中国的旧石器时代考古类型学必将围绕着这一重要模式取得重大的突破和发展。但同时，传统类型学在石制品精细观察、数理统计和量化分析等方面依旧具备不可替代的优势。怎样将传统类型学中的形态类型学（Morphological Typology）和功能类型学（Functional Typology）与动态类型学（Dynamic Typology）的技术分析相结合，从而使中国旧石器时代考古类型学更具完备性、规范性、逻辑性、科学性、便于操作和广泛接受是我们今后工作的重点和方向。

与石片和石核相比，工具的类型更为多样，加工和修整及修理的技术也更加复杂，不同区域间和时代阶段间的变异更大，因而其分类和命名的难度也相对较大。在中国旧石器时代考古学界，工具的分类和命名一直是永恒的研究主题之一，我国地域广阔、环境多样，南北方旧石器时代文化的分野明显，尤其旧石器时代晚期之后，精致加工的各类工具其形态、技术和功能与早期工具相比变异较大，因此工具分类系统在区域上、时代上千差万别。同时，工具的分类也和研究者自身的学术背景、主观看法密切相关。

（一）中国旧石器时代考古类型学的萌芽期（1921年—1985年）

中国的旧石器时代考古分类研究始于20世纪30年代周口店发现的周口店"北京人"旧石器时代遗址，裴文中的早期研究受到了法国类型学的影响，他在周口店第15地点石器的名单中识别出了"小手斧""半手斧"和"细石器"等名称，这应该是我国学者旧石器时代考古研究工具分类的最初尝试。但他很快发现中国和西方的旧石器时代文化面貌存在较大的差别，西方的分类体系并不适合中国的材料，于是开始创立中国自己的分类体系。在《中国史前时期之研究》一书中，裴文中将周口店遗址的工具分为两大类——砾石工具和石片工具，又进一步将前者划分为斧形器和锤形器，将后者划分为石核工具、尖状器、刮削器、平圆形器、两端刃器、杂形器。

1958年，裴文中和贾兰坡在对丁村遗址出土的石制品研究中将石制品分为石核石器和石片石器两大类，石核石器分为砍砸器（单边砍砸器、多边砍砸器）、似“手斧”、球状器；石片石器分为单边形和多边形器（单边形器、多边形器）、厚尖状器（三棱尖状器、鹤嘴尖状器）、小尖状器、刮削器，还有石核和石片（碰砧石片、摔砸石片、锤击石片）。

从现在看来，《中国史前时期之研究》和《山西襄汾县丁村旧石器时代遗址发掘报告》两部早期论著的工具分类方案虽有很多不足之处，主要表现为：分类过于简单，涵盖面不足；子项有相互矛盾之处；存在同一项目下分类标准不统一的现象；划分标准和命名不清晰明确等。但作为中国旧石器时代类型学研究起步阶段的重要成果，在当时各种客观因素限制下，其在我国旧石器时代考古研究中所做出的重要贡献毋庸置疑。

1972年，贾兰坡提出了华北“两大传统”的理论学说，即以大石片砍砸器、三棱大尖状器为特征的“匼河—丁村系”或“大石片—三棱大尖状器传统”；另一个则是以不规则小石片制造的各种刮削器、雕刻器为特征的“周口店第1地点—峙峪系”或“船底形刮削器—雕刻器传统”。该分类体系打破了由单个遗址典型器物表述的传统模式，开始注意到区域性技术传统发展，但其出发点仍然是依据遗址内的典型器物，忽视了一个遗址出土石制品的整套组合，没有意识到相对较大的石制品在遗址出土石制品所占的比例。这种理论后来被认为存在较大局限性，但仍是中国旧石器时代类型学研究从典型器物描述转向石制品组合宏观阐释的开端，目前仍为少数学者沿用。

1976年，贾兰坡和卫奇研究阳高许家窑遗址石制品时，将石制品分为石核、石片和各种经过第二步修理的石器（工具）等类型，石器分为直刃刮削器、凹刃刮削器、两侧刃刮削器、凸刃刮削器和龟背状刮削器5类。其所研究的石制品多采集而得，仅有少量标本为试掘所得；该分类方案仍然是以典型器物的描述为出发点，忽视了对一套组合的整体分类和分析。

上述早期的分类体系均不同程度地沿用了以典型器物划分并重点描述为前提的分

类原则，忽视了对遗址出土成套组合的技术考量，所研究的石制品大多是经过挑选且主观认为是可供重点描述的标本。

（二）中国旧石器时代考古类型学的发展期（1985 年—1999 年）

进入 20 世纪 80 年代，中国学者更多地开始讨论旧石器时代考古类型学。如：林圣龙等对旧石器时代东西方一些石器类型的比较研究；黄慰文对中国旧石器文化遗存中“西方元素”的寻找与辨认；王建、王益人对石片背脊及其对形态控制的原理；陈淳对西方类型学的介绍与评述；王幼平对中国旧石器时代考古类型学做了较系统的梳理；裴树文对奥杜威文化石制品分类综述等。

张森水在 1987 年出版的《中国旧石器文化》中系统提出了其分类体系；他采用功能与形态并重的分类原则，并开始注意到技术在石器文化研究中的重要性。他将石制品分为工具、石核和石片，其中打击类工具称第一类工具，各种经第二步修理的称第二类工具。

1993 年—1994 年，张森水对山西丁村 54:90 和 54:100 地点出土石制品研究时，对其分类体系进行了进一步完善，提出了初级产品和成品（石器）的分类方案，初级产品类型包括断块、石核、残片、半边石片和石片，而石器则包括各种类型的刮削器、尖状器和雕刻器等。张森水的分类体系和亨利·德·伦默莱（Henry de Lumley）对奥杜威文化的砾石工具和废片的分类方案正好吻合，表明他们在研究时均把经过第二步修理的石制品看作是一套石制品中的主要类型，并代表了一套组合的文化面貌，忽视了对遗址出土的更多“副产品”的进一步分析。应该说张森水的分类方案在中国旧石器时代考古学界的影响是深远的，至今仍有学者采用其分类体系。

与张森水强调典型器物出发点不同，李炎贤更多地注意到石器的加工技术与结果，他没有按照形状分类的方法，而是开始按台面数量与性质划分石核和石片，并对砾石石器的分类进行讨论，尽管其对石片台面的划分方案被国内众多学者所采用，但仍有学者认为其划分在同一层面上使用了性质、形态不同标准，且其概念的限定词语缺乏广泛性。

虽然中国学者一直在石制品分类学领域进行尝试，先后提出过一些石制品的分类原则和术语，但总体上没有改变分类标准混乱和对一些学术名词使用各行其是的局面。典型标本描述的分类方法到处可见，所研究石制品并非全为经过系统发掘所得，遗址出土多少石器或者工具被认为是衡量石器研究者水平高低的标准，石核和各类砍砸器无法找到区分的标准而被随意分为两类，标新立异自创认为是科学的分类方案的做法时有发生，从这些现象来看，创立属于我们自己的分类体系似乎任重道远。

林圣龙、陈淳等系统介绍了西方不同的石器类型，并对中、西方旧石器时代工具的类型划分以及与此密切相关的石器技术方面问题进行比较与讨论。这些工作显示中国学者已经在调整石器分类研究的坐标系，并开始在世界史前史的框架下来讨论中国旧石器时代工具分类问题。

高星在美国亚利桑那大学完成的对周口店第15地点的石器技术研究，完全采用西方的分类体系对石核、石片、石器以及相关废片进行了系统分析。应该说卫奇和高星的分类体系均是以古人类技术和行为为出发点，变典型标本描述为系统揭示一套石制品组合的技术特点为研究切入点。他们的研究系统推出以后，开始影响中国新一代的年轻学者。

下面重点介绍一些中国学者在旧石器时代考古类型学方面的尝试。

1. 裴文中、张森水：《中国猿人石器研究》（1985年）

研究者将周口店工具划分为石砧、石锤、刮削器、尖状器、石锥、雕刻器、砍砸器、石球8大类。其中，石锤又被划分为砸击石锤和锤击石锤；刮削器又被划分为单刃刮削器、双刃刮削器、复刃刮削器、盘状刮削器、端刃刮削器，单刃刮削器根据刃缘形态又有单直刃、单凸刃、单凹刃之分，端刃刮削器亦有圆端刃和平端刃之分；尖状器又被分为正尖尖状器、厚尖尖状器、秀长尖尖状器、短尖尖状器、钝尖尖状器、宝剑头尖尖状器、角尖尖状器、喙状尖尖状器、复尖尖状器9类；石锥又被划分为长尖石锥、短尖石锥2类；雕刻器又被划分为屋脊雕刻器、角雕刻器、平刃雕刻器、多脊雕刻器4类；砍砸器又被划分为单边刃砍砸器、端刃砍砸器、斧刃砍砸器、尖刃砍砸器、多刃砍砸器、盘状砍砸器6类。

2. 李炎贤等：《观音洞——贵州黔西旧石器时代初期文化遗址》（1986年）

该书中的工具分类系统更多地关注到技术特征方面的差异性，其分类主要以工具刃缘的数量、形态、组合为标准，所分类型较多，更为详细。观音洞的工具被划分成石核、石片、刮削器、端刮器、砍砸器、尖状器、凹缺刮器和雕刻器等8大类。其中，砍砸器又可分为单边砍砸器、双边砍砸器、三边砍砸器、多边砍砸器4类；刮削器分类较多，可分为单边直刃刮削器、单边凸刃刮削器、单边凹刃刮削器、相连两边直刃刮削器、相连两边凸刃刮削器、相连两边凹刃刮削器、相连两边直刃—凸刃刮削器、相连两边直刃—凹刃刮削器、相连两边凸刃—凹刃刮削器、不相连两边直刃刮削器、不相连两边凸刃刮削器、不相连两边凹刃刮削器、不相连两边直刃—凸刃刮削器、不相连两边直刃—凹刃刮削器、不相连两边凸刃—凹刃刮削器、三边直刃刮削器、三边凸刃刮削器、两直刃—凸刃刮削器、两直刃—凹刃刮削器、两凸刃—直刃刮削器、两凸刃—凹刃刮削器、两凹刃—直刃刮削器、两凹刃—凸刃刮削器、直—凸—凹刃刮削器、四边刃刮削器、多边刃刮削器、周边刃刮削器、盘状刮削器共计28类；端刮器又可分为单端端刮器、双端端刮器、尖端—端刮器3类；尖状器又可划分为厚尖状器、薄尖状器两类。另外，诸如单端端刮器、厚尖状器、薄尖状器等器型下面又划分出不同的形式。

3. 张森水：《中国旧石器文化》（1987年）

该书将工具分为两个类型：

> 主要从功能上考虑，同时也兼顾石工具的某些形征。第一大类是制作石器的石工具。第二大类是以加工生活资料为主的石工具。
>
> 第一类石工具，基本上是自然物，如砾石，它们在用于打石片或修整工具中使自身也发生破损。由于使用方式的不同，其上留下的痕迹也不同，常见的有以下四种：石砧；砸击石锤；锐棱砸击石锤；锤击石锤。
>
> 第二类石工具可分为以下七类：（1）刮削器；（2）尖状器；（3）石锥；（4）雕刻器；（5）镞；（6）砍砸器；（7）石球。

在《丁村54:100地点石制品研究》（1993）中，张森水把全部石制品分为两大类：初级产品和成品类。初级产品包括剥片过程所产生的断块、打过石片的石核，石片（含修片）、残片（含修残片）以及半边石片等；石片分为大、中、小三种类型；成品——石器，分属有刃类的刮削器和有尖类的尖刃器和雕刻器。

4. 王建等：《丁村旧石器时代遗址群丁村发掘简报》（1994年）

该书将1976年—1980年在丁村旧石器地点群调查和发掘的一般工具划分为以下类型：

> （一）石核：单台面石核；双台面石核；多台面石核；双阳面石片石核。
>
> （二）石片：包括完整石片、半边石片以及可辨认出近端、远端的残断石片。完整石片，按台面、背面的自然面与片疤面组合情况分为VI类，还有特殊

类型石片——双阳面石片。

（三）断块和碎片。

（四）石器分为：砍斫器；刮削器；尖状器，有三棱大尖状器、大尖状器和小尖状器；斧状器和宽型斧状器；修背石刀；双阳面石刀；锯齿刃器；凹缺刃器；锥钻；石球；石锤；权宜型工具，有人工修整痕迹而难以归类者。

（五）细石器类型：细石核有锥状石核、楔状石核、船形石核；细石叶；石核式石器分为石核式斜刃小刀、石核式两面刃小刀；雕刻器分为修边雕刻器、横刃雕刻器；端刮器分为短身圆头刮削器、顶端平头刮削器；刮削器分为直刃刮削器、凹刃刮削器、凸刃刮削器、琢背小刀和微型琢背石叶；微型尖状器；石镞；锥钻；楔形器。

（三）中国旧石器时代考古类型学的成熟期（2000 年至今）

自从 2000 年开始，中国旧石器时代考古类型学的研究进入了快车道，学者们的讨论也越来越丰富多彩。

1. 卫奇：《石制品观察格式探讨》（2001 年）

卫奇曾经尝试探讨旧石器时代考古遗址石制品记录范式，“室内分析，将石制品类型初步划分为精制品、粗制品、断块、石锤、石砧、石核、石片”。

该书根据美国学者尼古拉斯·托斯（Nicholas Toth）的石制品动态系统，将中国常见的石器类型分为刮削器（包括各种刮削器）、砍砸器（砍斫器、砍伐器）、尖状器（包括各种尖状器）、雕刻器（包括各种雕刻器）、镐状器、锛状器（薄刃斧）、石锤、石锥、球形石等。

2. 广西壮族自治区博物馆：《百色旧石器》（2003 年）

由于百色旧石器属于砾石石器工业，并且含有阿舍利文化因素，因此该书根据实际情况，“基本上采用印度学者巴塔查亚 (Bhattacharya) 的分类标准，分为砍砸器（含手斧、手镐、薄刃斧）、刮削器等”。

3. 张之恒、黄建秋、吴建民：《中国旧石器时代考古》（2003 年）

第三章第一节“旧石器制作与分类”中沿用张森水1987年的分类标准，将石器分为两大类：第一类工具，包括石砧、砸击石锤、锐棱砸击石锤、锤击石锤、楔形器；第二类工具，包括刮削器、尖状器、石锥、雕刻器、镞、砍砸器、薄刃斧、手斧、石球、手镐。还有非成品石制品，分为半成品、废品、石叶、细石叶、微小石叶等。

第三章第二节“旧石器研究”中主要依据日本学者竹冈俊树的《石器研究法》第二章改写而成，分别从石制品属性、石片分析、石片石器分析、剥片技术分析、石制品的拼对、旧石器绘制方法等方面对石片、石器的各观察项目进行了描述。

4. 王幼平：《旧石器研究——旧石器时代考古方法初探》（2006年）

该书基本上借鉴了卫奇、尼古拉斯·托斯等人的方法，从技术类型学的角度认为“中国的石器工业分为石片石器工业、砾石石器工业、石叶工业和细石器工业”。

石片工业的突出特点是以简单剥片方法生产石片作为加工工具的坯材，石器以中、小型为主；砾石工业的突出特点是以砾石为石器石料的主要来源，直接将砾石加工成各类工具，很少对石片进行加工；石叶工业的突出特点是以预制石核的方法生产石叶，石叶直接投入使用或作为毛坯再加工为工具；细石叶工业的突出特点是以复杂的预制细石核的方法生产细石叶，细石叶多不作为工具的毛坯，与之伴生的还有一系列技术和形状定型的工具。

5. 陕西省考古研究院等：《花石浪（Ⅰ）—洛南盆地旷野类型旧石器地点群研究》（2007年）

该书的“洛南盆地石制品的分类系统”将石制品分为石料、石锤、石砧、石核、石片及各种修理工具，“洛南盆地旷野旧石器地点石制品中的修理工具可以归纳为9种不同的类型：砍砸器、手镐、手斧、薄刃斧、大型石刀、石球、刮削器、尖状器和雕刻器，还有片屑和断块”。

6. 黄慰文、侯亚梅、斯信强：《盘县大洞——贵州旧石器初期遗址综合研究》（2012年）

石制品由石核、石片、工具、碎屑、备料等5个部分组成。其中,工具又可分成砍砸器、手斧、薄刃斧、手镐、球状器、盘状器等重型工具和边刮器、凹缺器、锯齿刃器、鸟喙状器、钻具、雕刻器、勒瓦娄瓦尖状器、修柄尖状器等轻型工具。上述类型又可归纳为两组：单一类型工具以及由两个或多个类型组合的复合工具。

同时该书还阐述了“测量与观察”方法。

7.[俄]杰列维扬科著，李有骞译《谢列姆贾旧石器时代晚期文化》(2013年)

译者引用了俄罗斯学者的分类，将石制品分为劈裂产品、石核、石叶、细石核等，另外还有“锛形器、穿孔器、钻、锥、凿形器、锯齿器、尖状器、特别的工具、被修理的技术削片、被修理的石核断块、被修理的断块”等。

8.裴树文:《旧石器时代石制品室内观测项目探讨》(2014年)

对中国旧石器的类型作如下划分：A.剥片类产品：该类产品多为经过成功剥片的石核、石核工具或大型切割工具,单个石片疤大小在2cm以上。可进一步划分为如下类型：砍砸器(石核)；盘状石核；多面体石核；重型刮削器；石核刮削器；准石球/石球原始两面器；大型切割工具；随意石核。

B.废片类产品：多为剥离石核、石核工具或大型切割工具的废片,依据其保留古人类剥片留下特征状况可进一步划分为如下类型：完整石片；破碎石片；碎片；断块；碎屑。

C.修理类产品：该类产品国内学者多用石器或工具来表述,其毛坯多为石片,修理石片疤的个体大小多在2cm以下,依据其形态或功能可进一步分为如下常见的类型：刮削器；凹缺器；尖状器；齿状器；石锥；雕刻器。

D.打击类产品：这种类型指古人类从事剥片或修理行为的产品,国内有学者用第一类工具来表述。常包括以下两种类型：石锤；石砧。

9.王益人:《丁村旧石器时代遗址群——丁村遗址群1976—1980年发掘报告》(2014年)

该书认为“丁村遗址群中的石制品可分粗大石器和细石器两大系列”：

一、粗大石器

(一)石核分为特型石核，如漏斗状石核、盘状石核、双阳面石片石核等；又有任意打制的普通石核。

(二)石片按照形态分为：完整石片、特殊类型石片和残断石片。

(三)断块和碎片。

(四)石器分为砍斫器类、尖状器类、斧状器类、刮削器类、石刀类、锯齿刃器、凹缺刃器、权宜型工具、石锤、石球

二、细石器类型分为细石核、细石叶、石核式石器、雕刻器、边刃刮削器、端刃刮削器、琢背工具、尖状器、石镞、锥钻、楔形析器。

10. 广西壮族自治区自然博物馆：《广西百色盆地枫树岛旧石器遗址》(2014)

枫树岛遗址的石制品的分类方案如下：备料、零星片疤砾石、石锤、石核、石片、刮削器、砍砸器、手镐、手斧、断块。

11. 冯兴无，汪英华：《大窑遗址研究——四道沟地点（1980—1984)》(2015)

1.3石器的类型划分。按照传统的分类体系,四道沟地点的石器可进一步划分为刮削器、砍砸器、尖状器、雕刻器、石钻、端刮器、球形器等。

刮削器、砍砸器等主要依据刃口数量，然后再依刃缘状态来划分，如单刃类、双刃类、多刃类等。单刃类可再分为单直刃、单凸刃等，双刃类再分为双凹刃、双凸刃、直凸刃等，3个刃及以上为多刃类。另外分出盘状(刮削器或砍砸器)类型。

12. 杜杰等：《湖北省郧县肖家河发现的石制品》(2015 年)

打制石制品分为三大类：素材、加工工具和石器。素材主要指加工的对象，如砾石、石核、石片、碎片、碎块、断块等；加工工具主要是指石锤、石砧及其他用来加工石器的工具；石器指各种经过加工后的素材：分为两大类，石核石器和石片石器。每大类又分为若干小的类型，如砾石石器又分为砍砸器、刮削器、手镐、手斧等，石片石器分为刮削器、尖状器、端刮器等。

13. 大理白族自治州文物研究所：《剑川象鼻洞旧石器遗址研究》(2015 年)

4. 工具的分类：分类标准——以工具的功用进行分类。可分为3类：（1）第一类工具分为石锤、石砧；（2）第二类工具分为砾石或石核工具、石片工具（刮削器、端刮器、凹缺器、尖状器、钻具、雕刻器、琢背小刀、石锥、石镞）；（3）第三类工具分为使用石片；使用断块；使用残片。

5. 废品的分类：断块；残片；碎屑。

14. 李英华：《旧石器技术：理论与实践》(2017 年)

该书在“工具的描述与分析项目”中，有如下描述：

我们对刃缘的观察是从三个角度进行的：正视角度、横视角度和侧视角度……

选择了一些重要的描述项目并以此为基础建立了一个能反映工具功能和使用方式的分析模型。该模型由以下六个描述与分析的项目构成：A.正视轮廓；侧视轮廓；边缘修理后的倾斜度；两表面的初始特征；两表面二次加工后的特征；修理后刃角与初始刃角的关系。

第二章

中国旧石器时代考古学研究方法概述

旧石器时代考古学研究方法和其他断代考古学研究相似，从考古调查、考古发掘、室内整理、报告编写等方面对获得的考古资料进行科学分析。

第一节　调查方法

一、调查前的准备工作

在调查之前，要做好准备工作，首先应该参考一些书籍（包括古文献考古资料书刊），把有关的资料摘抄下来。不论是在前人工作基础上进行复查，还是开始新的调查，都要进行这一工作。只要不重复，都应摘抄。有时候能在准备工作中找出要解决的学术性问题。

其次是查阅地图。可依据文献材料在地图上找出要勘查的地方，并且根据地形和地名，看哪些地点可能有古人居住遗址或墓葬，在地图上用红铅笔做上记号。

第三，出发到当地后，先了解该地古迹古物出土和保存情况，就近打听、搜集有关资料，当地文化馆（或博物馆）和私人如收藏有当地出土古物，应先看一下相关的文物，并查问它的出土地点和情况，并向地方干部或群众打听附近有什么古迹和出土过什么古物。

第四，获得了必要的资料后，就可设计具体的调查路线。路线的决定，还要考虑到当地的道路和交通工作的情况，村落或人口的疏密，食宿的地点等。调查路线，一般是沿着河流或大路为主干，划定每天大致的调查范围，确定好住宿和进餐的处所。这些调查计划要根据具体情况，和当地的行政和业务干部共同研究决定。

二、调查中的工作

每天出发前，调查负责人要将当天的工作任务交代清楚，做到人人心里有数。要注意地形地貌的变化，留意地面微小变化，如泉水的附近、两河交汇处、渡河的津口、平地中凸起的地方，都应特别注意，可能有居住遗址。农民取土、挖窖、修渠、掘井、造坟、筑屋以及深耕的地方，都要细心观察可能有翻上来的遗物。沟沿、田间地头和路边的断面上，也常有遗迹暴露。这些都是良好的线索，跟着这些线索追寻下去，时常会有新发现。

调查小组的组织和规模，也要依照主观条件和客观情况而定。最好以 4 ~ 6 人一个调查小组为宜，这样调查小组可以全部乘坐一辆越野车。一般而论，负责一定地区的调查工作组织一个调查队，队长负责组务，是组内的负责人，也是对外联络的代表。在调查队中可以分几个小分队或小组，分途出发活动，小分队或小组每晚可以集中住宿在一起，队中各人分工合作，可时常开会商讨计划和检查工作。至于每天的实际勘察工作，以二三人的小分队或小组为最适宜。

调查小组每天出发时要携带工作中需用的工具，如：背包、望远镜、照相机、带自由头的三脚架；罗盘、30 米的皮尺和 2 米的钢卷尺；小三角铲和平头铲、棕刷、保存标本的布囊、陶片袋、纸盒和标签本；中性笔、油性笔、铅笔、橡皮、小刀；半圆仪、三角板；调查记录表格本、封口袋、复写纸、袖珍日记簿；地图、手电筒、雨伞、哨子、饭盒、勘查手杖等用具。随着记录手段的更新，可以适当增加一些新的工具，如高精度的电子地图、小型无人机、高精度手持式 GPS 记录仪等。

在实地勘察过程中要依靠群众，一有机会便向群众请教，同时要向群众宣传文物保护的政策法规，在调查的过程中要注意千万不要践踏农民辛勤种植的庄稼。

实地调查是调查中最重要的一步工作。调查时需要做到眼勤、手勤、腿勤和脑勤，而腿勤尤为重要，应该跑到的地方都要跑到，勘察时要细心观察，随时用手中的地质锤或手铲拨动一下视线所及的石头，它们极有可能是石器。

发现石器、动物化石等文化遗物后便要停下来仔细观察，要随时记录遗物的埋藏信息，如遗物的编号、名称、GPS 信息、倾向、倾角、放置方式、尺寸、照相等，还有遗物所在地层堆积的土壤的颜色、土质，土壤出露的长度、厚度等。（参见附表 1 ）

采集标本的标准，一般而论，凡是有人工打击痕迹的石制品、动物化石等小件遗物必须全部收集，不要随便乱挖未经扰乱的文化层中的遗物，尽可能地留待将来正式发掘再收集。

实地调查结束时需要填写相关的文字记录，最好能包括下列各项：遗址编号；地名；隶属；遗址位置 (可注明在哪一幅地图中) ；海拔高度；关系人姓名和住址；地理地貌；面积；文化层深度；土堆高度；附近流水；土质和农作物；侵蚀情况；近代建筑物；文化性质和时代；建议；备注；绘图号；照相号；调查日期及记录者姓名。（参见附表 2 ）

调查队应遵守国家相关的法律法规以及一些行动准则，如遵守纪律，服从领导，严格保守国家秘密；积极负责，忠诚老实，吃苦耐劳，克服困难，完成任务；依靠各级地方领导，搞好和地方干部及群众的关系；积极宣传党的文物政策法令；队员之间要团结友爱、互相帮助，虚心学习，开展批评和自我批评；注意安全和卫生，保持身体健康；爱护公物，谨慎使用仪器，节约各种消耗物品；私人不收买和收藏古物标本，等等。

三、调查后的工作

当天调查结束后，要汇总当天所有采集的所有遗物、填写的调查记录、拍摄的照片等，条件允许的话应将所有的资料录入电脑，以防一些资料的损耗或遗失。调查小组还要讨论当天调查的得失，计划第二天的调查线路等。

待一个地区的调查结束后，要尽快完成并提交该地区的调查报告，以备上级部门进行下一步更加详细的调查或者发掘计划。

第二节　发掘方法

旧石器时代考古发掘与新石器时代、商周时期遗址的发掘一样，都是正式的考古发掘，一定要遵守国家文物局的相关规定，做好三大记录。

一、布方

旧石器时代考古发掘布设的探方一般为 1 米 ×1 米的规格，在洞穴内或阶地上架上间隔为 1 米纵横交错的钢管，纵向钢管和南北方向一致，横向钢管和东西方向一致。在每个钢管的交叉处挂有一吊线锤。发掘面上，根据吊线锤的位置，用粗线绳隔成 1 米 ×1 米的探方。

开始发掘时，一般两人或三人一组负责一个探方，每组各安排有一名组长。各组在工地上领一套发掘工具 (包括刷子、手铲或顶端弯曲的锥子、小塑料簸箕、桶，用塑料壶、带尺子的三角铁和连接它们的塑料软管制成的简易且使用方便的水平高度测量仪)，还有本探方的发掘记录本、绘图本及各种彩色绘图铅笔。

一般情况下，面积大的工地发掘需要二三十年、四五十年甚至更长时间才能完成。

每天的发掘工作要做到井然有序，野外、室内同时进行。

发掘流程基本如下：每天上午 8 点开始，一般每天会安排有各方面专家 (地层学、地貌学、石器、动物学、图像处理、实验考古学) 的讲座，时间大约 40 分钟，然后由发掘主持人安排当天每人的工作。第一天一般没有室内工作，大家都去工地发掘。

每天发掘完后，必须将标本、写有两份标签的塑料桶带回室内。第二天讲座完后，发掘主持人开始分工，上午安排大部分人在遗址附近筛选土样，遗址附近有河流的可利用河水筛洗；附近没有河流的，就在水龙头下筛洗。

二、清理

发掘时应该遵循循序渐进的原则，一个探方接着一个探方地清理，每次清理的自然文化层的一个水平层的厚度为 2 厘米、5 厘米或 10 厘米。清理的主要工具是顶端弯曲的锥子和刷子，每次清理的土块最大不超过 1 立方厘米。

三、有关遗物的记录说明

遗址发现的所有遗物都要详细记录，不同遗物的记录方式各不相同。

石制品：包括以砾石或者石片为素材的石器、石片、碎片、破碎的砾石等。

完整砾石：长度大于 3 厘米的完整砾石。

动物化石：包括所有可以确定其种属的动物化石。

骨片：不能确定的长度大于 2 厘米的动物化石的骨片。

有烧过痕迹的碎片：包括所有长度大于 1 厘米的有烧过痕迹的骨片或者石片等。

石块：宽度大于 5 厘米的所有石块（如角砾等）。

木炭：直径大于 5 毫米的含有木炭的土块。

贝壳：包括所有贝壳类遗物。

粪化石：所有动物的粪化石。

古人类化石。

洞穴：所在洞穴的情况，通常情况下，要将洞穴的地层堆积情况画在发掘记录本的左边。

四、发掘记录本中需要记录的项目

1．发掘记录本的顺序号。

2．遗物的种类。

3．发掘探方的名称。

4．发掘的层位。

5．X。

6. Y。

7. Z。

8. 遗物的方向（走向），有四种情况：东西方向（EW），南北方向（NS），东北—西南方向（NE-SW），西北—东南方向（NW-SE）。或以罗盘度数为准。

9. 遗物的倾角。

10. 遗物的倾向：除了有三种平放的情况外，有八种情况：正东方向（E），正西方向（W），正南方向（S），正北方向（N），东北方向（NE），西南方向（SW），西北方向（NW），东南方向（SE）。或以罗盘度数为准。

11. 记录标本的最长、最宽和最厚处（L×l×e），尺寸记录均以毫米为单位。

五、绘图

所有有坐标的标本均以 1:10（或者 1:1、2:1）的比例记录在记录本上。画出标本的正平面形状后，不同的标本要用彩色铅笔涂上不同颜色以示区别。如古人类化石用橙色（橘黄色）、有人工加工痕迹的石制品用蓝色、完整或断裂砾石用绿色、动物化石用黄色、有烧过痕迹的骨片用紫色、石块用红色、粪化石用褐色、木炭标本用黑色、贝壳用 @ 来表示。

六、取出标本

所有有坐标的标本都要单独记录，首先包装在皮纸或者卫生纸中，每件标本都要有其所在的探方、层位、编号和名称，然后放入单独标本袋中。没有单独坐标的标本（包括小碎片或者筛洗过的标本）要按照每个探方、每个层位统一记录，然后放入单独标本袋中。

七、筛洗土样

所有探方中出土的土样都要筛洗。按照每个探方的不同自然及水平层位，一部分人将土样放入桶中（有标签），然后运至有水源的地方进行筛洗。

装有土样的筛子分两层，上层筛眼孔径较大，一般为 5 毫米，下层为 1 ~ 2 毫米。上层洗到没有土为止，再洗下层，等两层都洗完后，放上标签晾干。

另一部分人用牙刷清洗标本，其中一至两人负责登记标本信息，如：遗址名称、探方编号、地层层位、标本编号等。

下午，上午发掘的人继续发掘，清洗标本的人开始挑选标本。挑选的标本放在不同的小盒或小瓶里，分石器、牙齿、小动物化石、能确定的骨骼(解剖分类)、碎骨、烧骨、木炭、贝壳、粪便等。每天，发掘工作人员的分工要不断调整，这样每个人可以基本掌握田野发掘工作的各个程序和操作技术。

八、地层描述

每当一个层位的发掘结束以后，要记录每个层位的特征，如地质特征、土质土色（用土色表）、考古学特征、厚度、土壤粒度等。

九、发掘工作的全面化、精细化、规范化

1. 全面化：一方面是“物”，整个遗址里的每一粒土都要倒入桶内，带回去进行筛选，不让一颗土样、一件标本遗漏；另一方面是“人”，有各个方面的专业人员(包括模型翻制工及修复工)，以动物化石的鉴定为例，有分别专门研究马、犀、鹿、羊、牛、兔、鸟、啮齿类、贝类、鱼类等专业人员。鹿、羊、牛可进一步分类，每一个类别都由研究生或博士生来做。每个工地都能培养一批硕士、博士专业人才。

2. 精细化：清理完（底部全部暴露）一件标本后，首先按照发掘记录本上要求对其进行编号，再写出属性(人骨、石器、骨头、碎骨、烧骨、木炭、贝壳、粪便、卵石)、探方编号、地质层位号、水平层位号（每 2 厘米为一水平层）、三维坐标（单位用厘米，以西南角作为坐标的原点，从西向东测量为 X 值，从南向北测量为 Y 值，Z 值用高度测量仪测量)、长轴延伸方向(如东西 EW、南北 NS、东北西南 NE–SW、西北东南 NW–SE)、倾斜方向(有下列几种可能性：水平；垂直；近垂直；标出标本所朝向的方向即倾向，如南、北、东、西、东北、西北、东南、西南；侧立；近侧立，标出标本所朝向的方向，如南、北、东、西、东北、西北、东南、西南；倾斜，标本朝向一个方向)。

然后根据发掘记录，按比例绘图，一般绘在 1:10 的米格纸上，将标本的中心准确地绘在图纸上，画出其轮廓的俯视图和一些细节，如裂痕、棱脊等，然后按工地发掘

要求着色。描述每个自然层位中的包含物（包括自然物质、人工制品）的数量及性质、保存状况等，并需手工绘制一些典型地层剖面、遗物平面分布图。

绘图结束后，提取标本，用写好探方号、地层层位号、水平层号、标本序号的软纸包好，放在能确定属性的塑料袋内。对于不能确定属性的标本(如小碎骨或非常小的动物标本)，放在另一个写好探方号及地层号的塑料袋内。每一个地层发掘完后，都应该做考古学和地理学方面描述的卡片。这样仔细、全面的田野考古发掘，对遗址古环境的再造、埋藏学类型的分析及室内计算机图像和数据处理提供了许多方便，更可为若干年之后的研究提供尽可能详细的可利用资料。发掘本的左页为米格纸，按1:10的比例画出每个水平层的遗物分布图。（见图 **2–1**）

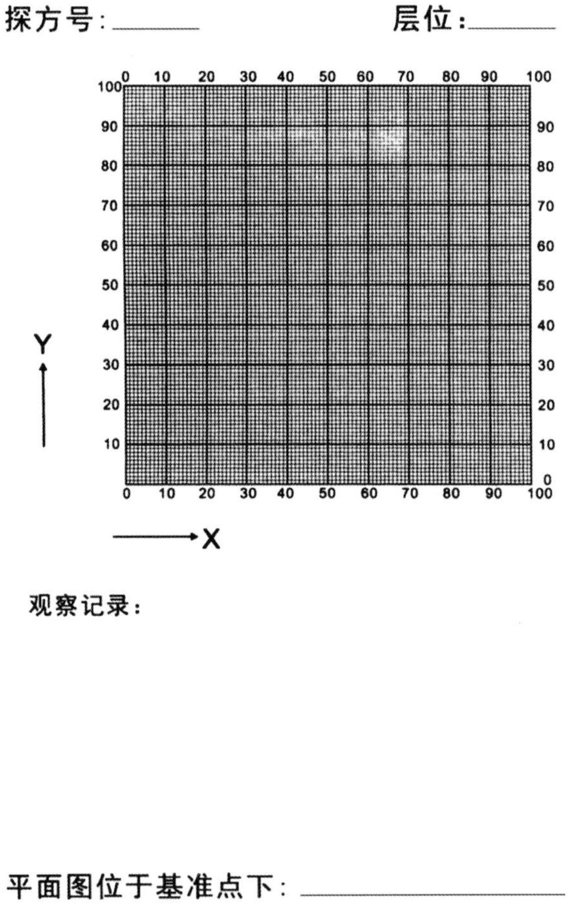

图 2-1　考古发掘遗物平面分布图

3. 规范化：随着计算机科学的发展，发掘工作的规范化已成为必然。每个工地都建立了自己的数据库，通过互联网可以查阅其他工地的有关资料，实现了考古发掘资料的统一管理和数据共享。整个旧石器时代考古工地的规范基本相同，田野方面工作使用相同的发掘本、相同比例尺的绘图纸及标本着色等方面，室内工作表现在整理及论文的编写统一使用的古人类化石、石制品和动物化石观察手册，为工地之间的交流带来许多方便。

4. 田野资料的公开化：每年发掘完后，全部资料按探方号放在实验室的柜子内，任何人都可查阅。

5. 公共考古宣传：发掘工地已成为对青少年进行教育的基地，每个发掘工地可制作彩色的剖面图、典型的石器和化石模型，为讲解提供素材，由发掘主持人或高级职称以上的研究人员进行讲解。

第三节　室内整理方法

室内整理是整个田野考古工作中最后、同时又是非常重要的一个环节，从田野考古学的角度来看，调查、发掘和室内整理，是一个完整的研究过程中前后衔接的三道工序，没有事先的调查，不可能进行发掘；没有发掘得到的资料，就谈不上室内整理；而如果不进行室内整理，就不能很好地消化发掘资料，从而无法马上编撰出具有一定学术水平的发掘报告。

在室内整理阶段，首先是整理发掘出土的器物，在对器物进行深入研究的基础上还要对遗迹和地层关系进行核对和检验，加深认识。因此室内整理既是田野工作的一个总结，又是继续研究的一个步骤。一个考古工作者，除了经常参加田野调查和发掘外，还应当参加必要的整理工作，让他在田野工作中获得的丰富的感性认识，有个集中、消化和提高的机会，才能上升到理性认识。

室内整理，贵在及时。每次发掘工作结束之后，应该尽快地进行整理，编写出报告使发掘成果早日同社会各界见面。新发现新成果的公布，能促进田野考古工作和研究工作水平的提高，也有利于相关学科利用考古学成果开展多学科研究。反之，发掘资料长期放在库房里，印象逐渐淡薄了，有些问题可能很难解决。有些遗物甚至发生损坏和丢失，有些问题，本来在某个发掘地点已经提出或解决了的，因为没有整理发表出来，别人不知道，后来碰到同样的问题，还要从头做起，事实上是阻碍了科学的发展，这样的局面应当力求避免。

发掘对象不同，室内整理的任务多少，也会有些不同，在通常情况下，大约要经过以下几个步骤：

1. 清理遗物：包括进行洗刷和核对编号等。编号经过核对，应用毛笔或记号笔写在器物上，也应逐一地写上出土层位或单位。

2. 统计发掘地层（文化层）、石制品、古人类化石和动物化石，分别做出地层（文化层）、石制品、古人类化石和动物化石统计表。

3. 拼对和修复：遗址中发现的石制品、古人类化石和动物化石中，除了大部分石制品外，基本上都是不完整的，因此要进行拼对和修复工作，尤其是发现的残破的古人类化石和动物化石，要用石膏进行修补，修复成一件相对完整的标本。

4. 选择标本，进行分类研究：旧石器时代遗址发现的石制品、古人类化石和动物化石等遗物，要选择一些典型标本，进行类型学研究。石制品中要按照加工工具、被加工对象进行分类研究；古人类化石要按照人体骨骼的不同部位进行归纳；动物化石要依动物学的分类标准列入不同的属种。

5. 绘制器物图和拓片：所有挑选的典型标本，都要画实测图，一些动物化石、古人类化石标本，要进行拓片。所有标本均必须画 1:1 比例的线图。通常先用绘图仪绘制铅笔遗物底图，一般画在白纸上，其中石制品一般要画顶面（背面）、底面（破裂面）和侧面三张图；动物化石和古人类化石要画正面、左侧面、后面、右侧面、顶面和底面六张图。然后用电脑清绘带比例尺的铅笔底图。

一些特殊的石制品、古人类化石和动物化石，如古人类牙齿、动物牙齿等，还需要拓片。

6. 制作遗物卡片：制作遗物卡片，是对遗物再次进行仔细观察并进行准确描述的一个过程。石制品、古人类化石和动物化石分别制作不同的遗物卡片，如果这一步工作做好了，写报告时关于遗物的介绍也就写好了。

7. 拍摄遗物照片及实景三维模型制作：如同绘图一样，石制品要拍摄顶面、底面和侧面三张照片；古人类化石要拍正面、左侧面、后面、右侧面、顶面和底面六张照片；动物化石一般要和古人类化石一样拍摄六张照片。重要的标本还要制作实景三维模型。

8. 看参考书，酝酿报告提纲，撰写报告。

9. 发掘报告的内容。通常旧石器时代遗址发掘报告应该包括三部分内容。

发掘经过：描述田野工作方法、经验等；

发现情况：可以按石制品、古人类化石和动物化石遗物等划分不同的类型；

主要收获：根据考古发现，在田野考古方法，在考古科学上，提出或解决了什么问题，对当前学术有什么意义等，进行有说服力的分析。

报告要图文并茂，照片、插图、文字、表格要互相符合，遗迹、遗物一定要有插图，凡是线图能说明的问题，文字上就可以少讲或不讲。文字要求简练、通俗易懂。

下面以石制品研究为例说明如何进行旧石器时代遗址室内整理。

（1）岩性鉴定

确定不同文化层发现的石制品数量后，对每一层的每一件石制品进行岩性鉴定，明确其分属沉积岩、变质岩、火成岩或其他质地属性，特别要鉴定其硬度，以便明确不同岩性的岩石适合于制作什么类型的石器，推测古人类在制作石器时的喜好。

（2）初步分类

对不同石制品类型进行初步分类，一般分为加工工具和被加工对象。加工工具分为石锤（包括硬锤、软锤）、石砧等。被加工对象分为原料及素材、石器两大类；原料及素材又分为砾石、碎块、石核、石片；石器分为石核石器（大石器）和石片石器（小石器）。石核石器（大石器）分为单向加工的砍砸器和双向加工的砍砸器，单向加工的砍砸器根据刃缘的数量分为单刃、双刃、多刃砍砸器，还有特殊类型的手镐，双向加工的砍砸器根据刃缘的数量分为单刃、双刃、多刃砍砸器，还有特殊类型的手斧、斧状器等。石片石器（小石器）分为刮削器、凹缺刮器、锯齿状器、端刮器、尖状器、尖突、钻具、刨形器等，根据刃缘的数量刮削器可分为单刃、双刃、多刃等。

（3）制备观察卡片

根据初步分类，对所有的石制品制备观察卡片。石锤、石砧、砾石、碎块可统一观察，石核、石片、石器需要单独制备观察卡片。

一般可制备四张卡片：石核、石片、石核石器（大石器）和石片石器（小石器）。其中，石核石器（大石器）可分两种类型来观察，一种是普通的砾石石器，砍砸器、手镐等，另外一种是特殊的砍砸器，包括手斧和斧状器。

（4）绘图

绘图时，根据出版需要可以绘制不同石制品线图，理论上可参考立方体的六个面，绘制六张图，主要表现出石制品上的片疤数量、方向、石皮分布等信息。一般情况下，普通石核、石片需要绘制三张线图，分别为顶面（背面）、左（右）侧面、底面（破裂面）；手斧和斧状器需要绘制四张线图，分别为顶面（背面）、左侧面、右侧面、底面（破裂面）。片疤上要表现出打击点、放射线和波纹线等。

（5）照相

一般，绘制几张线图，相对应就需要拍摄几张照片，尽量采用手动模式拍摄，表现出石制品上人工打击特征。

（6）实景三维模型制作

随着科技发展，可对所有石核、石片和石器制作高精度实景三维模型，达到全信息记录石制品特征。

第四节　报告编写

旧石器时代考古发掘报告分为两种，考古调查简报和考古发掘报告。

一、考古调查简报

由于考古调查有综合调查和专题调查之分，调查报告自然也可相应地分为两类。专题调查报告包括一个区域、一个流域的旧石器时代考古调查简报等。这种报告内容专一，比较容易掌握。综合调查的内容复杂，有些综合调查包括许多学科，如一个区域的旧石器时代考古综合调查，包括地质学、地貌学、古动物学、古植物学、古人类学、古环境学、年代学、石制品研究等。

二、考古发掘报告

凡进行考古发掘的遗址，不论规模大小，也不论重要性如何，都应该撰写正式发掘报告并发表。因为发掘报告的性质主要是报告工作和报道资料，所以在撰写上有比较大的一致性。旧石器时代考古遗址的发掘报告至少要包括以下几个部分：

1. 遗址所在地的自然环境和历史背景，包括历史沿革在内，这是遗址形成的自然和历史原因。

2. 过去考古工作的主要成果（如做过考古工作的话），当次发掘的缘起和预期目标。发掘队伍的组成、发掘经过。如何根据遗址的性质、保存状况和预期目标来制定发掘计划？采用了何种田野工作方法？发掘过程中遇到了什么新的情况并做了何种调整？如实地写出这些内容是发掘报告的基本要求，说明采用的方法是否正确，便于读者明白你的工作过程。如果试验过某些新的方法，效果如何，更需要详细说明，以便积累田野工作经验，提高我们的田野考古工作水平。

3. 文化堆积和地层关系，这一部分内容应该是全面介绍地层关系，并且通过地层关系来了解整个发掘区的文化地积形成过程。按照这种要求，就应该发表全部地层关系图而不是只发表一两个典型剖面，各剖面图应能相互连接，剖面图和平面图应能相互对应。在叙述地层关系时当然不可能每个探方、每个剖面都逐一介绍，但也不能仅举一二个剖面作为代表。正确的做法应该是既有典型剖面又有一般剖面；既有具体剖面的详细描述，又有全发掘区地层关系的综合分析，最后落实到对整个文化堆积的形成过程做出解释，并初步划分为若干文化期(如存在不同的文化期的话)。

4. 文化遗迹与遗物，如果包含有不同时代的遗存，应该先按时代分章编写；如果属于同一时代，内部分期明确，也可以按分期编写。如果分期不大明确，则可以统一撰写，然后讨论分期问题。在这种情况下先写遗迹，再写遗物。

写遗迹时应先按不同类型分类。每一类应该先有一个概述，然后逐一叙述。如果数量太多而形态变化不大，可以在概述之后挑选若干典型遗迹详细描述，其余的列一明细表，注明其所在位置、层位关系、形状结构、大小尺寸、堆积状况、包含遗物和所属期别就可以了。

写遗物时首先有一个分类问题，现在比较常用的方法是交叉分类，即第一级按功能分为工具和武器类、生活用具类、装饰品和艺术品类等；第二级按质地分，第三级再按刃缘多寡等来划分。

发掘报告的结论部分应该把当次发掘总结一下，看看在考古学和历史学上提出或解决了哪些问题，在哪些方面加深了认识，等等。应做出有说服力的归纳，把问题提到应有的高度。

因为发掘报告是提供资料的，除上述正文外还应有若干检测报告和专题研究报告。例如石器质地鉴定和微痕研究报告、人体骨骼鉴定与研究报告、动物遗骸的鉴定与研究报告、孢粉与植物硅酸体检测报告等。

还有一种是考古发掘简报。发掘简报的概念不是简单草率，而是用较少的篇幅报道较重要的问题。如前所述，一些较重要的考古调查或考古发掘，资料丰富，短期内难以拿出正式报告，可以先将最主要的发现及其学术意义报道出来，加快学术信息交流，这就是考古简报的作用。因为字数较少，又要写出重点，讲出道理，所以难度不小。

第三章

石制品的信息记录

长期以来，旧石器时代遗址调查及考古发掘过程中对石制品的埋藏信息往往偏于简单，大部分只是记录了石制品的三维坐标，这给下一步室内整理工作造成了极大的困难。在考古调查和发掘过程中，应尽量全面记录石制品信息，可从以下几个方面来进行。

一、发掘信息

主要包括石制品编号、所在层位、坐标、方向、角度、重量等。（参见附表 3）

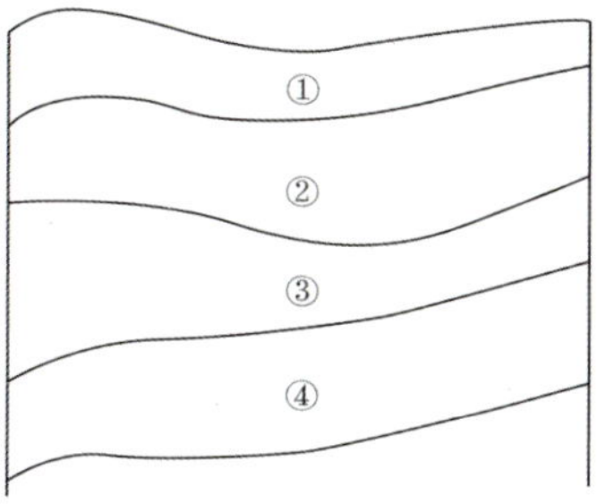

图 3-1　石制品所在自然层剖面图

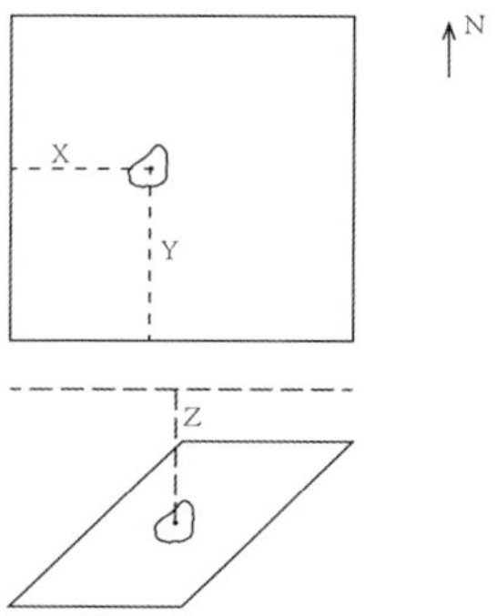

图 3-2　石制品三维坐标（X、Y、Z）测量示意图

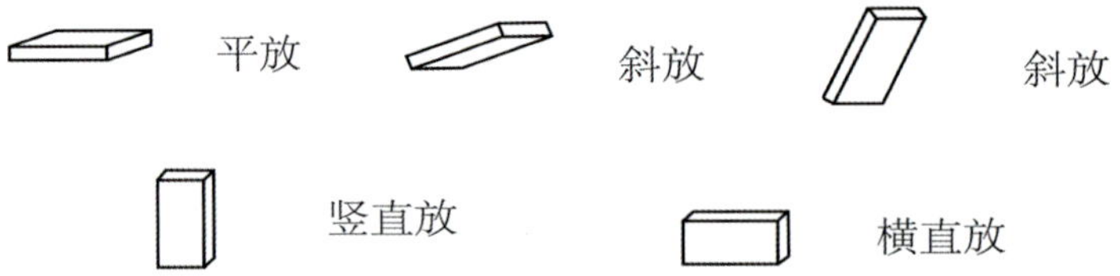

图 3-3　石制品放置方式示意图

二、几何形状

观察砾石的平面形状和剖面形状时，平面形状可先分为薄标本（宽与厚的比值大于 2.35）和厚标本（宽与厚的比值小于等于 2.35）标本，再分为长、短两大类。短形（长与宽比值小于 2）的标本可分为圆形、椭圆形、半圆形、心形、三角形、四边形、多边形（根据可分出的边缘数量确定），长形（长与宽比值大于等于 2）的标本可分为加长椭圆形、三角形、四边形、多边形，等等。

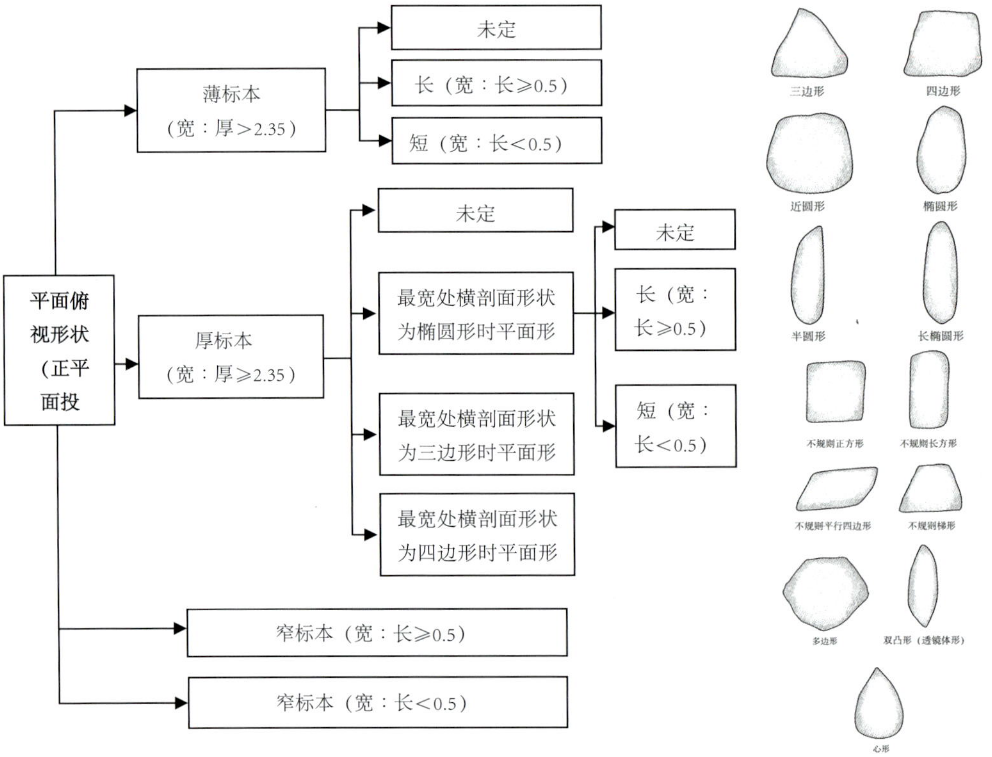

图 3-4　石制品平面几何形状示意图

剖面形状可先分为薄标本（宽与厚的比值小于 2.35）和厚标本（宽与厚的比值大于等于 2.35）。然后根据其中部横剖面的具体形状分为剖面呈椭圆形、三角形、四边形或其他形状。每个不同的形状中又可根据其长短分为圆形、椭圆形等等不同的形状。

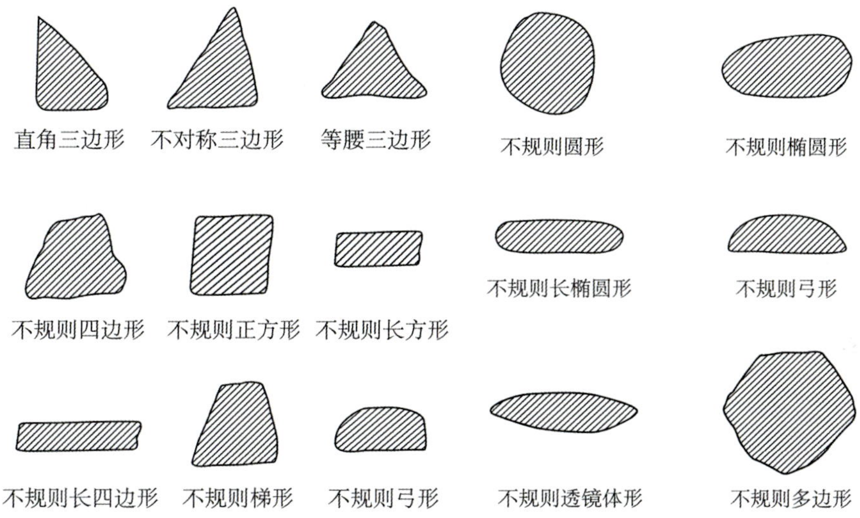

图 3-5　石制品剖面几何形状示意图

三、岩性

在对一个遗址的石制品进行分类以前，首先要对石制品的岩性进行观察，其次对它们的物理状况进行观察，观察的项目主要有：有无石锈（石锈的多少、石锈的颜色及其分布位置）；是否经过了变质作用（变质的程度）；是否经过了硅化作用（硅化的程度）；是否受到了外力作用（如热力作用及其作用后的结果）；是否被钙结核包裹（钙结核包裹的位置）；是否有假真菌作用的痕迹（痕迹的位置）；有无海洋微生物的痕迹（痕迹的位置）；是否经过了风力作用（作用的位置及其程度）；是否经过了搬运和滚动；是否使用过（使用的结果）和是否光滑（光滑的程度）；等等。

1．沉积岩

均质灰岩；页岩；白云岩；砾岩；角砾岩；泥砾岩；燧石类；（粗、细、粉、杂）砂岩；石英砂岩；含砾砂岩；核形石；泥质条带状粉砂岩；条带状硅质岩；粉砂质泥岩；泥质岩；变质泥岩……

2．变质岩

变质石英岩；角页岩；板岩；千枚岩；片岩；混合岩；含云母片岩；大理岩；云母片岩；片麻岩；绿帘石岩；斜长角闪岩；蛇纹石岩；糜棱岩……

3．火成岩

脉石英；火山熔岩；闪长岩；安山岩；流纹岩；玄武岩；花岗岩；玢岩；黑曜岩；粗面岩；凝灰岩；斑岩；花岗斑岩；辉绿岩；闪长玢岩……

4．陨石、熔融石等。

5．矿物。

6．未定岩性。

表 3-1　湖北省“郧县人”遗址石制品岩性及硬度统计表

岩性 种类	名称	摩氏硬度	普氏硬度	采集、扰土	第二层	第三层	第四层	小计
沉积岩	砂岩	2 ~ 6	2 ~ 20	16	30	30	4	80
	细砂岩	2 ~ 6	2 ~ 20	2	1	4	1	8
	粉砂岩	2 ~ 6	2 ~ 20	1	1	1	0	3
	泥质砂岩	2 ~ 5	4 ~ 15	0	0	1	0	1
	泥质岩	2 ~ 3	1.5 ~ 6	4	2	7	3	16
	硅质岩	7	20 ~ 30	34	9	17	1	61
	含砾砂岩	2 ~ 6	2 ~ 16	4	2	4	0	10
变质岩	石英岩	7	15 ~ 30	15	18	25	4	62
	片麻岩	4.5 ~ 6.5	8 ~ 20	2	0	5	0	7
	云母 石英 片岩	3 ~ 6	1.5 ~ 20	0	0	1	0	1
	混合岩	/	10 ~ 25	1	3	2	0	6
	绿帘石岩	6 ~ 7	16 ~ 30	1	0	0	0	1
	矽卡岩	6 ~ 8	16 ~ 30	1	0	0	0	1
火成岩	脉石英	7	20 ~ 30	30	60	132	8	230
	花岗岩	5 ~ 6.5	10 ~ 25	0	0	3	0	3
	花岗斑岩	5 ~ 6.5	10 ~ 25	0	3	1	0	4
	石英斑岩	6 ~ 7	10 ~ 25	0	3	0	0	3
	粗面岩	5 ~ 6.5	10 ~ 25	0	0	3	0	3
	伟晶岩	6 ~ 7	10 ~ 25	0	0	1	0	1
	安山岩	5 ~ 6.5	10 ~ 25	0	1	0	0	1
小计				111	133	237	21	502

（表头：各层位标本数量）

表 3–2　石制品表面状况分类表

<table>
<tr><th colspan="2">类别</th><th>物理状况</th></tr>
<tr><td rowspan="3">石锈</td><td>颜色</td><td>黑、灰、淡灰褐、粉红灰褐、白、绿、黄、栗、红褐、红等</td></tr>
<tr><td rowspan="2">两面不均匀分布</td><td>两面均匀分布</td></tr>
<tr><td>两面有散开界限（所有面上均有；一面多于另一面）；
两面有明显界限（B 面少于 A 面；工具上少于石片或砾石其他部分）；
几处加工少于工具上；
不规则加工少于工具上或石片上；
一处工具上少于另一处工具上；</td></tr>
<tr><td colspan="2">变质作用</td><td>无；
有（弱；中等；强烈）</td></tr>
<tr><td colspan="2">脱硅化</td><td>无；
有（弱；中等；强烈）</td></tr>
<tr><td rowspan="4">热力作用</td><td>颜色</td><td>漂白；变黑；发红</td></tr>
<tr><td>碎纹</td><td>未定；火烧裂；冻裂</td></tr>
<tr><td rowspan="2">脱皮</td><td>薄膜状：未定；火烧裂；冻裂</td></tr>
<tr><td>壳状：未定；火烧裂；冻裂</td></tr>
<tr><td colspan="2">被钙皮包裹</td><td>石皮上；片疤、加工等面上；断裂面上</td></tr>
<tr><td colspan="2">假菌丝体状况</td><td>石皮上；片疤、加工等面上；断裂面上</td></tr>
<tr><td colspan="2">海洋生物状况</td><td>石皮上；片疤、加工等面上；断裂面上</td></tr>
<tr><td colspan="2">风力作用</td><td>未定；弱；强烈</td></tr>
<tr><td colspan="2">光泽</td><td>无；弱；强烈</td></tr>
<tr><td colspan="2">滚动、搬运</td><td>未使用；变钝；滚动过</td></tr>
</table>

四、类型

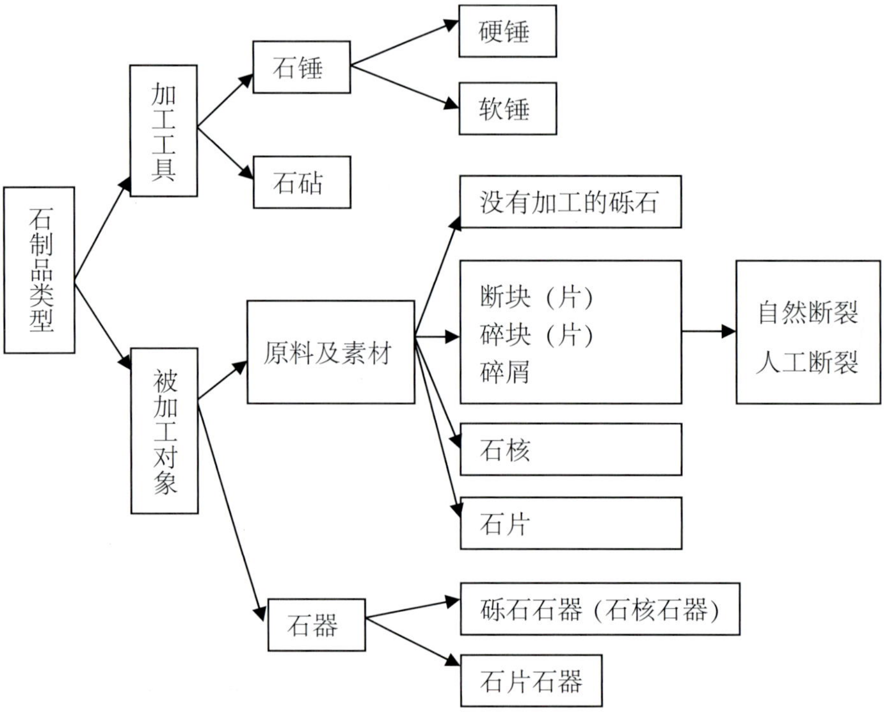

图 3-6　石制品类型简图

第四章

石制品的分类与定位

第一节　石制品分类概述

旧石器时代文化最主要的遗物就是石制品，因此对石制品的研究也是旧石器时代文化研究最重要的内容。而类型学又是旧石器时代考古学研究的基础，旧石器时代类型学的研究进步推动着旧石器时代考古学本身的发展。

在旧石器时代考古学理论和方法中，石制品的类型学研究历来是学者们关注的焦点，所使用的分类方法也不尽相同。本书以中国传统的类型学为主，并参考了法国类型学的一些方法。

从大的分类层面考虑，旧石器时代遗址中出土的石制品，可以分为两大类：加工工具和被加工对象。加工工具主要是指石锤（硬锤、软锤和其他用来剥片、加工石器的工具）、石砧等。被加工的对象包括砾石、石核、石片、石器等加工工具所施与的对象，包括成品、半成品及废料等。

一、加工工具

剥片和加工时，除了石核、石片外，加工工具也是石制品中非常重要的因素，没有加工工具，不可能从石核上打下石片来。打制石制品时的加工工具主要有直接打击法所使用的石锤，间接打击法所使用的石锤和石砧。

1. 石锤

这里所说的石锤是一个广义上的概念，包括石质（硬锤），骨制、角制或其他质地的用来打制石制品的工具（软锤）。旧石器时代晚期的间接打击法使用的木质加工工具、采用软锤打击法所用的鹿角等加工工具也属于石锤的范围。

石锤可分为在面上、角上、两端有使用等不同类型。

2. 石砧

同样，石砧也是一个广义上的概念，主要指砸击法或间接法打制、加工石制品时，垫在石核或需加工的石器下面较为平坦或略凸起的砾石或石块，当然，剥取石叶时垫在细石核下面的木制品或其他质地材料也属于石砧的范畴。

二、被加工对象

（一）原料及素材（石坯）

这里所说的是广义上的原料及素材的概念，包括所有石器被加工成为器之前所有的石器素材和在加工石器过程中所遗留下来的碎屑，如没有加工的砾石、剥离下石片的石核、从石核上被剥离的石片、断块、碎块、碎屑，等等。

1. 没有加工的砾石（完整砾石和断裂砾石）

在遗址中往往会发现有很多没有被加工的砾石，这种遗物很容易被忽视掉。其实这类石制品也是古人准备用来加工石器的备料，一样要进行分析。在远古时期，加工石器的优质石料较难获得，被古人找到并存放在遗址里的石料都是经过无数次的实验后证明是适于用来制作石器的好原料。同时，石坯的形状也是古人经过了多次实验后才对哪一种形状最合适于制作石器有了准确的认识。因此对遗址中发现的完整砾石要给予一定程度的重视。

2. 断块（片）、碎块（片）、碎屑

断块（片）、碎块（片）和碎屑都是指人类有意识加工石器的过程中所遗留下来的，没有加工痕迹也没有使用痕迹的素材，有时候也称之为废料。

有些断块是人类有意识地打击后发现这种岩性的素材不合适制作石器而放弃的，有些是因为自然原因而断裂的素材。从人类有意识的打击而断裂的标本上，可以观察其断裂的部位以及其断裂的方式。

3. *石核*

石核是产生石片、石叶、细石叶等剥片产品的母体，也可以直接当作工具使用。石核可以是河床里的砾石，可以是岩块，也可以是大石片。和剥片产品一样，石核常常被当作制作石器的素材，在剥片过程中，渐失去原来形状的石核，有时还被古人加工制成石器。因此，仔细地观察石核上的特征，可能窥见先民们打制石片的每一个过程及其工艺发展的水平，已有不少学者开始重视这方面的研究。

4. *石片*

石核和石片是旧石器时代遗址中最常见的石制品，二者的关系如同母子。石片是从石核上打下来的大大小小的片状物，这些石片可以加工成各种类型的石器。

（二）石器

在论述旧石器时代考古类型学时，我们借鉴了法国传统的旧石器时代石制品类型学的一些概念，尤其是亨利·德·伦默莱（Henry de Lumley）的类型学方法，结合中国旧石器时代考古类型学方法，首先将石制品中的石器按素材分为两个大类：石核石器（砾石石器或大石器）和石片石器（小石器）。

(1) 石核石器

石核石器有时也称之为加工的砾石，主要是指进行第二步加工之前素材的状态是砾石或者石核，石核有时候是砾石，有时候也可能是大石片。

(2) 石片石器

石片石器主要指石器的素材为石片或片状的器物，以素材来区分石器的大类只是相对而言，比如说一些斧状器的素材就是石片，而且是非常大的石片；有一些非常小且扁平的砾石也被加工成了刮削器。

表 4–1　石制品类型表

<table>
<tr><td rowspan="2">加工工具</td><td colspan="4">石锤</td></tr>
<tr><td colspan="4">石砧</td></tr>
<tr><td rowspan="34">被加工对象</td><td rowspan="2">原料</td><td colspan="3">砾石（无加工痕迹）</td></tr>
<tr><td colspan="3">碎片</td></tr>
<tr><td rowspan="11">素材</td><td rowspan="7">石片</td><td colspan="2">完整石片</td></tr>
<tr><td colspan="2">存近端石片</td></tr>
<tr><td colspan="2">半边石片</td></tr>
<tr><td colspan="2">存远端石片</td></tr>
<tr><td colspan="2">存中段石片</td></tr>
<tr><td colspan="2">存左侧边石片</td></tr>
<tr><td colspan="2">存右侧边石片</td></tr>
<tr><td rowspan="4">石核</td><td colspan="2">单台面石核</td></tr>
<tr><td colspan="2">双台面石核</td></tr>
<tr><td colspan="2">多台面石核</td></tr>
<tr><td colspan="2">球状石核</td></tr>
<tr><td rowspan="21">石器</td><td rowspan="9">石片石器</td><td colspan="2">刮削器</td></tr>
<tr><td colspan="2">锯齿状器</td></tr>
<tr><td colspan="2">凹缺刮器</td></tr>
<tr><td colspan="2">端刮器</td></tr>
<tr><td colspan="2">雕刻器</td></tr>
<tr><td colspan="2">尖状器</td></tr>
<tr><td colspan="2">钻头</td></tr>
<tr><td colspan="2">有骨石刀</td></tr>
<tr><td colspan="2">未定型器</td></tr>
<tr><td rowspan="12">石核石器</td><td rowspan="5">单向加工的
石核石器</td><td>有孤立凹下片疤的砾石</td></tr>
<tr><td>特征不明显的单向加工的砍砸器</td></tr>
<tr><td>单向加工的砍砸器</td></tr>
<tr><td>手镐</td></tr>
<tr><td>未定型器</td></tr>
<tr><td rowspan="7">双向加工的
石核石器</td><td>特征不明显的双向加工的砍砸器</td></tr>
<tr><td>双向加工的砍砸器</td></tr>
<tr><td>手斧</td></tr>
<tr><td>斧状器</td></tr>
<tr><td>盘状器</td></tr>
<tr><td>石球（球状器）</td></tr>
<tr><td>未定型器</td></tr>
</table>

第二节　石制品的定位

一、石核类制品的定位

要对石核进行分类和观察，就必须先将其定位。如果石核的素材为砾石或石块，则按其自然状态定位，具体而言，即以其较平、较宽的一面为底面，相对较窄、较突起的一面为顶面，标本较宽的一端为近端，较窄的一端为远端，标本的自然长径为其长，近端朝向观察者，将标本放好后，就可以将一件石核上的每个位置定位出近端面、左侧面、远端面、右侧面、顶面和底面，与石片所要观察的 6 个部分相对应。当石核的素材为石片时，则按石片的定位规则定位

在旧石器时代遗址中石核类素材占绝大多数，以下将做重点描述。

一个立方体有 6 个面、8 个角、12 条线，要描述这个立方体的特征，可将其任意一个面面向观察者，放平之后，即可将其 6 个面分为近端面、左侧面、远端面、右侧面、顶面、底面，每条线的位置亦随之而确定，观察者只需将这 6 个面、8 个角、12 条线的具体特征描述清楚，这个立方体的特征便跃然纸上了。

石核的定位和观察亦可参照这种方式。只不过石核（尤其是经过剥片后的石核）不像立方体那样每个面、每条线俱全，有的面简化成一条直线，甚至简化成一个点，还有的面（或线）与别的面（或线）合为一体。

将石核按上述的方法定位后，在石核的顶面上用铅笔做一个指向远端的箭头，即可逐一描述其各自的特征。标本描述的顺序依次为近端面、左侧面、远端面、右侧面、顶面、底面。

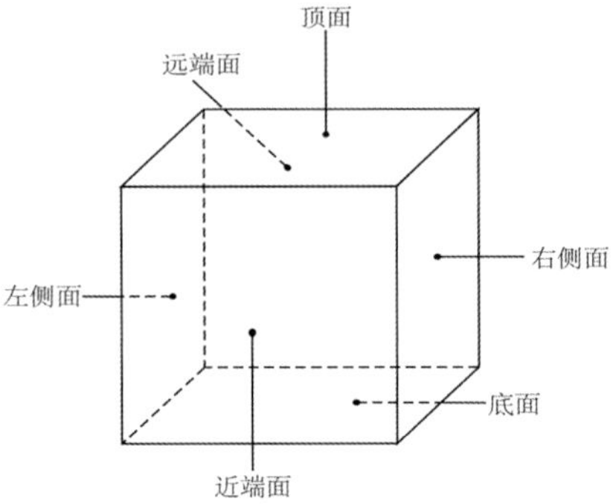

图 4–1　石核类制品定位示意图（一）

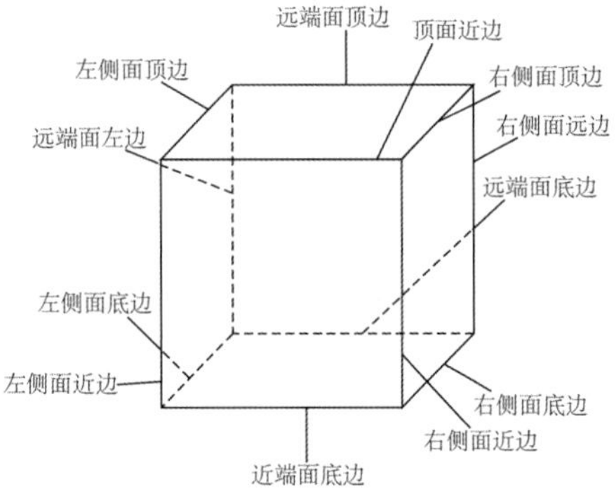

图 4–2　石核类制品定位示意图（二）

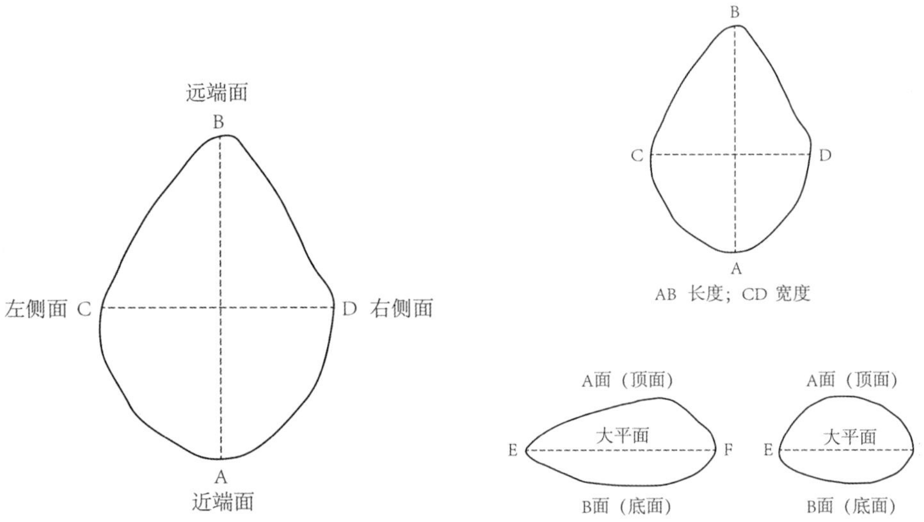

图 4–3　石核类制品定位示意图（三）

描述时应以实际情况为准，是一个面就按一个面描述，是一条线（边）就按一条线（边）来描述。一般情况下，要作为一个面来描述的多见于顶面、底面，其余近端面、左侧面、远端面、右侧面多简化成一条边来描述即可。涉及某一个面（或某一条边），又可分为近、远、左、右、中段等几个部位来描述。

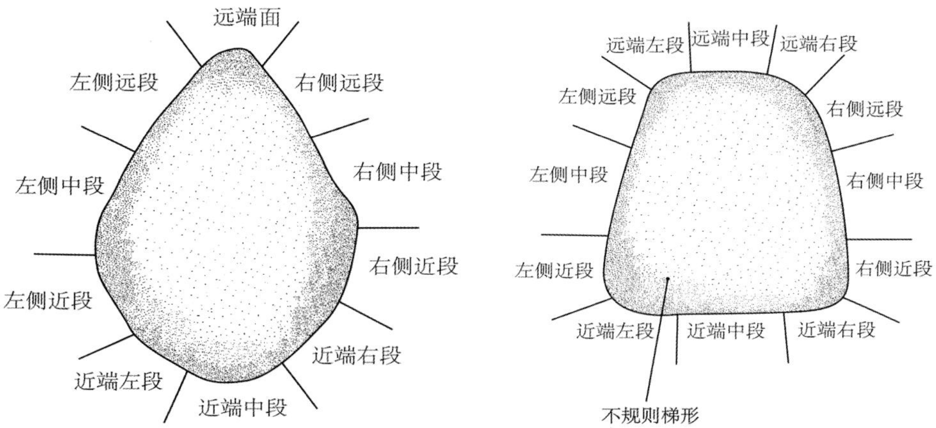

图 4–4　石核类制品定位示意图（四）

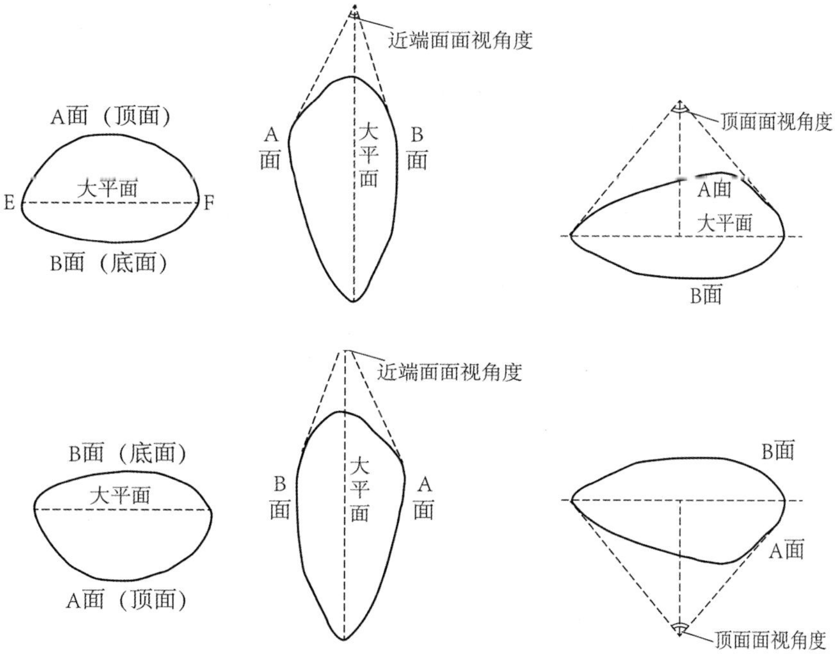

图 4–5 石核类制品定位示意图（五）

二、石片类制品的定位

石片，是指运用赫兹锥体原理从石核上获取的片状物，经过打制或压制剥离的剥片产品。石叶和细石叶是一种特殊的石片。

对石片进行定位时，一般将台面朝向观察者，背面朝上，此时就可将石片分为打击的台面（近端）、背面（上面）、破裂面（腹面或下面）、左侧边、右侧边和远端边。其他细节可参照石核的定位。

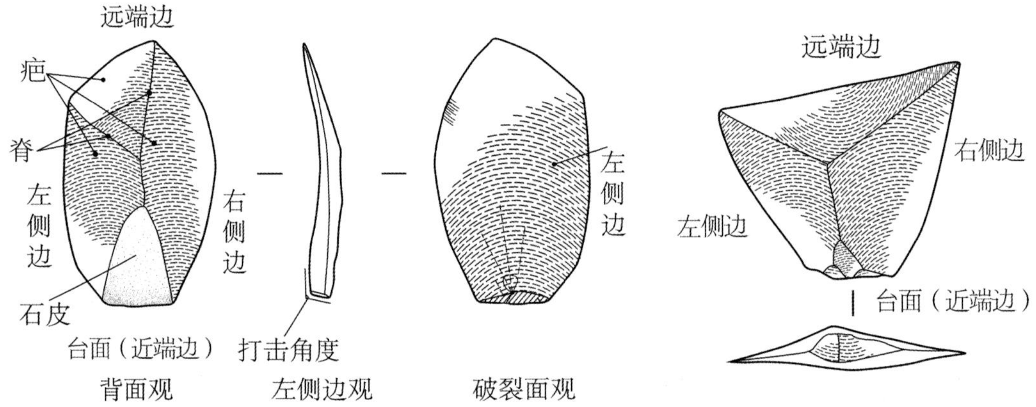

图 4–6　石片类制品定位示意图

三、其他石制品的定位

其他石制品主要指石锤、石砧、砾石、碎片（块）等。其中石锤、石砧、砾石均可参考石核类石制品的定位原则，碎片（块）亦可参考石核类石制品的定位原则。

第三节　石核的分类

石核可分为普通石核和特殊石核。普通石核可根据剥片的石核所拥有台面（即剥片时的工作面）数量的多少，分为单台面石核、双台面石核、多台面石核和石核剩块4种；特殊石核可分为两极石核、勒瓦娄瓦石核、莫斯特石核、空吧哇石核等。

一、普通石核

1. 单台面石核

指打击石核时，只选择一个面进行剥片工作，没有翻转石核选择另外的平面进行剥片工作。

图 4–7　单台面石核（湖北荆州五庄庙遗址）

2. 双台面石核

指打击石核时，选择一个面进行剥片工作后，翻转一次石核，选择另外一个平面进行剥片工作。

图 4–8　双台面石核（湖北十堰郧县人遗址）

3. 多台面石核

指打击石核时，选择三个（含三个平面）以上的面进行剥片工作，至少翻转三次，选择三个平面进行剥片工作。

图 4–9　多台面石核（湖北十堰郧县人遗址）

4. 石核剩块（球状石核、石球）

指打击石核时，选择多个平面进行剥片工作，多次转动石核，而且第二次选择的平面往往是上一次剥片过后的石片疤，往往最后只有一个台面的特征稍微清楚一点，或者干脆是所有的台面特征都不清楚。比如有一些旧石器时代的球状石核、石球就是这类产品。

图 4–10　石球（陕西汉中宁家湾砖厂）

二、特殊石核

1. 两极石核

指采用两极法剥片产生石片后的石核，一般在石核相对的两个面上有特征相似的打击特征。

2. 勒瓦娄瓦石核

即石核所产生的石片主要是按照制作者的意愿，有产生普通石片的勒瓦娄瓦石核、有产生尖形石片的勒瓦娄瓦石核、有产生石叶的勒瓦娄瓦石核等。

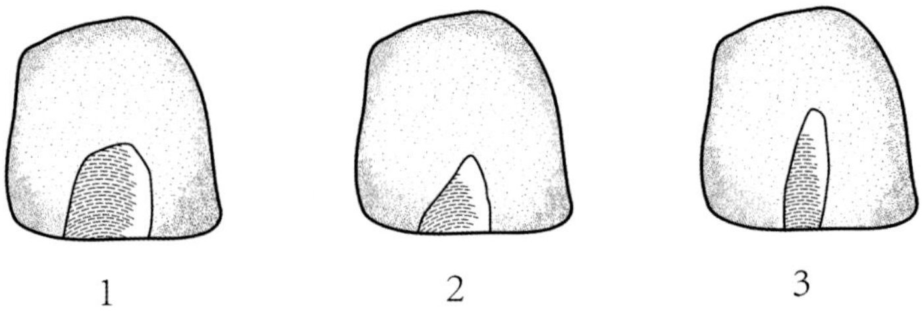

图 4–11　勒瓦娄瓦石核产生的石片

3. 莫斯特石核

即石核所产生的石片主要是按照制作者的意愿，产生一种三角形石片的莫斯特石核。

4. 空吧哇石核

即石核的素材是大石片，往往以石片的背面或破裂面为台面剥片，因此在这类石核上有两个打击泡，两个面均突起（也称为双阳面石核）。

第四节　石片的分类

石片的分类和石核一样，首先也应该考虑到剥片技术的特点，可以将石片分为简单剥片和预制剥片两大类。简单剥片的石片包括锤击法、砸击法或者碰砧法等方法产生的石片等；预制剥片的石片包括一些特殊技法产生的石片，如勒瓦娄瓦石片、双阳面石片、石叶和细石叶等。

石片根据其保存状况分为完整石片、不完整石片两种。在完整石片中，根据石片背面保留砾石石皮的面积状况可将石片分为四类：

Ⅰ类石片：背面全部为石皮的石片，即石片的背面上没有石片疤，全部是天然石皮（或节理面）。

Ⅱ类石片：背面大部分为石皮、有少量石片疤的石片，即石片的背面上大部分为天然石皮，只有小部分为石片疤。

Ⅲ类石片：背面小部分为石皮、大部分为石片疤的石片，即石片的背面上小部分为天然石皮，大部分为石片疤。

Ⅵ类石片：背面没有石皮，全部为石片疤的石片，即石片的背面全部为石片疤，没有天然石皮。

不完整的石片根据石片的定位可分为近端断片、中间断片、远端断片、左侧断片、右侧断片等几种。

图 4–12　Ⅰ类石片（湖北荆州小山子遗址）

图 4–13　Ⅰ类石片（湖北荆州小山子遗址）

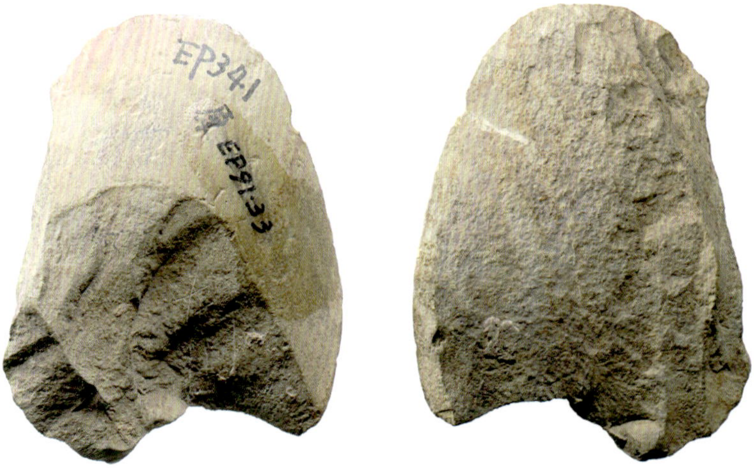

图 4–14　Ⅱ类石片（湖北十堰郧县人遗址）

图 4–15　Ⅲ类石片（广西百色百谷遗址）

图 4–16　Ⅵ类石片（湖北荆州小山子遗址）

第五节　石核石器的分类

石核类石器有时也称为加工的砾石，可分为有孤立凸起片疤的砾石、有孤立凹下片疤的砾石、特征不明显的砍砸器、单向加工的砍砸器、手镐、单面器、双向加工的砍砸器、手斧、斧状器等类型（见表 4–2）：

表 4–2　石核石器分类表

石核石器类型	特征
有孤立片疤的砾石	单个片疤
	两个片疤
	多个片疤
特征不明显的单向加工的砍砸器	断裂砾石
	人工断裂的砾石
	有孤立片疤的砾石，有因加工而改变的刃
单向（单面）加工的砍砸器（chopper，CP）	单刃
	双刃
	手镐
	龙骨形器
	多刃
特征不明显的双向加工的砍砸器	断裂砾石
	人工断裂的砾石
	有孤立片疤的砾石，有因加工而改变的刃
双向（双面）加工的砍砸器（chopping-tool,CT）	单刃
	双刃
	龙骨形器
	多刃
	CP ＋ CT
	球状砍砸器
	手斧和斧状器
	盘状砍砸器
	未定

一、有孤立石片疤的砾石

可分为两类，一类的石片疤边缘呈凸起状，另一类的石片疤边缘呈凹下状。

图 4–17　有孤立凸起片疤的砾石形态示意图

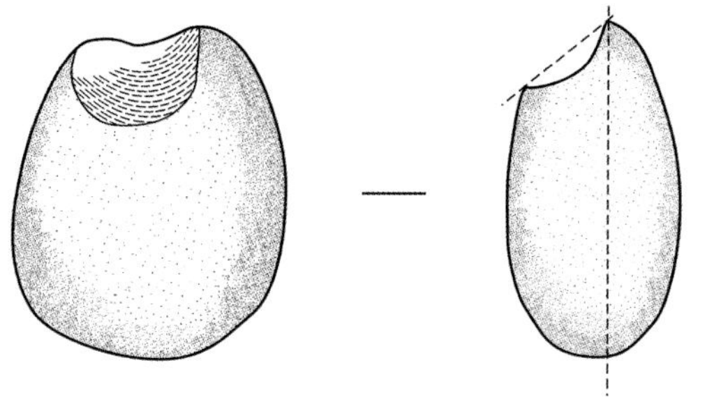

图 4–18　有孤立凹下片疤的砾石形态示意图

此类有孤立凸起边缘石片疤的砾石，实际上是“破裂”的石锤。这类石制品并非是按制造者的预想目的制成的某一类石器，而是偶然加工的结果。它们是用砾石两端的扁平边缘部分敲击另一块砾石时产生的石片疤凹面，拥有凸起的边缘。在砾石石皮表面的打击点区域常常有破碎的痕迹，这是源于强大的外力直接作用于坚硬的石料上而造成的石片剥落。经过对比，这种偶然的情况与重复打击所形成的感应波有联系。这些砾石的形成有时是由于打击者对原料选择不恰当，或是打击者认为与所要开采的岩块相比，他的“锤子”过大、过重。同样，它们应当被视为是破裂的石锤，而不是制作的石器。当然，这些有孤立凸起石片疤的砾石与制作或剥片的过程可以融为一体，虽然在破裂之前也曾作为简单的石锤使用过，或与之后重复的打击有关。

有孤立凹下边缘石片疤的砾石或原始的单面加工的砍砸器是由砾石加工而成的，常常是在砾石的两个侧边上直接打下一块石片后，留下一个贝壳状片疤的阴痕，少数发展为一个凹下的边缘。

图 4–19　有孤立凹下片疤的砾石（湖北十堰郧县人遗址）

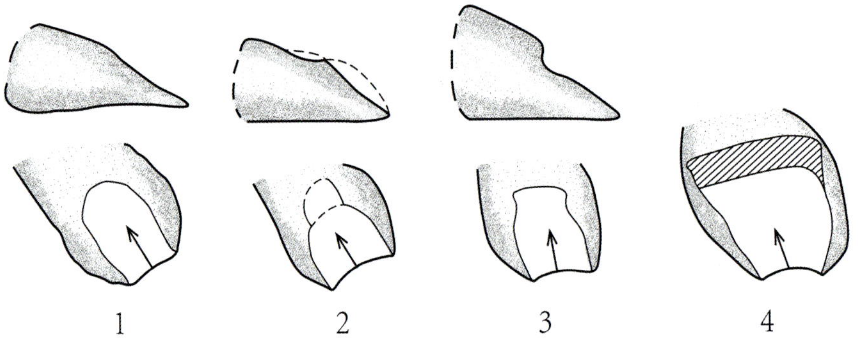

1. 在整个边缘上；2. 与边缘垂直断裂；3. 在平切边缘；4. 在长轴方向

图 4–20　有孤立片疤的砾石片疤位置示意图

当片疤在凹下边缘上时，片疤之间的关系可分为几种情况：未定；在整个边缘上；与边缘垂直断裂；在平切边缘；在长轴方向上。

当片疤在整个边缘上或与边缘垂直断裂或在平切边缘上时，有三种情况：片疤在角上；在边缘上；在侧边末端。

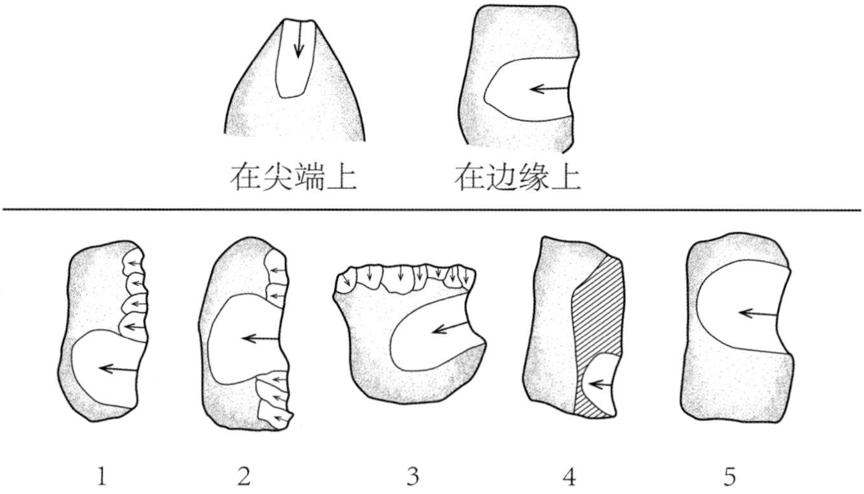

1. 与刃缘相邻；2. 在刃缘上；3. 与刃缘相邻（不同边缘）；4. 在断裂边上；5. 在石皮边上

图 4–21　有孤立片疤的砾石片疤与刃缘关系示意图

当片疤在凸起非刃缘边缘上时，有可能出现在一个面、两个面或多个面的情况。

在　个面时可能遇到的情况包括：未定；在整个边缘上；与边缘垂直断裂；在平切边缘；在长轴方向上；在角上；在侧边上；在侧边末端；

在两个或多个面可能遇到的情况包括：未定；在整个边缘上；与边缘垂直断裂；在平切边缘；在长轴方向上；在角上；在侧边上；在侧边末端；在侧边末端和一个面上；在侧边末端和两个面上；在尖上；在边缘上；在两个面的长轴方向上或角上或侧边上或边缘上等。

表 4–3　有孤立片疤的砾石片疤关系示意表

单一片疤		两个片疤		多个片疤	
在凹下边缘上	整个边缘；与边缘垂直断裂；平切边缘	不相邻	相邻	不复杂	复杂

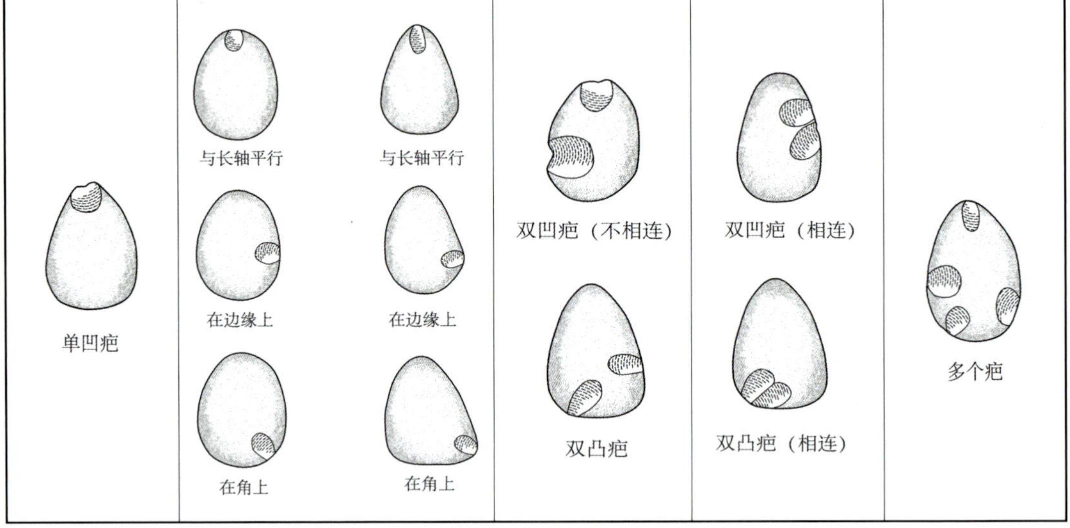

二、单向（单面）加工的砍砸器

单向加工的砍砸器实际上也是一个面的边缘上有加工的石片疤的砾石，只是将砾石的边缘加工成一个刃缘，根据边缘上修整的片疤数量的变化和在砾石素材上的位置，可将单向加工的砍砸器分为几个类型（见表 4-4）。

表 4–4　单向（单面）加工的砍砸器特征表

单刃	边刃		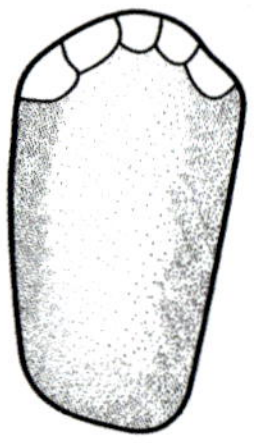
	角刃		
	端刃	直刃	
		凸刃	
		凹刃	
		“S”刃	
		“<”刃	
		未定刃	

（续表）

<table>
<tr><td rowspan="10">双刃</td><td rowspan="2">两个刃缘不相交</td><td>相邻</td><td rowspan="2" colspan="2">双边刃
双端刃
一个边刃加一个端刃</td><td rowspan="2">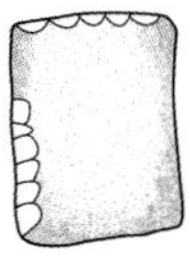</td></tr>
<tr><td>不相邻</td></tr>
<tr><td rowspan="8">两个刃缘相邻相交</td><td rowspan="4">双边刃相交</td><td rowspan="2">正相交</td><td>呈尖状</td><td rowspan="4">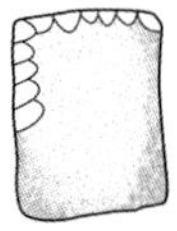</td></tr>
<tr><td>非尖状</td></tr>
<tr><td rowspan="2">斜相交</td><td>呈尖状</td></tr>
<tr><td>非尖状</td></tr>
<tr><td rowspan="4">一个边刃和一个端刃相交</td><td rowspan="2">正相交</td><td>呈尖状</td><td rowspan="4"></td></tr>
<tr><td>非尖状</td></tr>
<tr><td rowspan="2">斜相交</td><td>呈尖状</td></tr>
<tr><td>非尖状</td></tr>
<tr><td rowspan="2">手镐</td><td colspan="4">有侵入型片疤</td><td rowspan="2">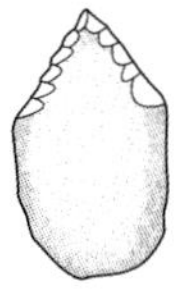</td></tr>
<tr><td colspan="4">有陡型和半陡型片疤</td></tr>
<tr><td rowspan="5">多刃（三刃及以上）</td><td rowspan="2">四个刃缘不相交</td><td>相邻</td><td rowspan="2" colspan="2">两个边刃加两个端刃
两个端刃加两个边刃
三个边刃加一个端刃
一个边刃加三个端刃</td><td rowspan="5">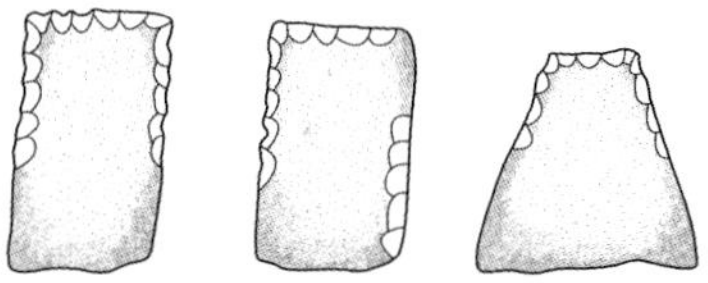</td></tr>
<tr><td>不相邻</td></tr>
<tr><td colspan="4">两个刃缘相邻相交与另两个刃缘不相交</td></tr>
<tr><td colspan="4">三个刃缘相邻相交与另一个刃缘不相交</td></tr>
<tr><td colspan="4">四个刃缘相邻相交或相邻不相交</td></tr>
</table>

1. 单刃砍砸器

当石片疤简单连续加工成单个刃缘时，这种单向加工的砍砸器可称之为没有尖端的有连续加工刃缘的砍砸器。可分为侧刃砍砸器、端刃砍砸器（指砍砸器的刃缘位于砾石的远端、近端）。

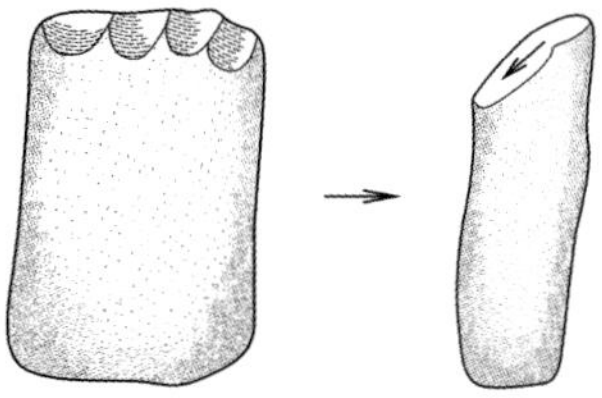

图 4–22　单刃单向加工砍砸器示意图

图 4–23　单刃单向加工的砍砸器（广西百色百谷遗址）

图 4–24　单刃单向加工的砍砸器（湖北荆州小山子遗址）

图 4–25　单刃单向加工的砍砸器（广西百色百谷遗址）

2. 双刃砍砸器

指有两条刃缘的砍砸器，如果加工后形成有相交的边缘，可称之为有相交边缘的砍砸器。

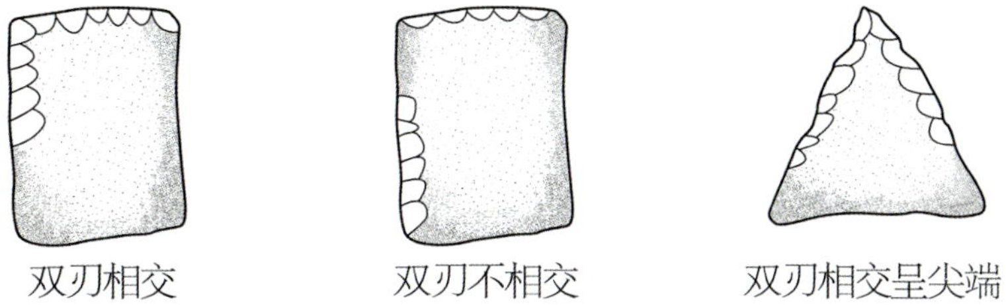

图 4–26　双刃单向砍砸器示意图

图 4–27　双刃单向加工的砍砸器（广西百色百谷遗址）

图 4–28　双刃单向加工的砍砸器（广西百色百谷遗址）

图 4–29　双刃单向加工的砍砸器（湖北十堰郧县人遗址）

3. 多刃砍砸器

指拥有三条以上（含三条）刃缘的砍砸器，可以根据刃缘的数量分为三刃砍砸器、四刃砍砸器，等等。有的刃缘是由几条相邻的边缘构成，例如由三部分相邻的边缘构成梯形刃缘，则称之为有梯形刃缘的单向加工的砍砸器。

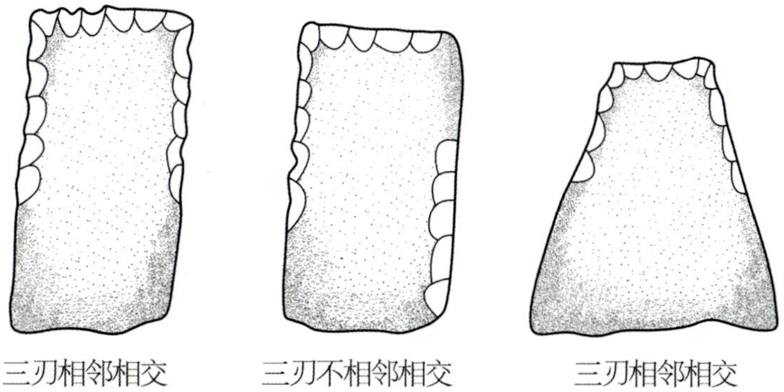

图 4–30　多刃单向砍砸器示意图

图 4–31　多刃单向加工的砍砸器（广西百色百谷遗址）

图 4–32　多刃单向加工的砍砸器（广西百色那赖遗址）

图 4–33　多刃单向加工的砍砸器（湖北十堰郧县人遗址）

4. 手镐

手镐的制作较为独特，加工的石片疤一般为侵入型的，只保留一点天然石皮，最开始打下的侵入型片疤通常是略平行于砾石素材的大平面，一般是对两个相邻的边缘加工，最后相交成一个或多或少有点钝的尖端，有时是一条圆弧形的斜刃或龙骨形器（船底形器）。

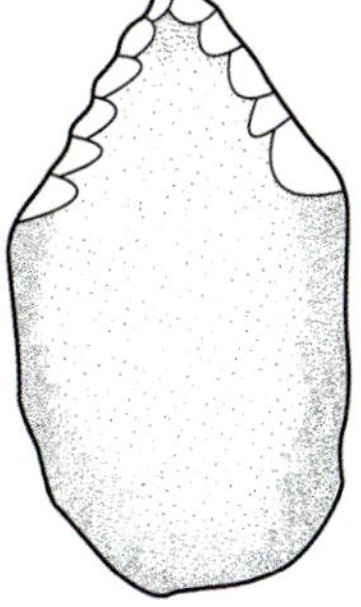

图 4–34　手镐示意图

图 4–35　手镐（湖北荆州小山子遗址）

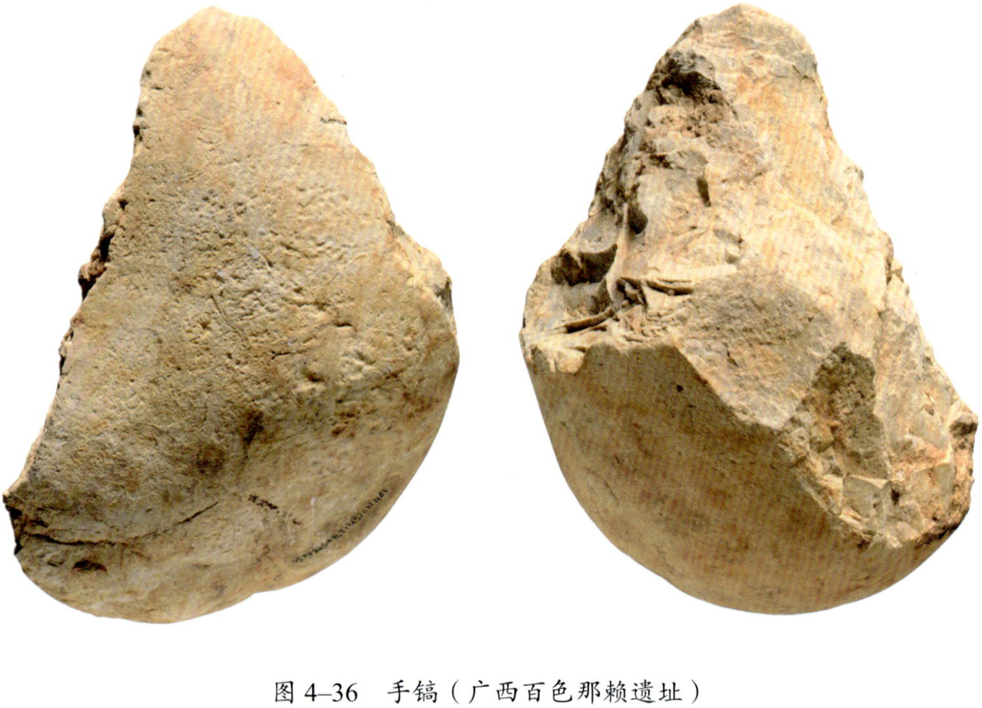

图 4–36　手镐（广西百色那赖遗址）

图 4–37　手镐（广西百色那赖遗址）

图 4–38　手镐（湖北十堰郧县人遗址）

图 4–39　手镐（湖北十堰郧县人遗址）

三、双向（双面）加工的砍砸器

从形状上很难将一些两面加工的砍砸器与石核相区别。很明显，这些标本被称之为砍砸器的原因，一方面是可从加工手法上看出加工目标是想加工出一条刃缘，另一方面是在这条边缘上有使用的痕迹，有的有不规则加工的痕迹，有的是有剥落碎片的痕迹，或许还有有规则、有目的的加工痕迹。

和单向加工的砍砸器一样，可以将它们分为特征不明显的双向加工的砍砸器、单刃砍砸器、双刃砍砸器、多刃砍砸器、球状砍砸器（似石球）、盘状器，其分类特征见表 4-5。

表 4–5　双向（双面）加工的砍砸器分类特征表

<table>
<tr><td rowspan="7">单刃</td><td colspan="2">边刃</td><td rowspan="7">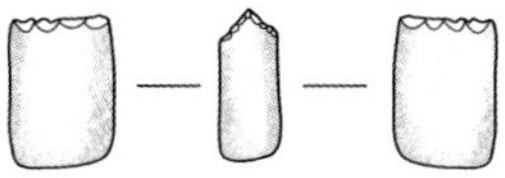</td></tr>
<tr><td colspan="2">角刃</td></tr>
<tr><td rowspan="5">端刃</td><td>直</td></tr>
<tr><td>凸</td></tr>
<tr><td>“S”形</td></tr>
<tr><td>“<”形</td></tr>
<tr><td>未定</td></tr>
<tr><td rowspan="4">双刃</td><td rowspan="3">两个刃缘不相交
（相邻 / 不相邻）</td><td>双边刃</td><td rowspan="3">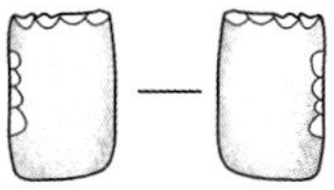</td></tr>
<tr><td>双端刃</td></tr>
<tr><td>一个边刃加一个端刃</td></tr>
<tr><td colspan="2">两个刃缘相邻相交</td><td>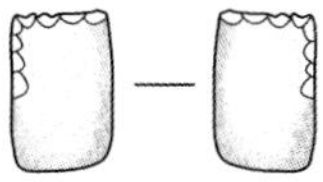</td></tr>
<tr><td rowspan="4">多刃
（三刃及以上）</td><td colspan="2">三个刃缘相邻相交
非梯形刃缘</td><td>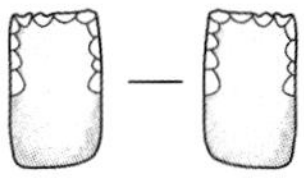</td></tr>
<tr><td colspan="2">三个刃缘相邻相交
呈梯形刃缘</td><td>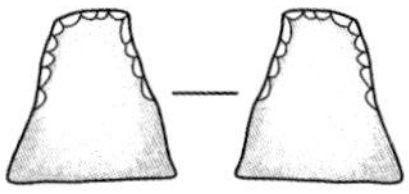</td></tr>
<tr><td colspan="2">两个刃缘相邻相交
与另一个刃缘不相交</td><td>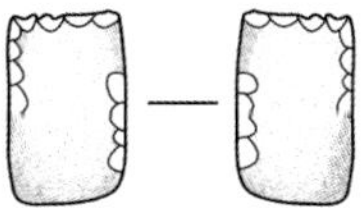</td></tr>
<tr><td colspan="2">三个刃缘不相交
（相邻 / 不相邻）</td><td>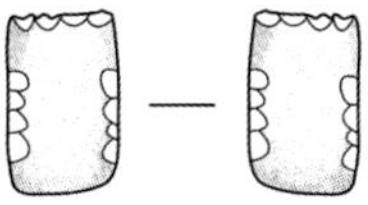</td></tr>
<tr><td rowspan="3">球状砍砸器</td><td colspan="2">不见台面</td><td rowspan="2">图略</td></tr>
<tr><td colspan="2">可见台面</td></tr>
<tr><td colspan="2">石球（球状石核）</td><td>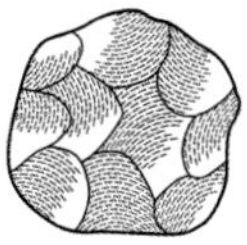</td></tr>
<tr><td rowspan="2">盘状砍砸器</td><td colspan="2">厚</td><td rowspan="2">图略</td></tr>
<tr><td colspan="2">薄</td></tr>
</table>

单向（单面）加工（chopper，CP）＋双向（双面）加工（chopping-tool，CT）的砍砸器分类特征见表 4-6。

表 4–6　单向（单面）加工＋双向（双面）加工的砍砸器分类特征表

<table>
<tr><th colspan="3">单向（单面）加工＋双向（双面）加工的双刃砍砸器（单刃 CP ＋单刃 CT）</th></tr>
<tr><td rowspan="4">两个刃缘不相交
（相对 / 相邻 / 不相邻）</td><td>双边刃</td><td rowspan="4">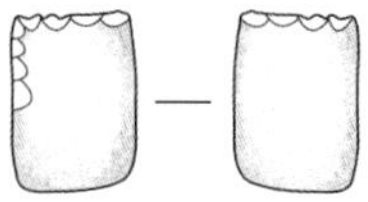</td></tr>
<tr><td>双端刃</td></tr>
<tr><td>双角刃</td></tr>
<tr><td>一个边刃加一个角刃</td></tr>
<tr><td rowspan="2">两个刃缘相邻相交</td><td>双边刃相交
相交刃缘呈正相交 / 斜相交、尖状 / 非尖状</td><td rowspan="2">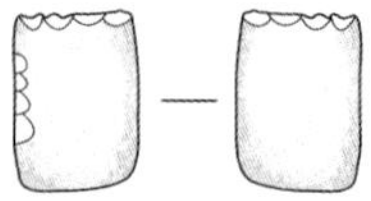</td></tr>
<tr><td>一个边刃和一个端刃相交
相交刃缘呈正相交 / 斜相交、尖状 / 非尖状</td></tr>
<tr><th colspan="3">单向（单面）加工＋双向（双面）加工的三刃砍砸器（单刃 CP ＋双刃 CT / 双刃 CP ＋单刃 CT）</th></tr>
<tr><td rowspan="3">三个刃缘相邻相交
非梯形刃缘</td><td>两个边刃加一个端刃
相交刃缘呈正相交 / 斜相交、尖状 / 非尖状</td><td rowspan="3">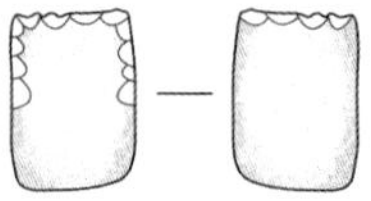</td></tr>
<tr><td>两个端刃加一个边刃
相交刃缘呈正相交 / 斜相交、尖状 / 非尖状</td></tr>
<tr><td>一个边刃加两个端刃
相交刃缘呈正相交 / 斜相交、尖状 / 非尖状</td></tr>
<tr><td rowspan="3">三个刃缘相邻相交
呈梯形刃缘</td><td>两个边刃加一个端刃
相交刃缘呈正相交 / 斜相交、尖状 / 非尖状</td><td rowspan="3">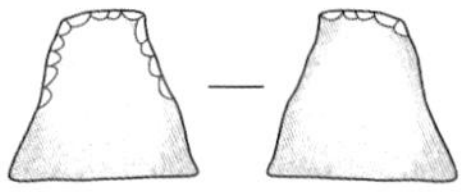</td></tr>
<tr><td>两个端刃加一个边刃
相交刃缘呈正相交 / 斜相交、尖状 / 非尖状</td></tr>
<tr><td>一个边刃加两个端刃
相交刃缘呈正相交 / 斜相交、尖状 / 非尖状</td></tr>
<tr><td rowspan="3">两个刃缘相邻相交
与另一个刃缘不相交</td><td>两个边刃加一个端刃
相交刃缘呈正相交 / 斜相交、尖状 / 非尖状</td><td rowspan="3">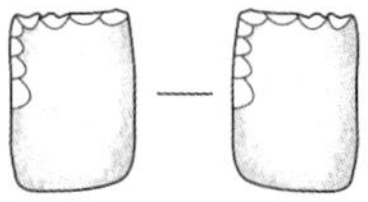</td></tr>
<tr><td>两个端刃加一个边刃
相交刃缘呈正相交 / 斜相交、尖状 / 非尖状</td></tr>
<tr><td>一个边刃加两个端刃
相交刃缘呈正相交 / 斜相交、尖状 / 非尖状</td></tr>
<tr><td rowspan="3">三个刃缘不相交
（相邻 / 不相邻）</td><td>两个边刃加一个端刃
相交刃缘呈正相交 / 斜相交、尖状 / 非尖状</td><td rowspan="3">图略</td></tr>
<tr><td>两个端刃加一个边刃
相交刃缘呈正相交 / 斜相交、尖状 / 非尖状</td></tr>
<tr><td>一个边刃加两个端刃
相交刃缘呈正相交 / 斜相交、尖状 / 非尖状</td></tr>
<tr><th colspan="3">单向（单面）加工＋双向（双面）加工的多刃砍砸器（四刃及以上）刃缘组合情况（略）</th></tr>
</table>

图 4–40　双刃双向（双面）加工的砍砸器（湖北荆州小山子遗址）

图 4–41　多刃双向（双面）加工的砍砸器（湖北荆门叶坡遗址）

图 4–42　多刃双向（双面）加工的砍砸器（广西百色那赖遗址）

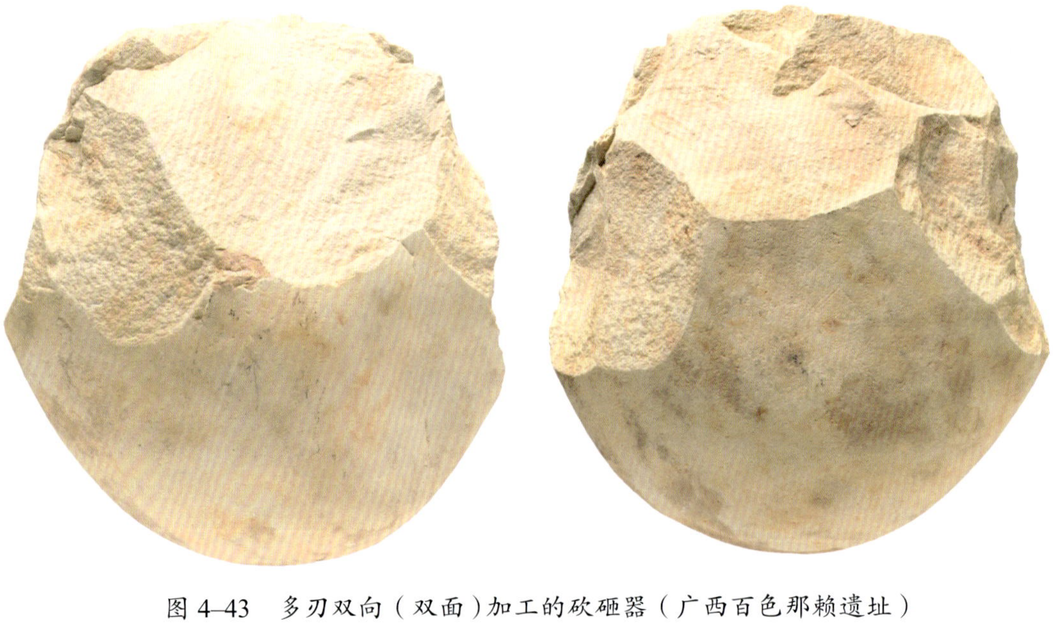

图 4–43　多刃双向（双面）加工的砍砸器（广西百色那赖遗址）

四、手斧和斧状器

手斧和斧状器其实也属于双向加工的砍砸器，只不过形态非常特殊而已。这两种特殊的器物已经成为标准化石一样的典型器物了，尤其是手斧，有时是判断某个遗址或者某个文化是否处于文化发展早期阶段的标准之一。这两种器物的素材除了砾石或者石核外，也有用大石片来制作的。

1. 手斧（Biface，Handaxe）

手斧上的石片疤不仅限于素材边缘，而是侵入型的，这种石片疤往往遍布素材的两个面上，最后形成两个刃缘夹一个角的砍砸器，旧石器时代早、中期有一些形状非常规范的“心形”手斧。

根据手斧加工后的形状，可分为三边形、似三边形、心形、杏仁形、卵圆形、舰艇形、烧瓶（长颈瓶）形、矛尖形、凹背矛尖形、弹头—三边形、凹背弹头形、圆盘形、四边形等。

根据手斧宽度和厚度的比值，可将手斧分为厚标本（宽：厚≤ 2.35）、薄标本（宽：厚＞ 2.35）两种。

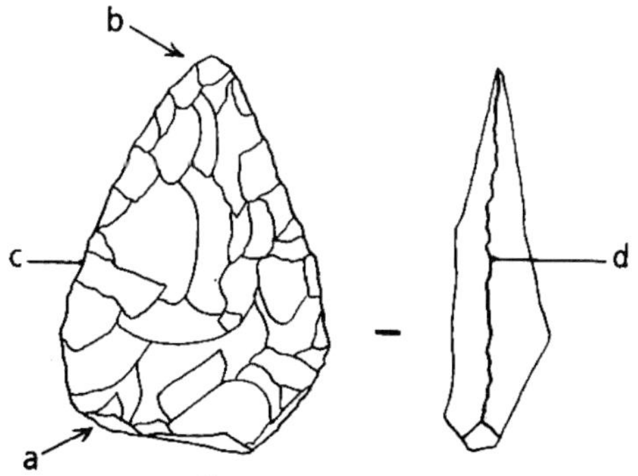

a：跟部；b：尖端；c：中段；d：刃缘（侧视）
图 4–44　手斧各部分示意图

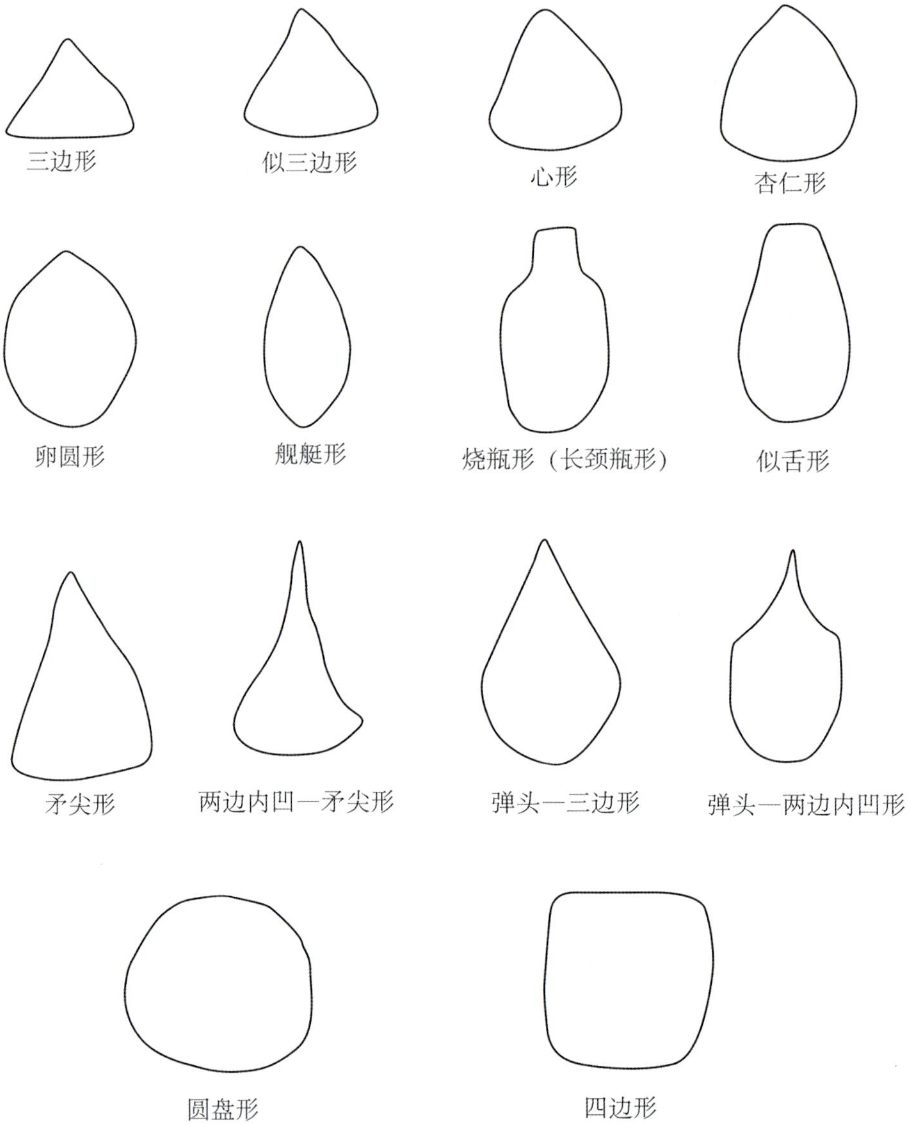

图 4–45　手斧类型示意图

图 4–46　手斧（广西百色杨屋遗址）

图 4–47　手斧（广西百色那赖遗址）

图 4–48　手斧（广西百色那赖遗址）

图 4–49　手斧（广西百色那赖遗址）

图 4–50　手斧（湖北十堰郧县人遗址）

图 4–51　手斧（湖北荆门杨坡遗址）

2. 斧状器（Hachereau Cleaver）

斧状器的加工方式和手斧一样，大多数情况下为两面加工，有时候也为单面加工。二者在形态上的区别在于斧状器的远端没有尖端，在与手斧尖端相对应的位置上是一个横向的边缘，这个边缘往往很少加工，大多数是在剥片时就已存在。

根据斧状器的形状可分为宽楔形、楔形、窄楔形、宽柄形、四边形、窄刃形等（可参考手斧的分类）；根据斧状器宽度和厚度的比值可将斧状器分为（宽：厚≤2.35）、薄标本（宽：厚＞2.35）两种。

图 4–52　斧状器（湖北十堰郧县人遗址）

第六节　石片石器（小石器）的分类

石片石器（小石器，petit outil，flake tool）可分为刮削器、端刮器、雕刻器等类型。（见表 4-7）

表 4–7　石片石器（小石器）分类表

<table>
<tr><th>石片石器类型</th><th colspan="3">刃缘特征</th><th>图示</th></tr>
<tr><td rowspan="13">刮削器</td><td rowspan="3">单刃</td><td colspan="2">单边刃</td><td rowspan="3"></td></tr>
<tr><td colspan="2">单角刃</td></tr>
<tr><td colspan="2">单端刃</td></tr>
<tr><td rowspan="6">双刃</td><td rowspan="4">刃缘
不相交</td><td>单侧刃</td><td rowspan="4"></td></tr>
<tr><td>单端刃</td></tr>
<tr><td>双侧刃</td></tr>
<tr><td>双端刃</td></tr>
<tr><td rowspan="2">刃缘
相交</td><td>正尖</td><td rowspan="2"></td></tr>
<tr><td>歪尖</td></tr>
<tr><td rowspan="4">三刃（三刃以上的多刃刮削器，刃缘位置、相交情况可参考双刃、三刃刮削器）</td><td colspan="2">三刃均不相交</td><td></td></tr>
<tr><td colspan="2">三刃中两刃相交</td><td></td></tr>
<tr><td colspan="2">三刃相邻 / 相交，呈梯形</td><td>图略</td></tr>
<tr><td colspan="2">三刃相邻 / 相交，非梯形</td><td>图略</td></tr>
<tr><td rowspan="6">锯齿状器</td><td rowspan="4">单刃</td><td colspan="2">单侧刃</td><td rowspan="4"></td></tr>
<tr><td colspan="2">单角刃</td></tr>
<tr><td colspan="2">单端刃</td></tr>
<tr><td colspan="2">单龙骨状刃</td></tr>
<tr><td>双刃</td><td colspan="2">同双刃刮削器</td><td>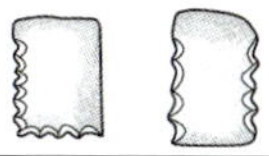</td></tr>
<tr><td>多刃</td><td colspan="2">同三刃刮削器</td><td></td></tr>
</table>

（续表）

石片石器类型	刃缘特征		图示
凹缺刮器（一个凹缺）和锯齿状器（多个连续凹缺）	单刃	单刃同刮削器	
	双刃	同双刃刮削器	
	多刃	同三刃刮削器	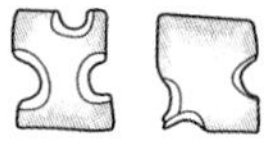
端刮器	单刃	面额形	
		喙形	
	双刃	同双刃刮削器	
	多刃	同三刃刮削器	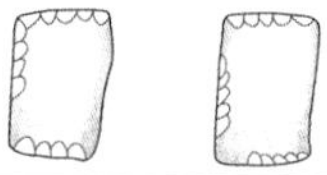
	其他	雕刻器刃	图略
		钻头刃	图略
		平切刃	图略
雕刻器	单刃	单向加工	
		双向加工	
	双刃	同双刃刮削器	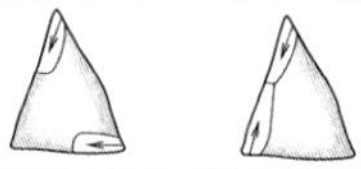
	多刃	同三刃刮削器	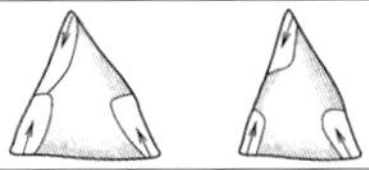
	其他	钻头刃	图略
		平切刃	图略
尖状器	塔雅克（Tayac）类型		图略
	甘松（Quinson）类型		图略
尖突（凸）	单尖		
	双尖		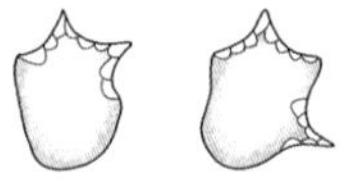
	多尖		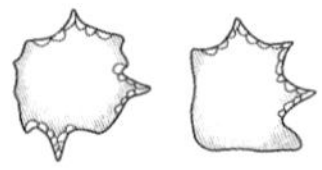

（续表）

<table>
<tr><th>石片石器类型</th><th colspan="3">刃缘特征</th><th>图示</th></tr>
<tr><td rowspan="4">钻头（具）</td><td rowspan="2">单刃</td><td colspan="2">面额形</td><td>图略</td></tr>
<tr><td colspan="2">喙形</td><td>图略</td></tr>
<tr><td>双刃</td><td colspan="2">同双刃刮削器</td><td>图略</td></tr>
<tr><td>多刃</td><td colspan="2">同三刃刮削器</td><td>图略</td></tr>
<tr><td rowspan="10">平切器</td><td rowspan="8">单刃</td><td rowspan="4">平刃</td><td>直</td><td rowspan="8"></td></tr>
<tr><td>凸</td></tr>
<tr><td>凹</td></tr>
<tr><td>弯曲（S 形 / W 形）</td></tr>
<tr><td rowspan="4">斜刃</td><td>直（尖向左 / 尖向右）</td></tr>
<tr><td>凸（尖向左 / 尖向右）</td></tr>
<tr><td>凹（尖向左 / 尖向右）</td></tr>
<tr><td>弯曲（S 形 / W 形）</td></tr>
<tr><td>双刃</td><td colspan="2">同双刃刮削器</td><td>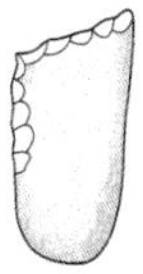</td></tr>
<tr><td>多刃</td><td colspan="2">同三刃刮削器</td><td>图略</td></tr>
<tr><td rowspan="3">其他石片石器</td><td colspan="3">石刀（有背石刀或石叶）</td><td>图略</td></tr>
<tr><td colspan="3">月桂形器</td><td>图略</td></tr>
<tr><td colspan="3">箭镞</td><td>图略</td></tr>
</table>

一、刮削器

刮削器指有连续加工的石片石器，可分为单刃、双刃和多刃刮削器等几类。

根据单刃刮削器的刃缘所在的位置可分为单侧刃刮削器、单角刃刮削器、横刃刮削器。

两条刃缘不相交的双刃刮削器，可分为双侧刃刮削器、双横刃刮削器、侧横刃刮削器；两条刃缘相交的刮削器，可分为正尖刮削器、歪尖刮削器。

多刃刮削器指拥有三条以上（含三条）刃缘的刮削器，根据刃缘的数量分为三刃刮削器、四刃刮削器等。

图 4–53　单刃刮削器（广西百色那赖遗址）

图 4–54　单刃刮削器（湖北荆州太湖砖瓦厂遗址）

图 4–55　双刃刮削器（广西百色那赖遗址）

图 4–56　双刃刮削器（湖北十堰郧县人遗址）

二、锯齿刃刮削器

指加工后的刃缘呈锯齿状的刮削器。可分为单侧刃锯齿刃刮削器、单角刃锯齿刃刮削器、单端刃锯齿刃刮削器、龙骨状锯齿刃刮削器。

双刃锯齿刃刮削器，两条刃缘不相交的，可分为双侧刃锯齿刃刮削器、双端刃锯齿刃刮削器、侧刃与端刃锯齿刃刮削器；两条刃缘相交的，可分为正尖锯齿刃刮削器、歪尖锯齿刃刮削器。

多刃锯齿刃刮削器指拥有三条以上（含三条）刃缘的锯齿刃刮削器，根据刃缘的数量可分为三刃锯齿刃刮削器、四刃锯齿刃刮削器等。

三、凹缺刮器和锯齿状器

凹缺刮器的刃缘呈一个凹缺，锯齿状器的刃缘则是多个连续的凹缺。其分类和刮削器的分类相似，分为单刃、双刃、多刃等。

图 4–57　凹缺刮器（湖北荆州小山子遗址）

图 4–58　凹缺刮器（湖北荆州小山子遗址）

四、端刮器

端刮器也是一种刃缘在远端的刮削器，和刮削器的分类相似，分为单刃、双刃、多刃等。

单刃端刮器可分为面额形、喙形等。

端刮器还可分为双刃端刮器、多刃端刮器、带有雕刻器刃缘的端刮器、带有钻头的端刮器、带有平切刃缘的端刮器等类型。

五、雕刻器

雕刻器一般以石片或石叶为素材，有时候也使用砾石作为素材。雕刻器的刃缘主要是由几乎垂直于石片或者石叶的背面和破裂面的一个小断面构成，这个断面由一块石片疤和一个自然的面相交构成刃缘，或由两块石片疤相交叉形成刃缘。

雕刻器可分为单刃雕刻器、双刃雕刻器和多刃雕刻器等等不同的类型。根据单刃雕刻器的加工方式可分为单向加工而成的雕刻器、双向加工而成的雕刻器。

图 4–59　雕刻器（湖北十堰郧县人遗址）

六、尖状器

尖状器指有一个由两个加工的边缘相交成为一个尖端的石片石器，平面形状大多数呈三边形。它们的远端一般呈尖状，角度在 25º 以下而且比较规范对称，这一点是尖状器和刃缘相交的双刃刮削器的主要区别（可参考“尖突”的分类）。

根据尖状器的加工方式可分为很多种类，主要分为两种：塔雅克（Tayac）尖状器和甘松（Quinson）尖状器。塔雅克尖状器尺寸较小，相交的两个刃缘往往被加工的呈锯齿状。而甘松尖状器较厚且尺寸稍大，其中间的横剖面为三边形，相交的两个刃缘往往是普通加工方式，偶尔呈锯齿状。

图 4–60　尖状器（湖北十堰郧县人遗址）

七、尖突（凸）

尖突（凸）大多数用石片或者断片加工而成，往往由一个凹缺和一个相邻的自然边缘组成一个尖端，或由两个相邻的凹缺组成一个尖端。按照加工凹缺的方式，尖突（凸）可分为一次加工而成的凹缺、多次加工而成的凹缺与混合加工的凹缺等几类。

图 4–61　尖突（凸）（湖北荆州鸡公山遗址）

八、钻头（具）

钻头（具）和尖突（凸）的加工方式相似，只是尖端非常锋利。尖端往往由厚型或陡型的石片疤加工而成。

九、平切器

平切器是一种直刃的端刮器，可分为单刃平切器、双刃平切器和多刃平切器。

十、其他石片石器

其他石片石器包括石刀（有背石刀或石叶）、月桂形器、箭镞等。

第五章

石器加工特征

石器的加工也称为第二步加工、第二步修理（加工），使用的方法和剥片的方法基本上相同，主要有锤击法、砸击法、碰砧法以及击棒法和压制法。前三种又称为直接加工法，使用的加工工具有硬锤和软锤；后两种称为间接第二步修理（加工），使用的工具有角质和骨质的。

锤击法是旧石器时代打制石器最主要的加工方法。具体的加工方法又可分为两种。一种是用硬锤或软锤直接敲击素材的边缘，修理出刃缘，留下的石片疤一般深而短，刃缘多呈缺口；另一种方法是将素材放在手中，用食指垫在素材需要加工部位的下面，然后用石锤敲击，打下的石片疤小而浅平。

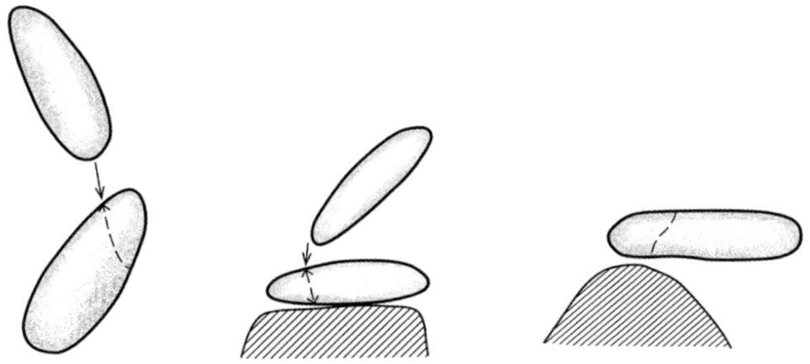

1. 锤击法；2. 砸击法；3. 碰砧法

图 5–1　石制品打制方法及加工示意图

砸击法加工和砸击法剥片的方法相同，只是力量稍微小一点。石器的两面均可见到修理痕迹。击棒法是指一手握素材，同时用拇指和食指夹住作为中介物的棒，并使其尖端顶在素材要修理的部位，另一只手握石锤打击中介物的另一端，达到修理和剥片的目的。碰砧法加工也和剥片的方法相同，加工出的刃缘大多数很锐利，石片疤宽。

第一节　加工片疤特征

我们一般使用许多紧密组合在一起的特征描述每一个或一系列加工石器的片疤。这些片疤的特征主要包括 7 个方面：片疤方向、片疤位置、片疤分布状况、片疤形态、片疤伸展状况、片疤倾斜角度和加工后组成刃缘的形状。

一、片疤方向

加工石器的片疤方向主要有正向加工、反向加工、单面加工、两面加工等。正向加工（修理），如果石器素材为石片，指从石片的破裂面向背面加工；如果石器素材为砾石，则指从砾石的底面向顶面加工。反向加工和正向加工的加工方向相反。

在同一条刃缘上，如果一段加工片疤为正向加工，接着一段为反向加工；或者相反，则称为转向加工。如果第一个片疤为正向加工，接着以这个片疤进行反向加工，这样在一条刃缘上连续交替向两个不同方向加工的方法，称为交互加工。这样修理出来的刃缘侧视一般呈"S"形。还有一种是没有一定规律，一条刃缘上有几种加工方向混合在一起，可称为混合加工。

在双刃或双刃以上的石器刃缘上，如都是正向加工或反向加工或交互加工或转向加工，可称为同向加工；如有多种加工方向，则称为异向加工。异向加工中有很多不同的情况，如在素材的相对的两个边缘上面进行加工，加工方向相反，可称为错向加工。

所谓单面加工，顾名思义，就是在同一边缘上只朝向一面加工。与单面加工相对应的是另外一种加工方式两面加工。两面加工是指在同一边缘上向两个面加工，在素材的两个面上都留有修理的小片疤。两面加工的技术出现得非常早，在 170 多万年前的东非奥杜威峡谷的石器中，就可以见到两面加工的砍砸器，随后又出现了石器的周边全部或大部分均有两面加工的阿舍利手斧。随着阿舍利文化的发展，两面加工技术在欧亚大陆西侧盛行了上百万年。在欧亚大陆东侧的东亚地区也有两面加工的石制品发现，但这种两面加工的石器的数量和在石制品中间所占的比例，大大地逊色于欧亚大陆西侧。

二、片疤位置

片疤位置是石器上加工片疤在素材上的部位，主要是根据石制品素材的定位来确定的。加工部位的选择对石器的功能有至关重要的作用，因为古人们对工具的加工部位有着特别的关注，往往特意选择某个边缘进行第二步加工。比如，他们往往选择在石片的侧边进行加工，制作成适合于刮削和切割的边刮器。为了加工出有比较陡的刃缘并有适合把握的端刮器，加工的部位往往选择在石叶的两端；为了加工出形状比较规整的两面器，往往在素材的两个面上都进行加工并有意修理出一个尖端，在跟部往往保留石皮或做简单的修理。

加工石器的片疤位置是指片疤在素材近端边、左侧边、远端边和右侧边，每个边都可以又分为三个不同的部位，比如左、右侧边可分为近段、中段和远段，近、远端边可分为左段、中段和右段。如左侧边片疤的具体的位置可在左近角、左近段、左中段、左远段、左侧边全段等。同时，我们也要注意在顶面和底面（石核石器）、背面和破裂面（石片石器）上片疤的位置分布情况，比如说如果石器上面有棱脊的话，要注意石片疤与棱脊的关系，或在棱脊的左侧、右侧，或两侧都有石片疤。

三、片疤分布状况

片疤分布状况指片疤的连续加工、不连续加工、部分（局部）加工和零星加工等。

四、片疤形态

片疤形态指加工石器片疤的平面组合形态，主要有鳞片状、深叠层状、平行状、近平行状等。同时还应注意单个石片疤的长度、宽度等，如有学者将石片疤的长度分为 5 级：超大型（大于 20 毫米）、大（12 ～ 20 毫米）、中型（5 ～ 11 毫米）、小型（2 ～ 4 毫米）、微型（小于 2 毫米）。

五、片疤伸展状况

片疤伸展状况是指石制品的一个面上石片疤延伸度的情况，主要可分为短型、半长型、长型、侵入型、全覆盖型等几种情况。

六、片疤倾斜角度

加工石器的片疤的倾斜角度是指石片疤和平分标本的理想平面之间的夹角。我们可按照测得的度数分为不同的级别，如 0° ～ 20° 为平型角度，21° ～ 45° 为斜型角度，46° ～ 70° 为半陡型角度，71° ～ 90° 为陡型角度。

七、加工片疤组成的刃缘形状

加工后片疤组成的刃缘形状其实和石器的刃缘关系非常密切，主要是指加工后一系列（或多个系列）的石片疤所形成的一段边缘的整体形状，从大的方面可分为三大类：直刃、凹刃和凸刃。这三种形状又可以组合成为其他的一些类型，比如：凹缺形、锯齿状形、凸肩形、吻部形、舌形、柄形等。

表 5–1　加工片疤类型特征表

观察项目	类型特征	图示
片疤延伸度	短型加工 （片疤长度 / 到对边长度≤ 0.25）	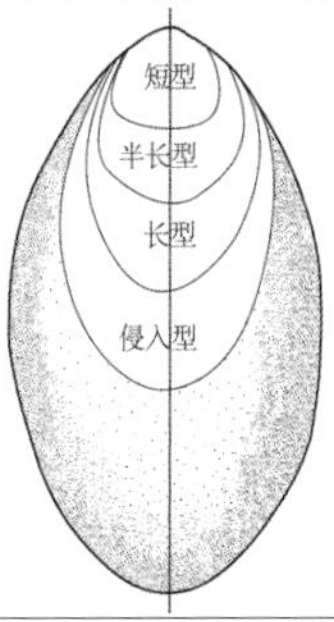
	半长型加工 （0.25 <片疤长度 / 到对边长度≤ 0.35）	
	长型加工 （0.35 <片疤长度 / 到对边长度≤ 0.5）	
	侵入型加工 （片疤长度 / 到对边长度> 0.5）	

（续表）

观察项目	类型特征		图示
雕刻器型加工	单个雕刻器型	侧面型（侧边 / 横向）	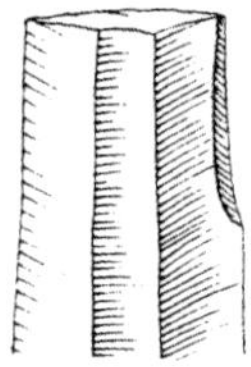
		侵入型	
	多个雕刻器型	侧面型（侧边 / 横向）	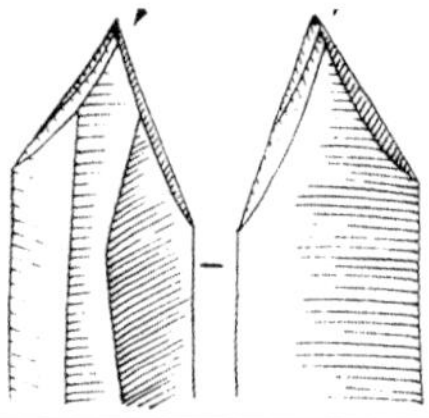
		侵入型	
片疤倾斜角度	平型（角度≤ 20°）		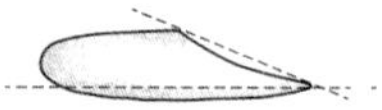
	倾斜型（20° ＜角度≤ 45°）		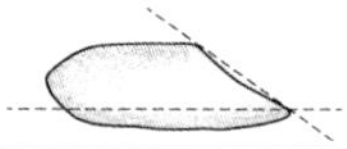
	半陡型（45° ＜角度≤ 70°）		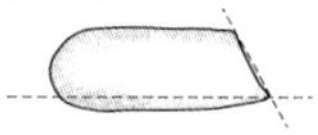
	陡型（70° ＜角度＜ 90°）		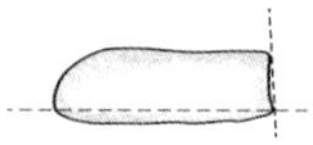
单个加工片疤类型	片疤平视	普通型	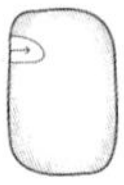
		侵入型	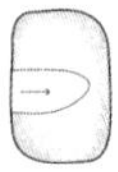
		似雕刻器打法	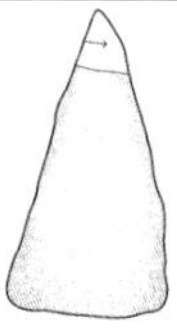
	片疤侧视	普通型	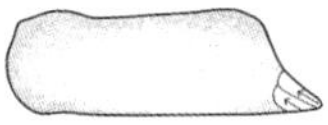
		加高型	
		陡型	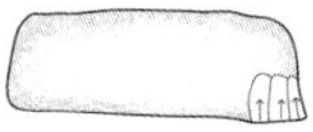
		石叶型	图略

（续表）

观察项目	类型特征		图示
单个加工片疤类型	片疤剖视	平型	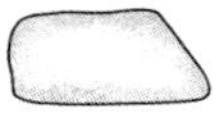
		凹下型；	
		凸起型	
		“S”型	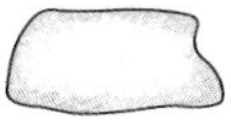
		（浅）阶梯型	
	片疤深度	表皮型	
		薄型	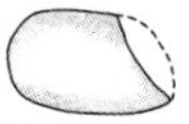
		厚型	
		深型	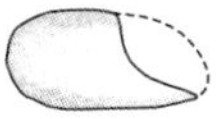
多个片疤的组合类型		普通型	
		锯齿型	
		鳞片型	
		薄片型	
		阶梯型	
		腰带型	
		其他（近平行型、平行型等）	

（续表）

<table>
<tr><th colspan="2">观察项目</th><th>类型特征</th><th>图示</th></tr>
<tr><td colspan="2">有无不规则加工的锯齿状和凹缺状</td><td colspan="2">无锯齿状 / 有锯齿状 / 有凹缺状</td></tr>
<tr><td colspan="2">特殊状况</td><td colspan="2">边缘使用；
边缘有意识加工；
剥片时多余的加工；
石核边缘的不规则加工；
加工边缘的使用</td></tr>
<tr><td rowspan="6">不规则加工的尺寸</td><td>微小加工</td><td></td><td>图略</td></tr>
<tr><td rowspan="5">加工</td><td>短型加工
（片疤长度 / 到对边长度≤0.25）；</td><td rowspan="5">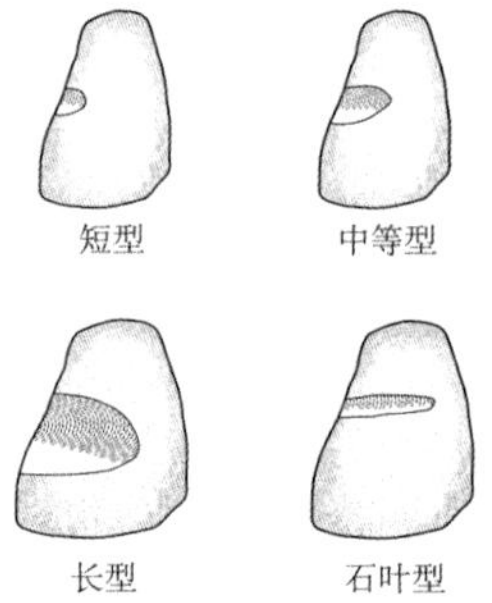
</td></tr>
<tr><td>半长型加工
（0.25＜片疤长度 / 到对边长度≤0.35）；</td></tr>
<tr><td>长型加工
（0.35＜片疤长度 / 到对边长度≤0.5）；</td></tr>
<tr><td>侵入型加工
（片疤长度 / 到对边长度＞0.5）；</td></tr>
<tr><td>石叶型</td></tr>
<tr><td colspan="2">加工关联状况</td><td>单个加工；
单个微小加工；
单个加工和单个微小加工；
局部加工和可能的微小加工；
局部微小加工；
连续的加工和可能的微小加工；
连续微小加工；
重叠、阶梯状和不规则连续加工和可能的微小加工；
重叠、阶梯状和有规律连续加工和可能的微小加工</td><td>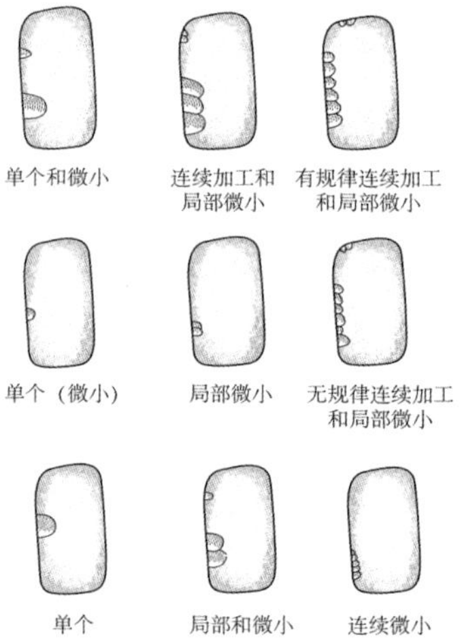
</td></tr>
</table>

（续表）

观察项目	类型特征		图示
叠放方式	孤立		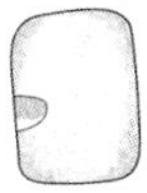
	相邻		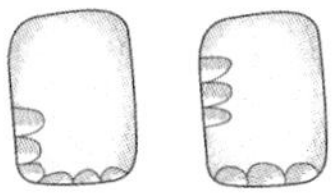
	重叠	无规律 / 有规律	
	叠放	无规律 / 有规律	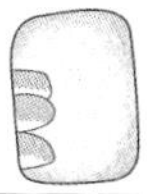
远端状况		尖锐 / 弯曲 / 平—弯曲 / 直	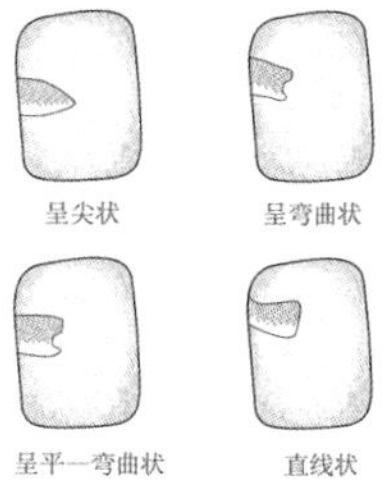
边缘状况		分散 / 相交 / 平行	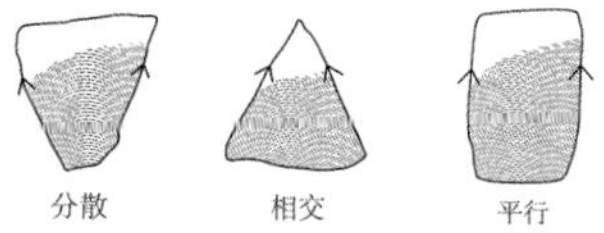

第二节　石器加工断裂特征

石器加工断裂主要指加工石器时断裂的状况，有单个、两个、多个断裂等，可依据与石器的大平面（理想平面）之间的关系分为横向、纵向、斜向断裂等。

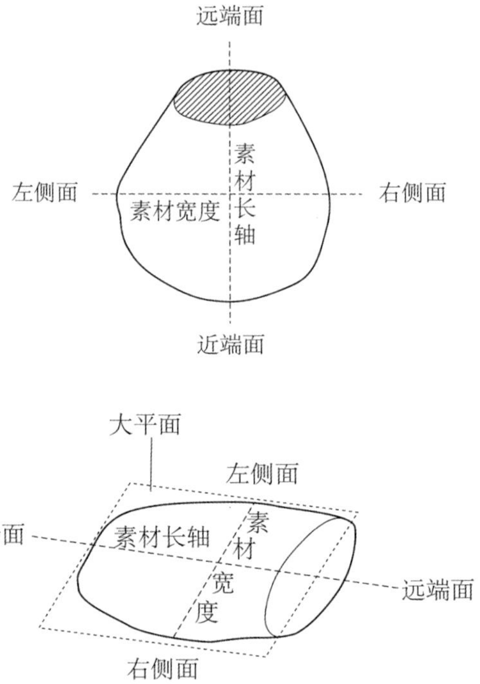

图 5–2　石器大平面（理想平面）示意图

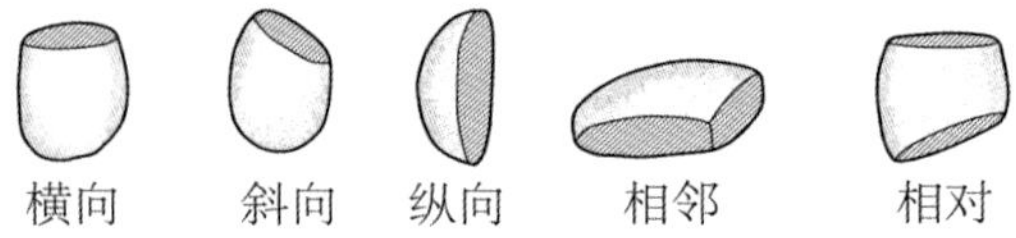

图 5–3　石器断裂方向示意图

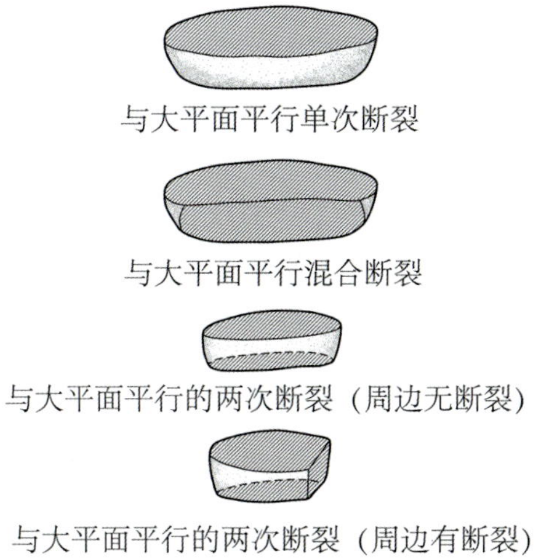

图 5–4　石器断裂方向与大平面（理想平面）关系示意图

除了有意识的人工行为导致的断裂外，还有在打击时发生的偶然断裂，如在加工石器的剥落石片时，石片常常会沿打击方向发生纵向的偶然断裂，称为“希瑞特（Siret）断裂”。希瑞特断裂常常在使用硬锤打击时出现，在使用软锤打击或间接打击时较少出现，与打击对象的岩性及硬度有关。

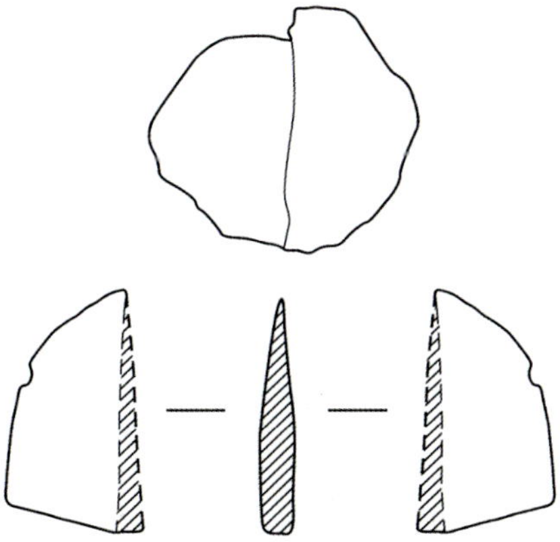

图 5–5　石片希瑞特（Siret）断裂示意图

表 5–2　石器自然断裂类型表

<table>
<tr><th>观察项目</th><th>类型</th><th colspan="2">特征</th></tr>
<tr><td rowspan="2">有小断裂的砾石</td><td>未定</td><td colspan="2">略</td></tr>
<tr><td>石砧</td><td colspan="2">略</td></tr>
<tr><td rowspan="12">与理想平面无平行断裂的砾石</td><td rowspan="6">与理想平面有单个垂直或倾斜断裂</td><td rowspan="2">砾石的顶端断裂</td><td>横向（垂直 / 倾斜）</td></tr>
<tr><td>纵向（垂直 / 倾斜）</td></tr>
<tr><td rowspan="2">垂直断裂</td><td>横向（垂直 / 倾斜）</td></tr>
<tr><td>纵向（垂直 / 倾斜）</td></tr>
<tr><td rowspan="2">呈两面凹下断裂</td><td>横向（垂直 / 倾斜）</td></tr>
<tr><td>纵向（垂直 / 倾斜）</td></tr>
<tr><td rowspan="4">与理想平面有两个垂直或倾斜断裂</td><td rowspan="3">相邻形成两个面</td><td>钝角</td></tr>
<tr><td>直角</td></tr>
<tr><td>锐角</td></tr>
<tr><td colspan="2">不相邻</td></tr>
<tr><td>与理想平面有三个垂直或倾斜断裂</td><td colspan="2">略</td></tr>
<tr><td>与理想平面有周边垂直或倾斜断裂</td><td colspan="2">略</td></tr>
<tr><td rowspan="7">与理想平面有单个平行断裂的砾石</td><td rowspan="2">无垂直或倾斜断裂</td><td colspan="2">与理想平面平行的断裂</td></tr>
<tr><td colspan="2">与理想平面近平行的断裂</td></tr>
<tr><td rowspan="5">有垂直或倾斜断裂</td><td colspan="2">单个断裂（垂直 / 倾斜）</td></tr>
<tr><td rowspan="2">两个断裂</td><td>相邻形成两个面（宽 / 窄 / 锐）</td></tr>
<tr><td>不相邻</td></tr>
<tr><td colspan="2">三个断裂</td></tr>
<tr><td colspan="2">在周边有断裂</td></tr>
<tr><td rowspan="7">与理想平面有两个平行断裂的砾石</td><td rowspan="2">无断裂（垂直或倾斜）</td><td colspan="2">平行断裂</td></tr>
<tr><td colspan="2">近平行断裂</td></tr>
<tr><td rowspan="5">有断裂（垂直或倾斜）</td><td colspan="2">单个断裂（垂直 / 倾斜）</td></tr>
<tr><td rowspan="2">两个断裂</td><td>相邻形成两个面（宽 / 窄 / 锐）</td></tr>
<tr><td>不相邻</td></tr>
<tr><td colspan="2">三个断裂</td></tr>
<tr><td colspan="2">在周边有断裂</td></tr>
</table>

（续表）

<table>
<tr><th>观察项目</th><th>类型</th><th colspan="2">特征</th></tr>
<tr><td rowspan="7">有石皮的薄片</td><td rowspan="2">无断裂（垂直或倾斜）</td><td colspan="2">平行断裂</td></tr>
<tr><td colspan="2">近平行断裂</td></tr>
<tr><td rowspan="5">有断裂（垂直或倾斜）</td><td colspan="2">单个断裂（垂直／倾斜）</td></tr>
<tr><td rowspan="2">两个断裂</td><td>相邻形成两个面（宽／窄／锐）</td></tr>
<tr><td>不相邻</td></tr>
<tr><td colspan="2">三个断裂</td></tr>
<tr><td colspan="2">在周边有断裂</td></tr>
<tr><td rowspan="7">断块</td><td colspan="3">背面有一个侵入型天然石皮</td></tr>
<tr><td colspan="3">背面有一个陡型天然石皮（有刃缘／无刃缘）</td></tr>
<tr><td colspan="3">背面有两个陡型天然石皮</td></tr>
<tr><td colspan="3">背面有三个陡型天然石皮</td></tr>
<tr><td colspan="3">似一瓣橘子</td></tr>
<tr><td colspan="3">砾石的碎屑</td></tr>
<tr><td colspan="3">似冻裂呈杯状的薄片</td></tr>
</table>

表 5-3　石器人工断裂特征表

<table>
<tr><th>观察项目</th><th colspan="2">类型特征</th></tr>
<tr><td rowspan="2">打击点</td><td colspan="2">有</td></tr>
<tr><td colspan="2">无</td></tr>
<tr><td rowspan="6">断裂方式</td><td colspan="2">希瑞特（Siret）断裂</td></tr>
<tr><td rowspan="5">断裂面</td><td>不规则</td></tr>
<tr><td>来源于热力作用</td></tr>
<tr><td>沿层理面</td></tr>
<tr><td>沿结晶面</td></tr>
<tr><td>有波纹（不同、沿剥片轴方向）</td></tr>
<tr><td>断裂定位</td><td colspan="2">略</td></tr>
<tr><td rowspan="6">先前的断裂</td><td colspan="2">最近</td></tr>
<tr><td colspan="2">早期</td></tr>
<tr><td rowspan="4">与工具同时断裂</td><td>未定</td></tr>
<tr><td>工具加工前</td></tr>
<tr><td>工具加工后</td></tr>
<tr><td>工具加工同时</td></tr>
</table>

第三节　石器打击痕迹特征

石器打击痕迹的特征主要有打击痕迹的定位、打击痕迹的分布位置、打击痕迹的分布类型、打击痕迹与工具刃缘的关系等。

一、打击痕迹的定位

打击痕迹的定位主要指打击痕迹在素材定位后的位置，如在左侧边、右侧边、近端边、远端边等，有时会在中脊上。

二、打击痕迹的分布位置

打击痕迹的分布位置指打击痕迹在素材上具体的分布位置，如在尖端、在边缘、在面上等。

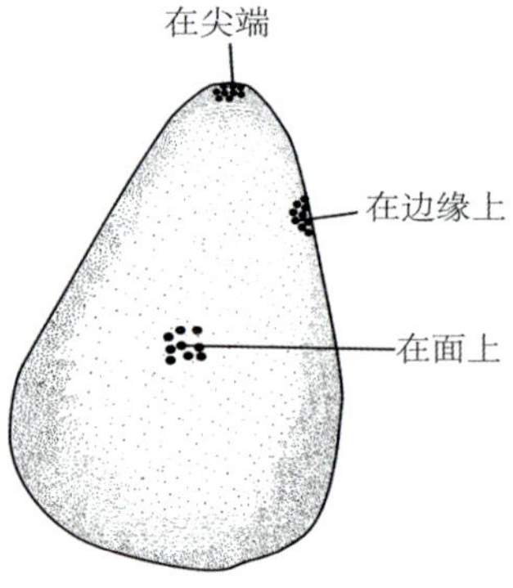

图 5–6　石器打击痕迹分布位置示意图

三、打击痕迹的分布类型

打击痕迹的分布类型主要指打击痕迹分布的平面类型，如孤立型、局部型、区域型等。

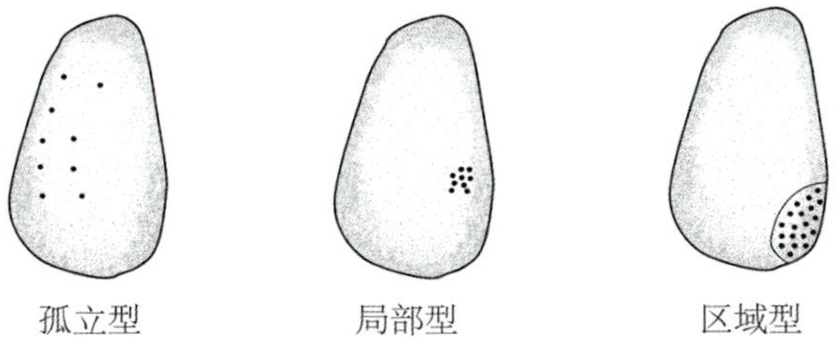

图 5–7　石器打击痕迹分布类型示意图

5–4　石器打击痕迹类型表

打击痕迹的类型	孤立型（有／无条痕）	
	局部型（有／无条痕）	
	成片型（有／无条痕）	
	条状	
	切口状	
	在一个面上局部散开	
打击痕迹的亚类型	杯形	
	圆形	
	鳞片状	
	小石片状	
	条状	
	面上有辐射状	
	侧边上有星星状	
	表面上有压平状	
	石皮状	
	中间石皮外为环形	
	面上有花环状	
	边上有花环状	
	裂痕	
	断纹	
	磨损	
	磨光	局部
		大面积
	擦亮	加工前
		加工后
		未定

四、打击痕迹与工具刃缘的关系

打击痕迹与工具刃缘之间的关系主要指打击痕迹与刃缘的关系，如在刃缘上、不在刃缘上（又可分为与刃缘相邻相连、与刃缘不相邻等）。

表 5–5　石器打击痕迹位置和关系表

<table>
<tr><td rowspan="4">打击痕迹的位置</td><td colspan="2">未定</td></tr>
<tr><td colspan="2">在尖端</td></tr>
<tr><td colspan="2">在边上</td></tr>
<tr><td colspan="2">在面上</td></tr>
<tr><td rowspan="23">打击痕迹的定位</td><td rowspan="5">左侧边</td><td>全部边缘</td></tr>
<tr><td>近段</td></tr>
<tr><td>中段</td></tr>
<tr><td>远段</td></tr>
<tr><td>左远角</td></tr>
<tr><td rowspan="5">远端边</td><td>中段</td></tr>
<tr><td>远段</td></tr>
<tr><td>左远角</td></tr>
<tr><td>中段</td></tr>
<tr><td>远段</td></tr>
<tr><td rowspan="4">右侧边</td><td>全部边缘</td></tr>
<tr><td>近段</td></tr>
<tr><td>中段</td></tr>
<tr><td>远段</td></tr>
<tr><td rowspan="5">近端边</td><td>全部边缘</td></tr>
<tr><td>左段</td></tr>
<tr><td>中段</td></tr>
<tr><td>右段</td></tr>
<tr><td>近尖端</td></tr>
<tr><td rowspan="4">中脊</td><td>全部边缘</td></tr>
<tr><td>近段</td></tr>
<tr><td>中段</td></tr>
<tr><td>远段</td></tr>
</table>

（续表）

打击痕迹的关联	在砾石、岩块原来面上	
	在片疤的断裂面上	
	在断裂面上	与断裂有关系
		与断裂相邻
		与断裂相连
	工具	与工具有关系
		与工具相邻
		与工具相连
		与石片的台面有关系

第六章

石制品的观察与测量

第一节　石核类石制品的观察和测量

一般而言，普通的石核需要观察的特征有台面、剥片面、石皮、反泡、棱脊等。

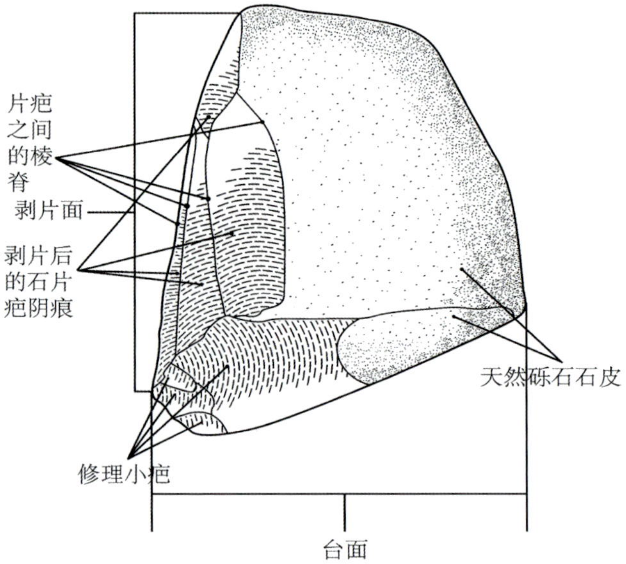

图 6–1　石核各部位名称示意图

在要观察的项目中，需要注意以下几点。

（1）石核的大小。如素材为石片，则长度为从打击点处开始的打击长度，宽度为垂直于打击长度的最宽处，厚度为垂直于打击宽度的最厚处；如素材为砾石（或石块），则测其自然状态下的最大长度、最大宽度和最大厚度，最大长度为从近端至远端之间的最大长，最大宽度为左、右侧面之间垂直于最大长度的最宽处，最厚为底面与顶面之间的最大距离。

（2）台面的数量。如果台面的数量在两个以上，则要注意两个或多个台面之间的相对关系，每个台面剥片后形成的剥片面数量及多个剥片面之间的关系。

(3）还要注意标本的保存状况是否完整，可否与其他标本进行拼合，标本上还有无其他人工痕迹，等等。

一、台面

台面指古人打击石块（砾石）时选择剥片和加工的工作面，一般是在砾石或结核稍平坦的一个面或几个面上进行剥片或加工，这样的面可能是砾石石皮，可能是岩石的节理面，也可能是剥片后的片疤或加工的片疤。

1. 石核台面的类型

根据台面上砾石石皮及片疤的比率，可将台面分为三种：

（1）天然台面，可能是砾石原来的面、结核的表面、岩石的节理面或层面、矿物的节理面或结晶面，也可能是岩石或者矿物自然破碎形成的面或者风化面等。

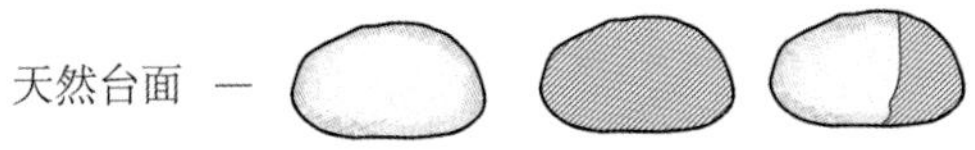

图 6–2　天然台面石核示意图

（2）人工台面，台面上没有天然石皮，有两种情况，一种是台面由一块石片疤组成且比较平，称为素台面或者平滑台面；另外一种是台面上由许多小片疤组成，往往是在进行下一步剥片时对台面进行的修整工作，以便打下理想的石片。

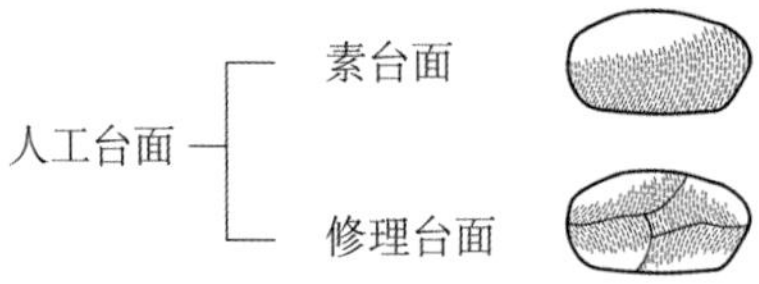

图 6–3　人工台面石核示意图

（3）混合台面，台面上既有石片疤又有天然石皮，石片疤和石皮所占的比例不同，有时石片疤的面积大于天然石皮，有时相反。

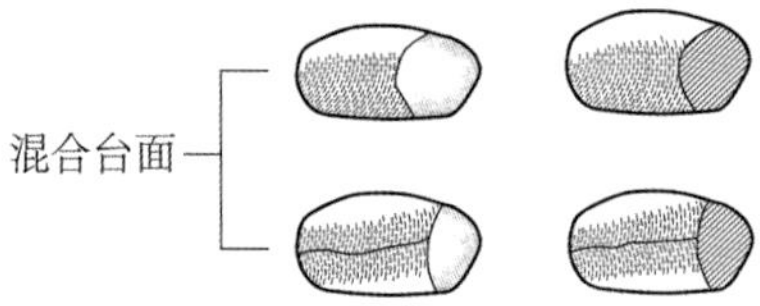

图 6–4　混合台面石核示意图

2. 石核台面的侧视形态

石核台面的侧视形态类型如下图所示：

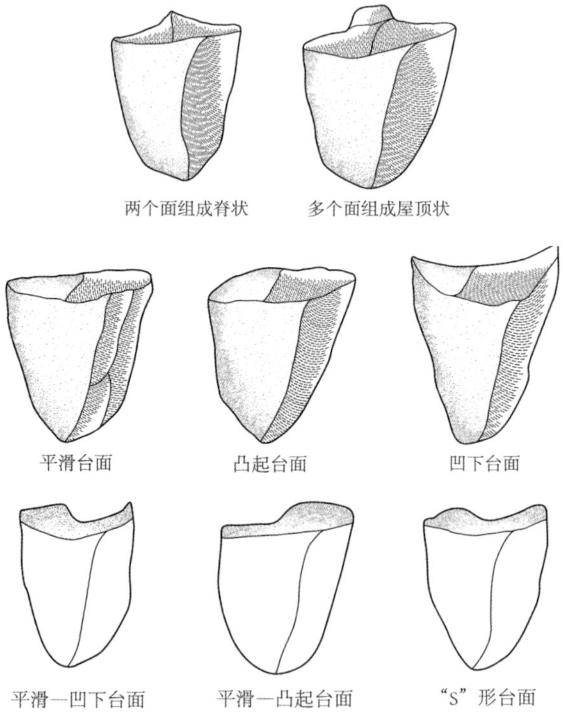

图 6–5　石核台面侧视示意图

3. 石核台面特征的观察与测量

台面周长，指俯视台面时，该台面被剥片后残存的周长，可用软尺测量；

台面的剥片范围，指俯视台面时该台面被剥片的长度，可用软尺测量；

台面利用率，指台面的剥片范围与台面周长的百分比，在一定意义上可反映出该台面被人们利用的程度。

石核的剥片率，指整个石核上剥片部分与保留的砾石石皮之间的面积比例。

台面角，指打击台面与剥片后的剥片疤之间的夹角。

二、剥片面

剥片面是指在石核剥片后留有石片疤阴痕的面。剥片面上石片疤的形态、方向，石片疤之间的关系等特征，有以下几种：

1. 留有单面向心状石片疤的石核

石核的剥片面只有一个，石片疤的方向都集中指向一个圆心。

2. 留有两面向心状石片疤的石核

石核的剥片面有两个，两个剥片面上石片疤的方向都各自集中指向一个圆心。

3. 棱锥状石核

石核剥片后的立体形状像一个棱锥体。石核的剥片面不止一个，石片疤的方向非常统一地指向一点。

4. 棱柱状石核

石核剥片后的立体形状像一个棱柱体。石核的剥片面不止一个，石片疤的方向非常统一地指向一个方向。

5. 球状石核

石核剥片后的立体形状像一个球体。石片疤的方向或呈向心状，或交错状，有的地方可能还保存有部分砾石石皮。

6. 不规则状石核

石核的剥片方向不统一。

7. 不可分类的石核

石核的剥片方向等特征不明显。

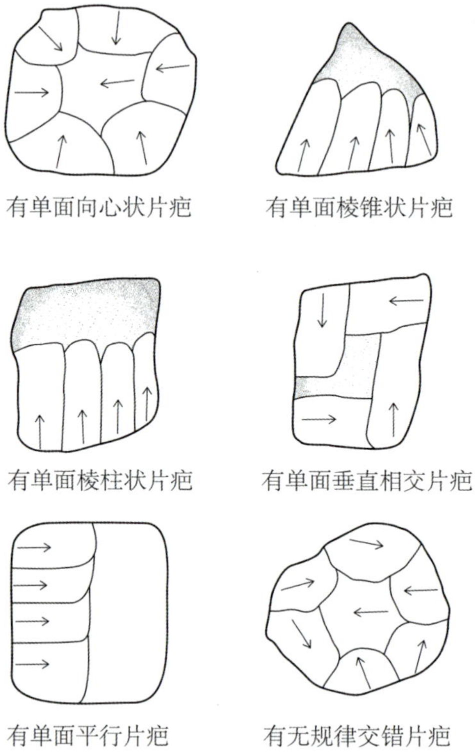

图 6–6 石核剥片面上片疤分布示意图

三、剥片部位和剥片方向

石核剥片部位与剥片边数相对应，有多少个剥片边，就应有多少个剥片部位。可以在台面的一个边、两个边、三个边和台面的周边（在四个边）剥片。

只在台面的一个边剥片的情况比较简单；在两个以上的边剥片时，则有多种组合情况。在台面的两个边剥片，剥片部位的组合有在左侧边和右侧边、左侧边和远端边、近端边和右侧边、顶边和底边、左侧边和底边、顶边和右侧边 6 种；在台面两个以上的边剥片，在左侧、右侧、近端、远端、顶边和底边有许多种剥片组合情况。

剥片方向也可分为 6 种：由底向顶、由顶向底、由近向远、由远向近、由左向右和由右向左。由底向顶剥片指从底面向顶面剥片，由顶向底剥片指从顶面向底面剥片，由近向远指从近端面向远端面剥片，如此类推。

长期以来，石核的台面位置、剥片方向、剥片边数、剥片部位等之间的关系未能得到应有的重视。实际上，石核的台面位置、剥片方向、剥片部位等之间是互相排斥的，一件标本的台面如果在近端面，那么就不可能出现在近端剥片的情况，而只能是在左侧、右侧、顶面和底面剥片这 4 种情况；它的剥片方向也不会出现向近端剥片的情况，只能是向远端剥片。如果台面位置、剥片方向和剥片部位这三者出现相同的情况，就要引起注意了。

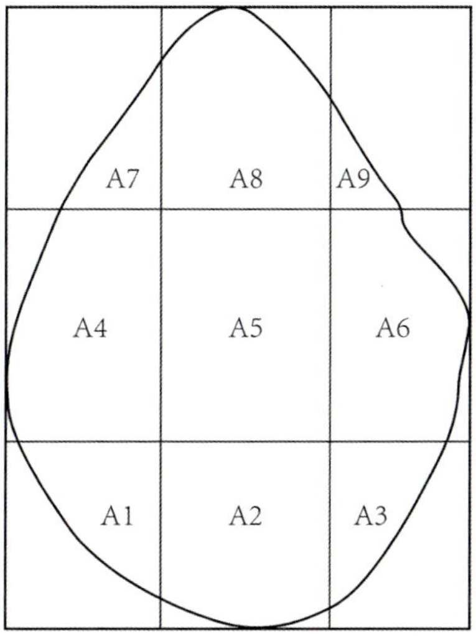

图 6–7　石核类石制品
A 面片疤位置示意图

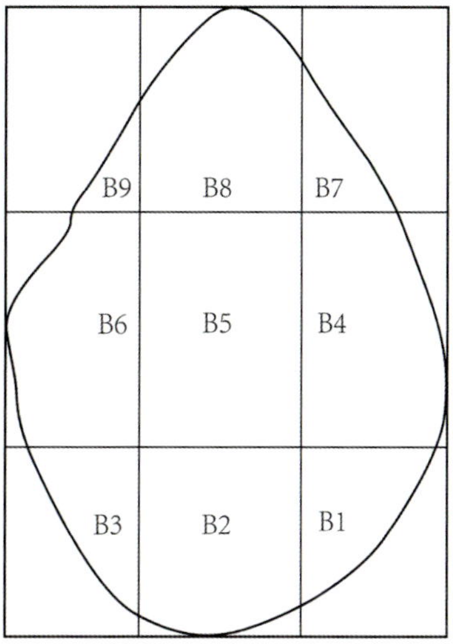

图 6–8　石核类石制品
B 面片疤位置示意图

四、未剥片的面（砾石石皮或节理面）

未剥片的面指除剥片面外的石核表面，这些面可能是砾石原来的面、结核的表面、岩石的节理面或层面、矿物的节理面或结晶面，也可能是岩石或者矿物自然破碎形成的面或者风化面等。一般以砾石石皮为多，可以通过计算石核表面剥片面积和未剥片面面积的比率，判断石核的剥片利用率或使用率。

五、石核类石制品的测量

石核台面周长的测量如下图（图 6-9）所示。

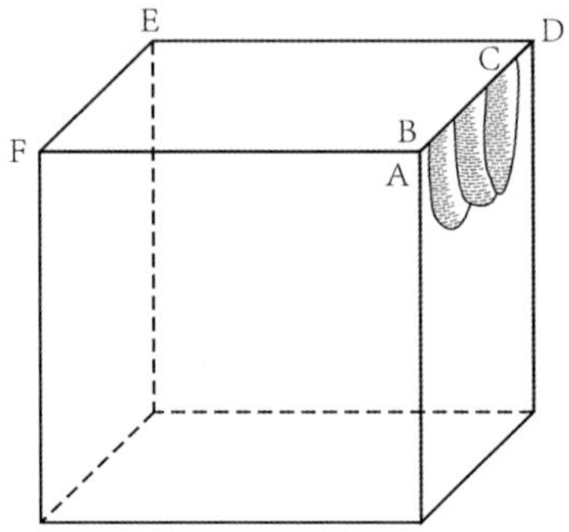

ABCDEFA：单个台面周长；ABCD：剥片所在边缘长度；BC：剥片长度

图 6–9　石核台面周长测量示意图

石核类石制品长度、宽度、厚度的测量如下图（图 6-10）所示。

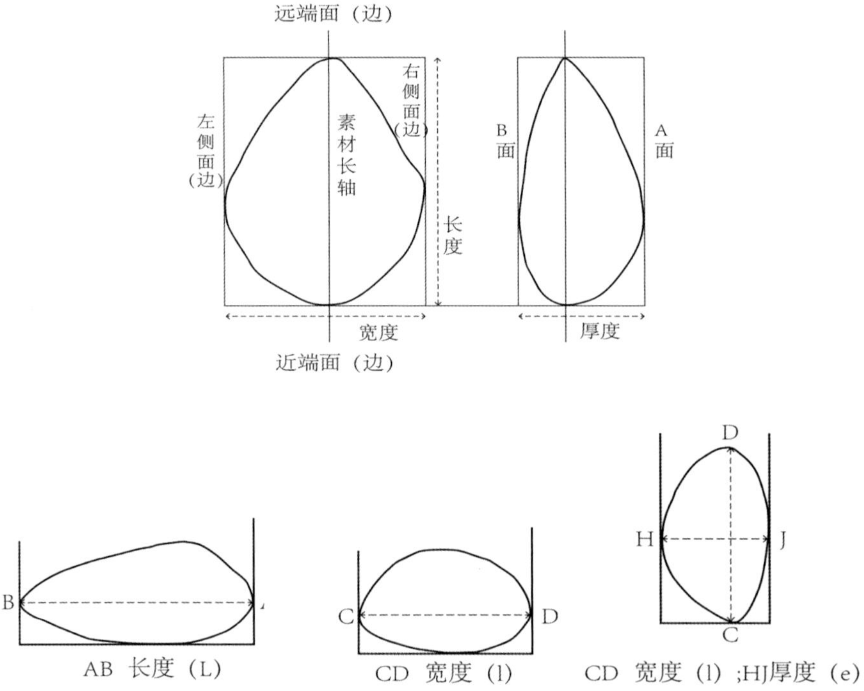

图 6–10　石核类石制品长、宽、厚测量示意图

第二节　石核类石器的测量

石核类石器有时也称为加工的砾石，可分为有孤立凸起片疤的砾石、有孤立凹下片疤的砾石、特征不明显的砍砸器、单向加工的砍砸器、手镐、单面器、双向加工的砍砸器、手斧、斧状器等类型。以上石核类石器均使用石核石器观察及测量信息表（见附表 5）。

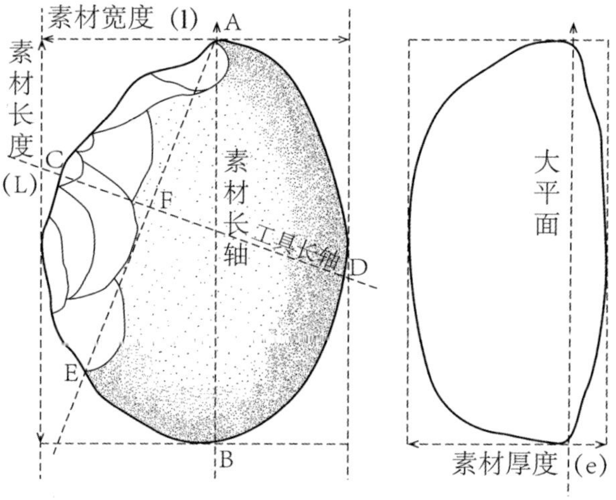

L：素材长度；l：素材宽度；
e：素材厚度；AB：素材长轴；
CFD：工具长轴；AFE：工具宽度

图 6–11　石核石器素材长轴与工具长轴示意图

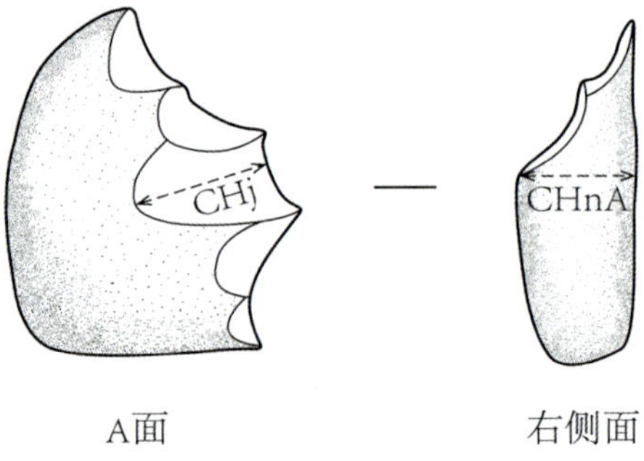

CHj：A 面加工最长片疤的长度；
ChnA：A 面加工最长片疤到 B 面的厚度

图 6–12 石核石器两面最长（深）片疤的厚度测量示意图

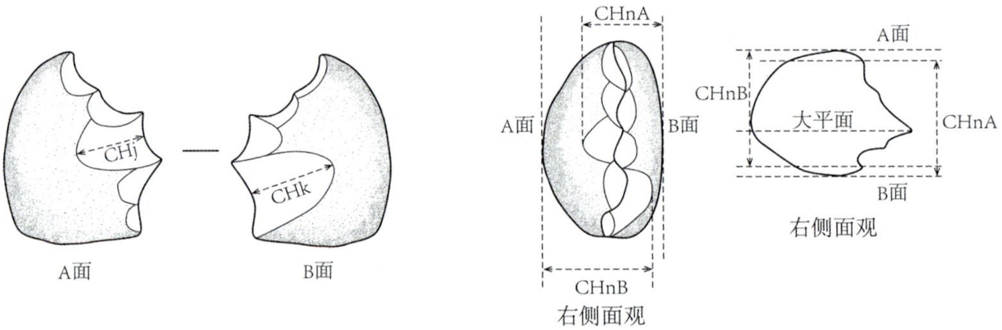

CHj、CHnA：A 面加工最长片疤到 B 面的厚度；
CHk、CHnB：B 面加工最长片疤到 A 面的厚度；

图 6–13 石核石器片疤测量示意图

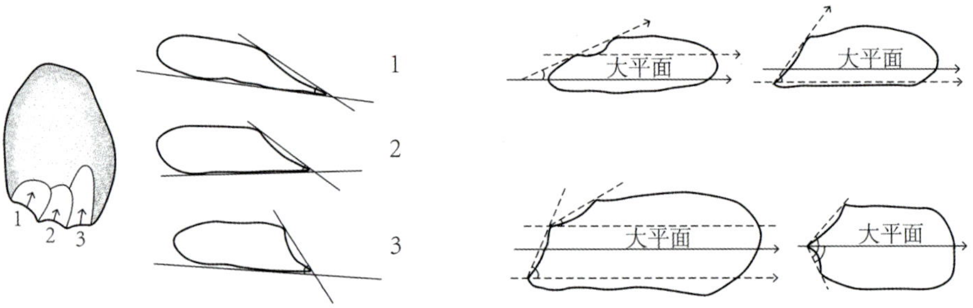

1、2、3：加工片疤的长度

图 6–14 石核石器片疤长度测量示意图

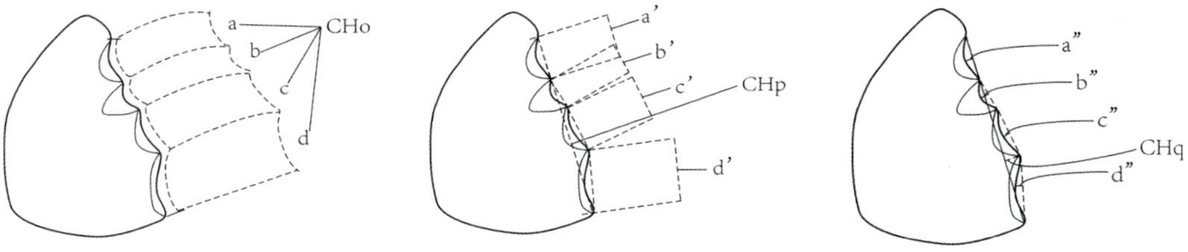

a、b、c、d：单个加工片疤的弧长；
a'、b'、c'、d'：单个加工片疤的弦长；
a"、b"、c"、d"：单个加工片疤的矢长；
Cho：工具刃缘弧长；CHp：工具刃缘弦长；CHq：工具刃缘矢长

图 6–15　石核石器单个加工片疤弧长、弦长、矢长测量示意图

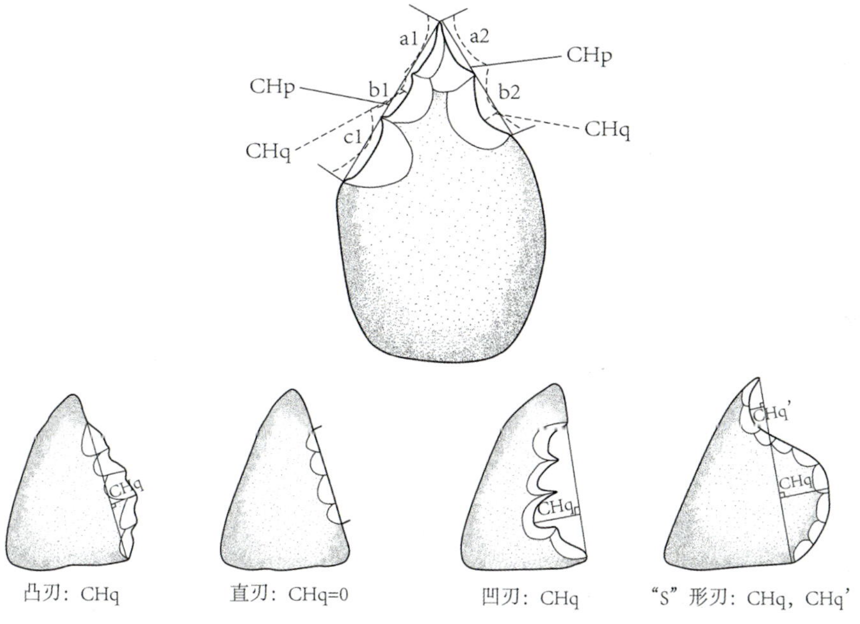

a1 + b1 + c1：工具左刃刃缘的弧长；
a2 + b2：工具右刃刃缘的弧长；
CHp：工具刃缘的弦长；CHq：工具刃缘的矢长

图 6–16　石核石器工具刃缘弧长、弦长、矢长测量示意图

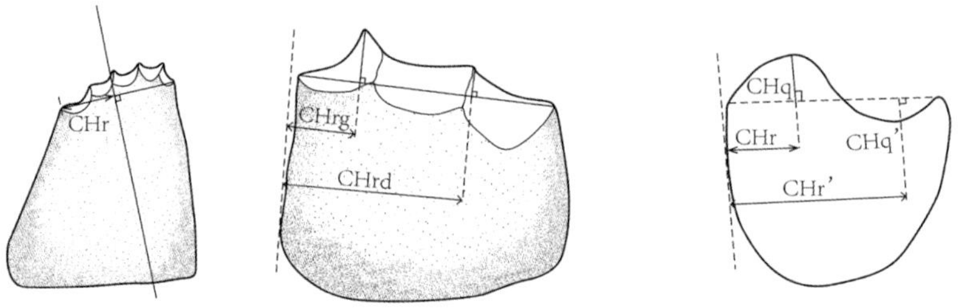

凸刃：CHr　　凸刃的左右：CHr　　有“S”形刃的CHr，CHr’

CHq：工具刃缘弦长；CHq'：工具刃缘弦长；
CHr：工具左侧至刃缘矢长的垂直距离（凸刃）；
CHr'：工具左侧至刃缘矢长的垂直距离（凹刃）；
CHrg：工具左侧至刃缘矢长的垂直距离；
CHrd：工具右侧至刃缘矢长的垂直距离

图 6–17　石核石器工具刃缘左侧加工起点至刃缘矢长的垂直距离测量示意图

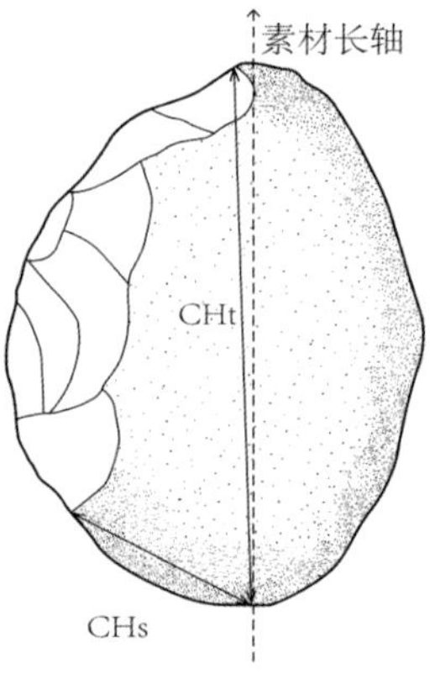

CHs：素材近端至刃缘左侧加工起点的距离；
CHt：素材近端至刃缘右侧加工起点的距离

图 6–18　石核石器素材近端至刃缘左侧、右侧加工起点的距离测量示意图

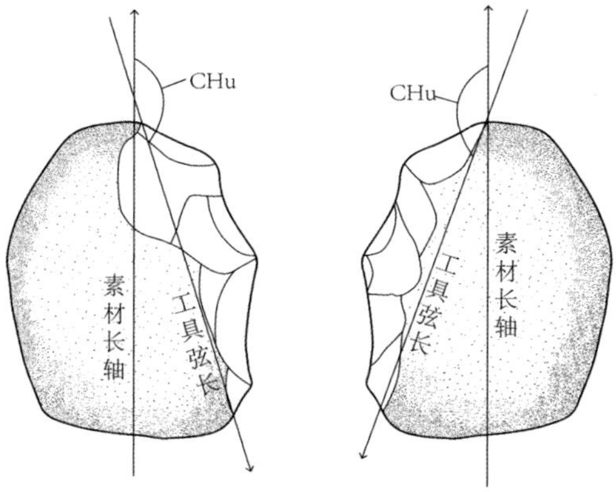

Chu：夹角（以右侧读数为准）

图 6–19　石核石器素材长轴与工具弦长的夹角测量示意图

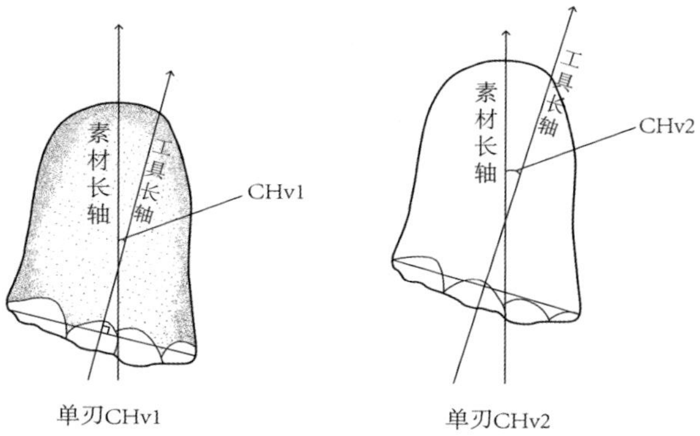

Chv1、Chv2：夹角（以右侧读数为准）

图 6–20　石核石器素材长轴与工具（单刃）长轴对称轴的夹角测量示意图

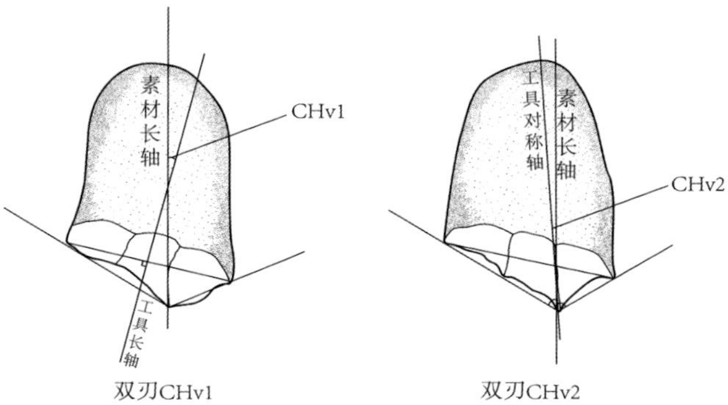

Chv1、Chv2：夹角（以右侧读数为准）；

图 6–21　石核石器素材长轴与工具（双刃）长轴对称轴夹角测量示意图

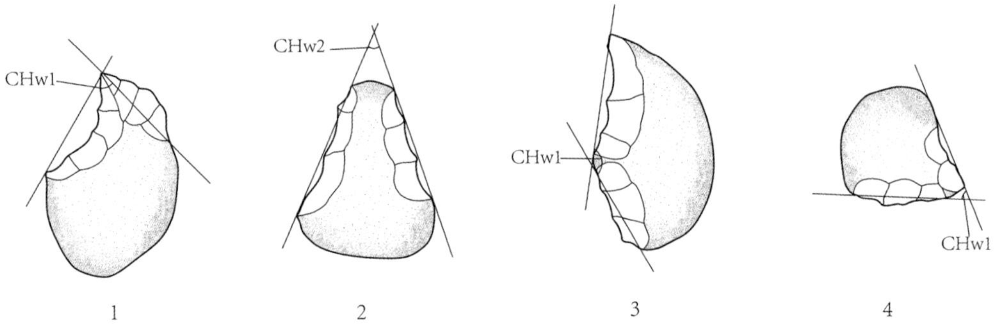

Chw1：工具（双刃相邻相连）弦长之间的夹角（以右侧读数为准）；
Chw2：素材长轴与工具（双刃相邻不相连）弦长之间的夹角（以右侧读数为准）

图 6–22　石核石器工具弦长之间的夹角测量示意图

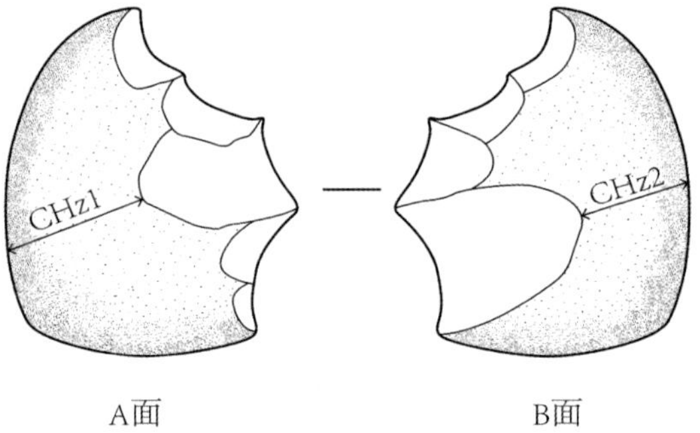

CHz1：A 面上最长片疤远端至对边延长线长度；
CHz2：B 面上最长片疤远端至对边延长线长度

图 6–23　石核石器最长片疤远端至对边延长线长度测量示意图

第三节　石片类石制品的观察

一、石片的台面

石片类石制品的台面上可观察的项目有：台面的性质、台面的形态、打击点是否明显等。

1. 台面的性质

根据台面上有无天然石皮、有无加工痕迹等特征，可将石片的台面可分为以下几种：

（1）天然台面。可能是砾石原来的面、结核的表面、岩石的节理面或层面、矿物的节理面或结晶面，也可能是岩石或者矿物自然破碎形成的面或者风化面等。

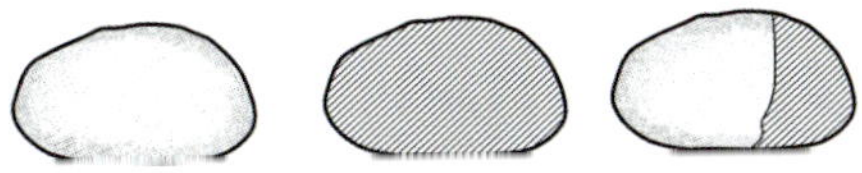

图 6–24　石片天然台面示意图

图 6–25　天然台面石片（湖北荆州小山子遗址）

图 6–26　天然台面石片（湖北荆州小山子遗址）

（2）人工台面。指台面上没有天然石皮，可分为两种情况：一种是台面只有一块石片疤组成且比较平，称为素台面或者平滑台面；另外一种是台面有许多小的片疤，这往往是在进行剥片前，对台面进行的修整工作，以便打下理想中的石片。

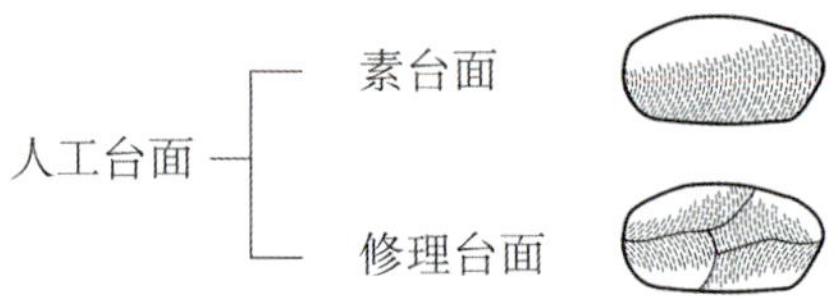

图 6–27　石片人工台面示意图

图 6–28　人工台面石片（湖北荆州小山子遗址）

图 6–29　人工台面石片（湖北荆州小山子遗址）

（3）混合台面。指石片的台面上由石片疤和天然石皮两部分组成，石片疤和石皮所占的比例不同，有时石片疤的面积大于天然石皮，有时则相反。

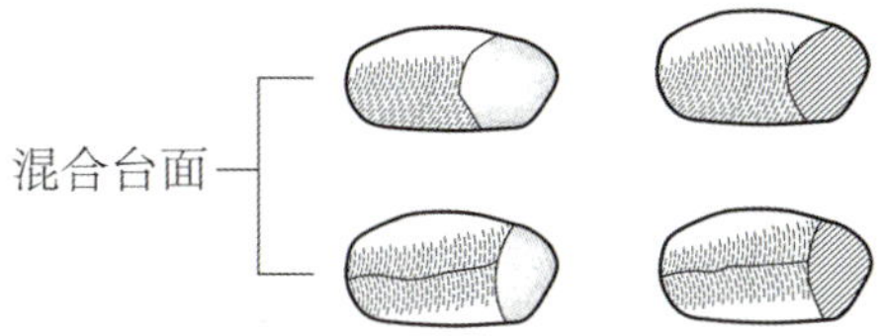

图 6–30　石片混合台面示意图

图 6–31　混合台面石片（湖北十堰郧县人遗址）

（4）零台面。采用锐棱砸击法在扁平的砾石边缘部分进行剥片而产生的一种特殊的石片，其台面角不可测量。

（5）台面不确定。包括台面被加工掉、台面不容易确定等情况。

（6）台面缺失。指石片的台面因为加工、断裂等因为不存在。

在上述不同性质的台面分类下，还可以根据台面宽窄、凸凹等，分为点状、线状、刃状等类型。

图 6–32　台面的不同形态（俯视）

2. 台面的形态

一般而言，是从侧视对石片台面的形态进行观察，由单个面形成的台面主要有平滑台面、凸起台面、凹下台面、平滑－凹下台面、平滑－凸起台面、“S”形台面等几种类型；由多个面形成的台面类型则有由两个面形成的脊状台面和多个面形成的屋顶状台面。

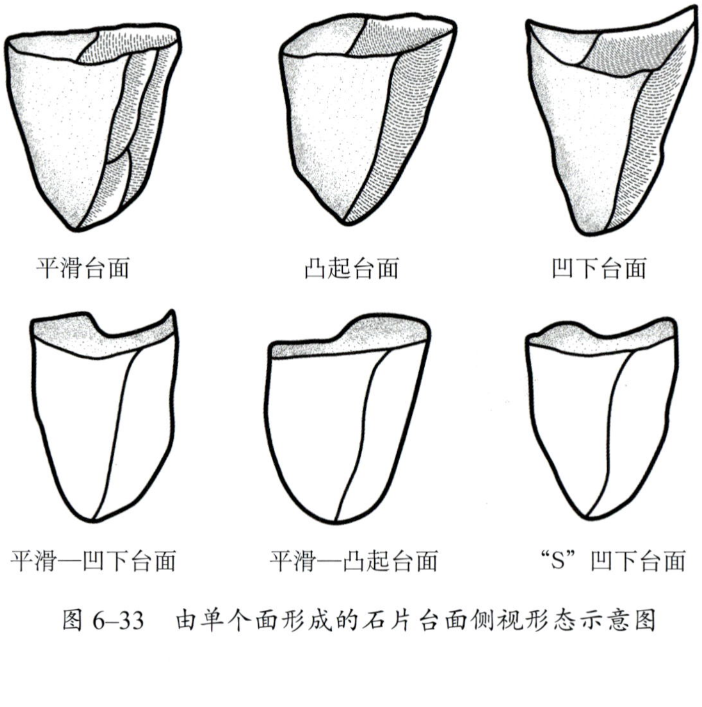

图 6–33　由单个面形成的石片台面侧视形态示意图

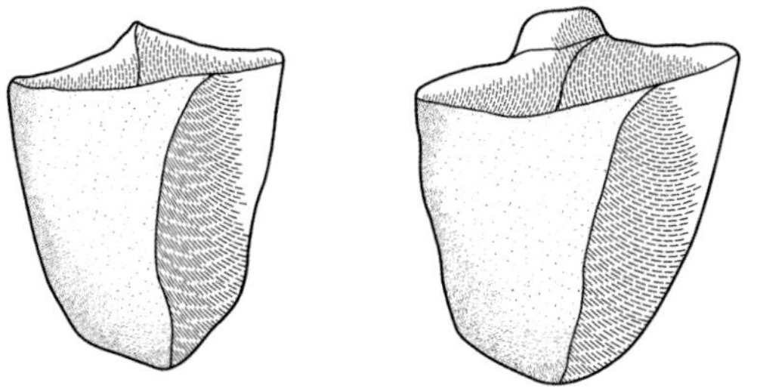

图 6–34　由多个面形成的石片台面侧视形态示意图

2. 打击点

打击点指台面上承受打击的位置，一般呈点状。石片台面打击点位置有以下几种情况（从破裂面侧视台面）：

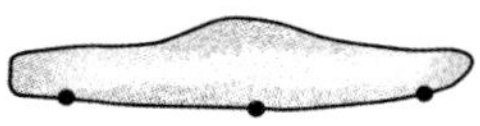

图 6–35　石片台面上打击点示意图

二、石片的背面

石片背面上可观察的内容除了石皮和石片疤阴痕外，还有石片疤之间的棱脊、台面角（指打击台面与背面片疤之间的夹角）等。

1. 片疤的分布状况

石片背面片疤的分布有单极纵向、双极纵向、单极横向、双极横向、垂直相交、交错、向心等几种情况。

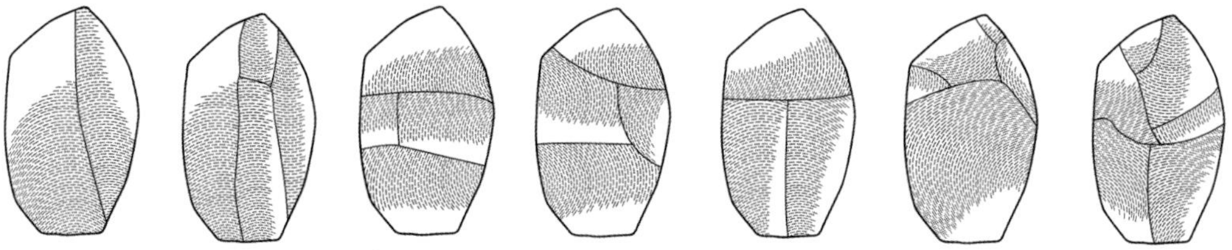

图 6–36　石片背面石片疤分布状况示意图

2. 棱脊形态

石片背面的棱脊形态有以下几种：

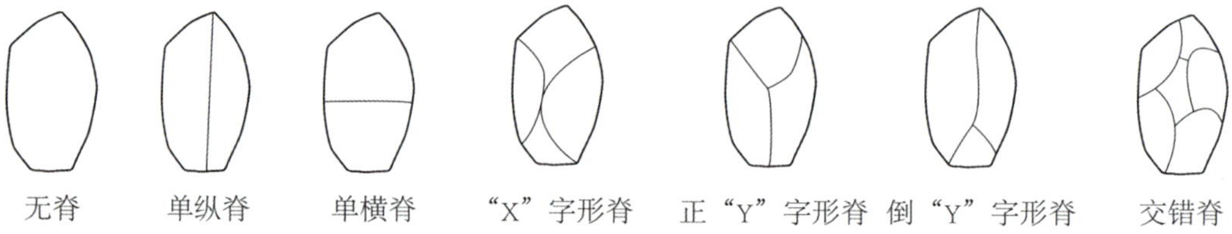

图 6–37　石片背面脊形态示意图

三、石片的破裂面

石片的破裂面指石片从石核上剥离下来的那个面，破裂面上可观察的内容相对较多，有半锥体、打击泡、锥疤、波纹线、放射线、石片角等，其他的还有边缘上的一些细沟纹、台面的唇部等。

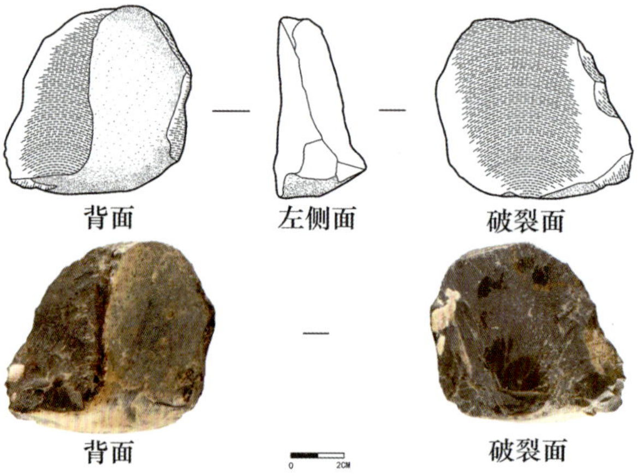

图 6–38　石片的破裂面示意图

1. 半锥体

半锥体指破裂面打击点上出现的锥形突起，表明来自打击点的力呈锥形呈放射状传递。半锥体的阴痕可以在石核上面观察到。半锥体在使用硬锤打击产生石片时经常出现，使用软锤打击则不容易观察到。

石片半锥体形态有以下几种：无；略发育；发育；太发育；缺失。

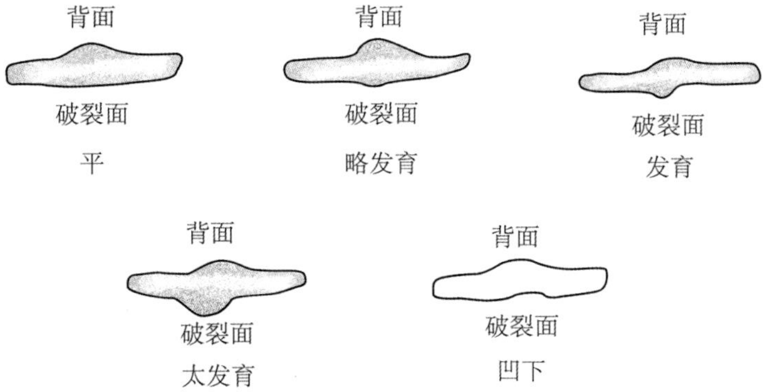

图 6–39　石片破裂面上半锥体形态示意图

2. 打击泡

打击泡指由于来自打击点的力在石料内部传递时，在破裂面上形成的始于打击点并逐渐增高的突起。石片打击泡形态有以下几种：凹下；平或无；散开；略发育；凸起；太凸起；升起；未定；缺失。

图 6–40　石片破裂面上打击泡形态示意图

3. 锥疤

指在打击泡附近出现的锥形或贝壳状片疤，在燧石或黑曜石等质地较好的石料制成的石片上打击泡非常明显。

图 6–41　半锥体和打击泡（湖北荆州小山子遗址）

图 6–42　半锥体和打击泡（湖北荆州小山子遗址）

4. 波纹线和放射线

放射线（辐射线、裂痕）指从打击点放射出来的线状痕迹，波纹线（同心波纹）指以打击点为圆心、与放射线相交的一系列的波浪形突起，是打击力横向传递产生的线状痕迹，石片破裂面波浪纹形态有以下几种：平（零）、略明显、明显、太明显、缺失。

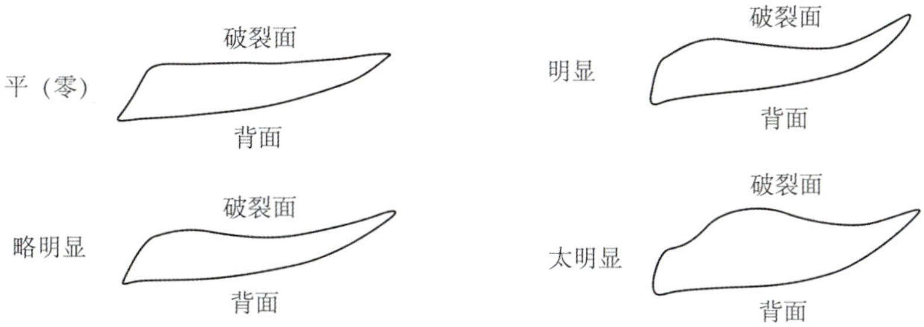

图 6–43　石片破裂面上波浪纹示意图

5. 流线型

石片破裂面上流线型形态有以下几种：无（零）、有。

图 6–44　石片流线型形态示意图

图 6–45　流线型（广西百色百谷遗址）

6. 石片角

石片角指打击台面与破裂面之间的夹角。

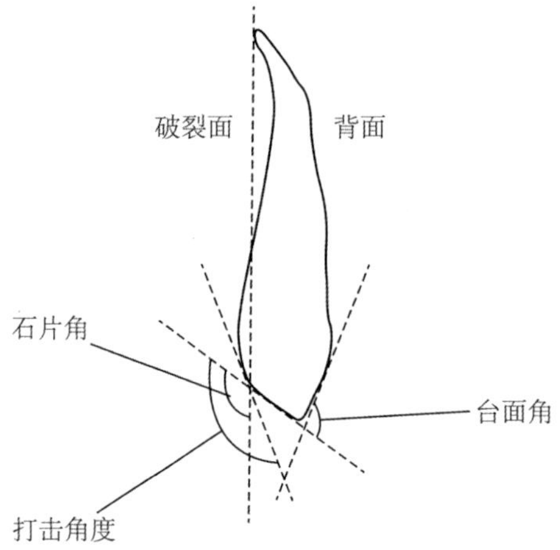

图 6–46　石片角示意图

7. 连接点形态

连接点指石片破裂面远端与石核项链的部位。连接点形态有以下几种：平（零）；圆形；呈角状；呈“S”形；超过；缺失。

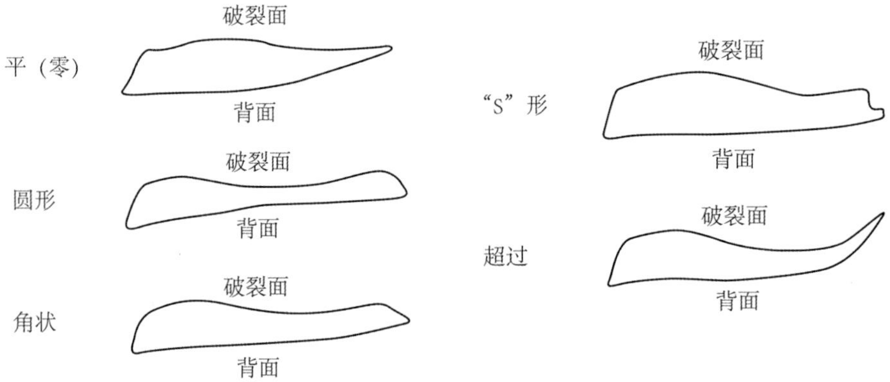

图 6–47　石片连接点形态示意图

四、斜面

可分为无斜面、背面上有斜面、破裂面上有斜面三种情况。

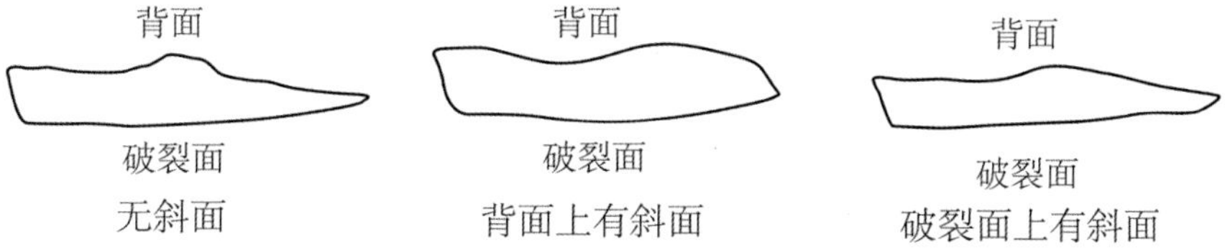

图 6–48　石片斜面状况示意图

五、左侧边、远端边、右侧边

石片的左侧边（面）、右侧边（面）、远端边（面）需要观察的项目有：是否保留有砾石石皮、是否有片疤、是否有节理面、薄厚程度、锋利程度等，另外，还要注意没有加工痕迹但有使用痕迹的石片。

石片的侧边及远端相交状况有以下几种：

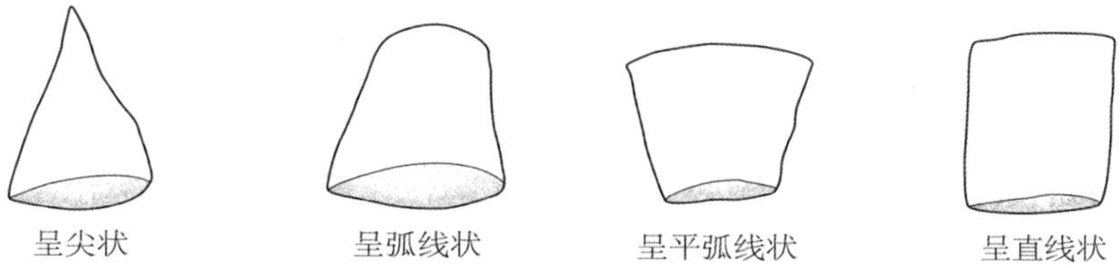

图 6–49　石片远端相交状况

图 6–50　石片的侧边相交状况

六、石叶

石叶是一种形态特殊的石片，有时也称为长石片，主要是指采用间接打击法产生的长度是宽度的 2 倍的长条形石片，也有少数石叶是采用直接打击法产生的。典型的石叶的两边几乎是平行的，台面比较小，打击点不明显，破裂面稍微呈弯曲状，背面往往有一条或数条纵向的棱脊，其横断面往往呈三角形或近似梯形。

表 6–1 石片类型及主要特征表

<table>
<tr><th>石片类型</th><th>背面特征</th><th colspan="2">台面特征</th></tr>
<tr><td rowspan="5">
Ⅰ类</td><td rowspan="5">全部为石皮</td><td colspan="2">零台面</td></tr>
<tr><td colspan="2">全部为石皮</td></tr>
<tr><td colspan="2">混合台面（部分为石皮，部分为片疤）</td></tr>
<tr><td colspan="2">全部为片疤</td></tr>
<tr><td colspan="2">台面缺失（远端 / 断块）</td></tr>
<tr><td rowspan="5">
Ⅱ类</td><td rowspan="5">大部分为石皮（石皮面积 ≥ 50%），少量为片疤</td><td colspan="2">零台面</td></tr>
<tr><td colspan="2">全部为石皮</td></tr>
<tr><td colspan="2">混合台面（部分为石皮，部分为片疤）</td></tr>
<tr><td colspan="2">全部为片疤</td></tr>
<tr><td colspan="2">台面缺失（远端 / 断块）</td></tr>
<tr><td rowspan="26">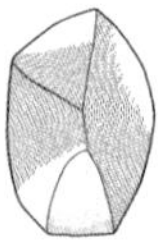
Ⅲ类</td><td rowspan="26">大部分为片疤、少量为石皮（石皮面积 < 50%），与台面轴向一致或角度相交</td><td rowspan="5">零台面</td><td>台面有大面积石皮</td></tr>
<tr><td>远端面上全部为石皮（侵入型石皮 / 陡型石皮）</td></tr>
<tr><td>边上有石皮（侵入型石皮 / 陡型石皮）</td></tr>
<tr><td>远端面上全部为石皮（侵入型石皮 / 陡型石皮）</td></tr>
<tr><td>近端面上全部为石皮（侵入型石皮 / 陡型石皮）</td></tr>
<tr><td rowspan="6">台面全部为石皮</td><td>台面有大面积石皮</td></tr>
<tr><td>台面和远端面上有石皮（侵入型石皮 / 陡型石皮）</td></tr>
<tr><td>台面和边上有石皮（侵入型石皮 / 陡型石皮）</td></tr>
<tr><td>台面和远端面上全部为石皮（侵入型石皮 / 陡型石皮）</td></tr>
<tr><td>台面全部为石皮（侵入型石皮 / 陡型石皮）</td></tr>
<tr><td>台面缺失（远端 / 断块）</td></tr>
<tr><td rowspan="6">石片台面上既有石皮也有片疤（混合台面）</td><td>台面有大面积石皮</td></tr>
<tr><td>台面和远端面上有石皮（侵入型石皮 / 陡型石皮）</td></tr>
<tr><td>台面和边上有石皮（侵入型石皮 / 陡型石皮）</td></tr>
<tr><td>台面和远端面上全部为石皮（侵入型石皮 / 陡型石皮）</td></tr>
<tr><td>台面全部为石皮（侵入型石皮 / 陡型石皮）</td></tr>
<tr><td>台面缺失（远端 / 断块）</td></tr>
<tr><td rowspan="6">石片台面上全部为片疤</td><td>台面有大面积石皮</td></tr>
<tr><td>台面和远端面上有石皮（侵入型石皮 / 陡型石皮）</td></tr>
<tr><td>台面和边上有石皮（侵入型石皮 / 陡型石皮）</td></tr>
<tr><td>台面和远端面上全部为石皮（侵入型石皮 / 陡型石皮）</td></tr>
<tr><td>台面全部为石皮（侵入型石皮 / 陡型石皮）</td></tr>
<tr><td>台面缺失（远端 / 断块）</td></tr>
<tr><td rowspan="3">台面缺失</td><td>远端面上有石皮（侵入型石皮 / 陡型石皮）</td></tr>
<tr><td>边上有石皮（侵入型石皮 / 陡型石皮）</td></tr>
<tr><td>远端面上全部为石皮（侵入型石皮 / 陡型石皮）</td></tr>
</table>

（续表）

<table>
<tr><th>石片类型</th><th>背面特征</th><th>台面特征</th></tr>
<tr><td rowspan="6">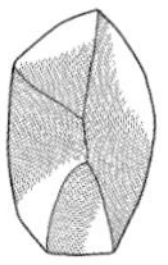
Ⅵ类</td><td rowspan="6">石片背面都为片疤、没有石皮</td><td>零台面</td></tr>
<tr><td>台面全部为石皮</td></tr>
<tr><td>台面上既有石皮也有片疤（混合台面）</td></tr>
<tr><td>台面上全部为片疤</td></tr>
<tr><td>台面缺失</td></tr>
<tr><td>台面因为加工缺失</td></tr>
<tr><td rowspan="5">不完整石片（因加工、外力或后期自然断裂的石片，通常加工状况不便观察）</td><td colspan="2">存近端边</td></tr>
<tr><td colspan="2">存左侧边</td></tr>
<tr><td colspan="2">存远端边</td></tr>
<tr><td colspan="2">存中间段</td></tr>
<tr><td colspan="2">存右侧边</td></tr>
</table>

第四节　石片类石器的测量

石片类石器均使用石片石器观察及测量项目表（见附表 7）。

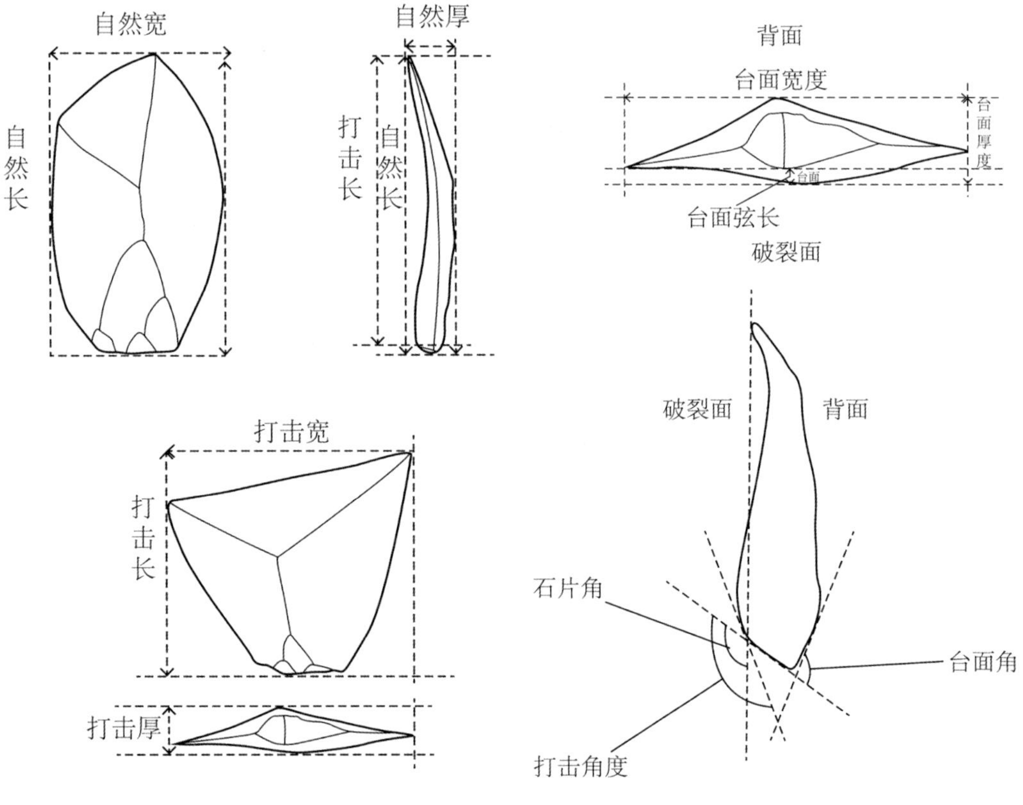

图 6–51　石片类石器各部位尺寸和角度测量示意图

一、刮削器

主要测量刃缘的弧长、弦长、矢长；从近端边到刃缘矢长的距离；刃缘矢长与石片轴长的夹角；有相交刃缘的夹角等项目。

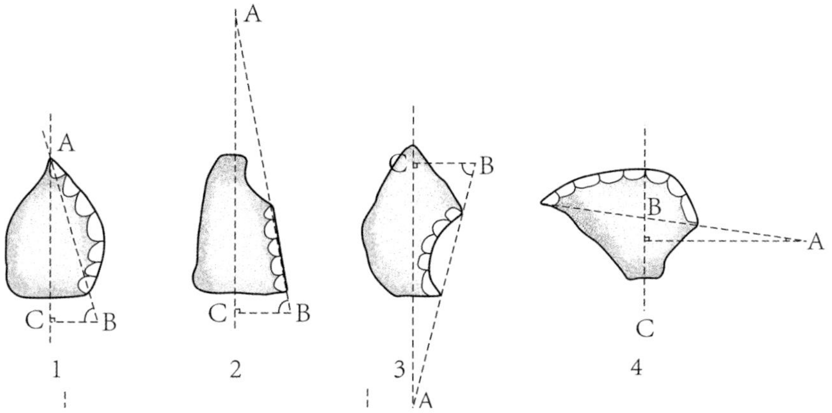

ABC：刃缘弦长与素材长轴之间的夹角

图 6–52　单刃刮削器测量示意图

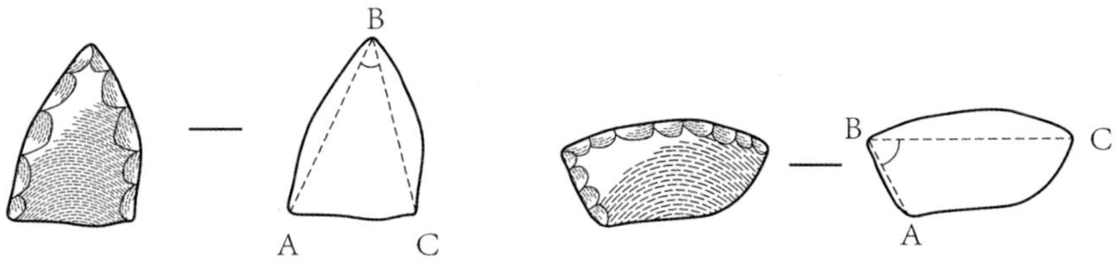

ABC：双刃刃缘弦长之间的夹角

图 6–53　双刃刮削器测量示意图

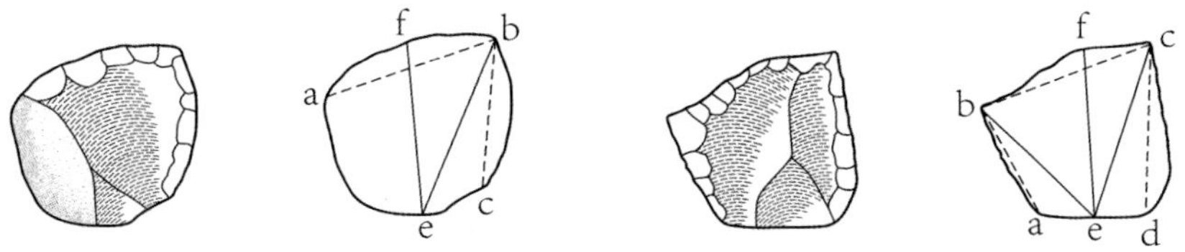

abc：双刃刃缘弦长之间的夹角；

abc、bcd：多刃刮削器相邻相连双刃刃缘弦长之间的夹角；

ef：素材长轴

图 6–54　双刃及多刃刮削器测量示意图

二、锯齿状器

可参考刮削器测量项目。主要测量刃缘的弧长、弦长、矢长；从近端边到刃缘矢长的距离；刃缘与石片轴长的夹角；有相交刃缘的夹角；锯齿状器的侧面角度等项目。

三、凹缺刮器

主要测量凹缺的弧长、弦长、矢长等项目。

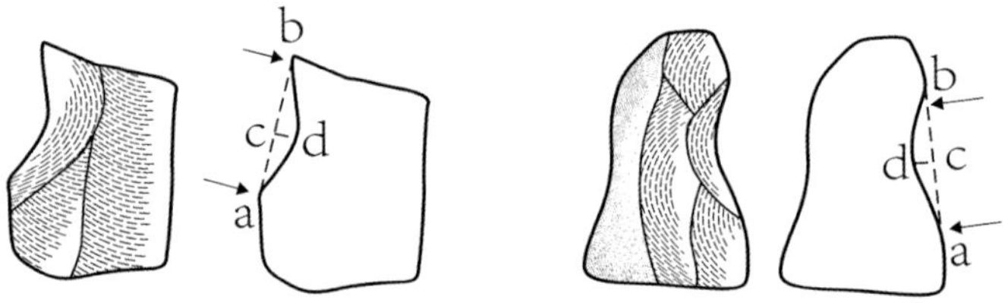

adb：刃缘弧长；acb：刃缘弦长；cd：刃缘矢长

图 6–55　单刃凹缺刮器测量示意图

四、端刮器

主要测量刃缘的弧长、弦长、矢长；刃缘倾斜度等项目。

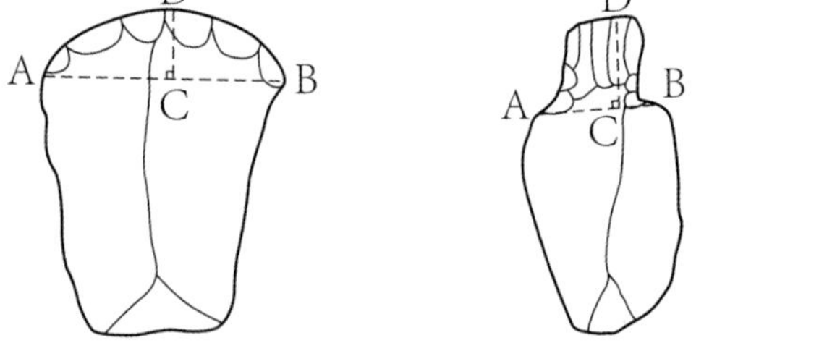

ADB：刃缘弧长；ACB：刃缘弦长；CD：刃缘矢长

图 6–56　单刃端刮器测量示意图

五、雕刻器

可参考刮削器测量项目。主要测量刃缘的弧长、弦长、矢长；从近端边到刃缘矢长的距离；刃缘与石片轴长的夹角；有相交刃缘的夹角等项目

六、尖状器

主要测量刃缘的弧长、弦长、矢长，相交刃缘的夹角等项目。

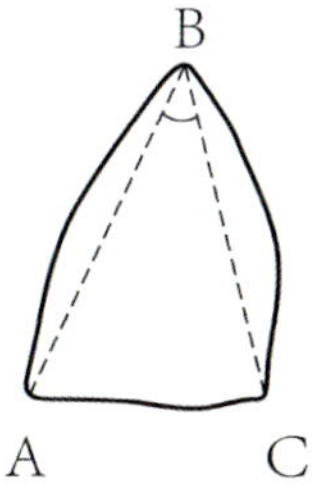

ABC：两条刃缘弦长之间的夹角

图 6–57 尖状器刃缘测量示意图

七、尖突（凸）

同尖状器的测量项目。

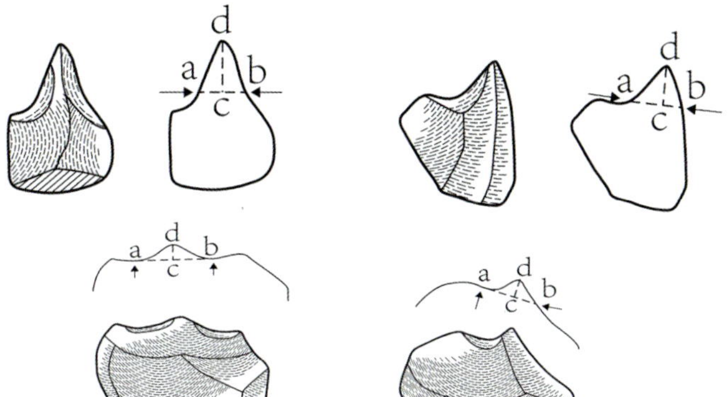

adb：刃缘弧长；acb：刃缘弦长；cd：刃缘矢长

图 6–58 尖突刃缘测量示意图

八、钻头（具）

钻头（具）的测量项目可参考尖状器的测量项目。主要测量刃缘的弧长、弦长、矢长；相交刃缘的夹角；钻头长度；钻头深度等项目。

九、刨形器

可参考刮削器测量项目。主要测量刃缘的弧长、弦长、矢长；从近端边到刃缘矢长的距离；刃缘矢长与石片轴长的夹角；有相交刃缘的夹角等项目。

十、平切器

可参考刮削器测量项目。主要测量刃缘的弧长、弦长、矢长；从近端边到刃缘矢长的距离；刃缘矢长与石片轴长的夹角；有相交刃缘的夹角等项目。

十一、箭镞

测量项目同尖状器的测量项目。

十二、有背石刀

主要测量背部的弧长、弦长、矢长；从近端边到背部矢长的距离；刃缘的弧长、弦长、矢长；从近端边到刃缘矢长的距离等项目。

以上石器均可使用石片石器观察及测量项目表，且石片类石器观察测量时需要同时做石片观察及测量项目表（见附表 6）。

第五节　断裂砾石的观察

碎块（片）和碎屑一般是剥片或者加工石器的过程中散落的、人工痕迹不是非常清晰的废料，可以用观察石片的方法来观察它们的特征，除了打击点、打击泡、放射线等石片上的特点不是很清晰外，其他特征都可以参考石片的观察方法，比如有无砾石石皮、石皮的位置，等等。

表 6–2　断裂砾石的观察项目

自然断裂的砾石	单次断裂	有加工的天然刃缘
		有加工或少量片疤而改变的天然刃缘
	两次断裂	无相交边缘
		有相交边缘
人工断裂的砾石	单次断裂	在石砧上的断裂
		在打击面上的断裂
		在打击方向上沿理想平面的断裂
	残渣	有没加工的刃缘
		有加工的刃缘
		有因加工而改变的刃缘
	废片	有没加工的刃缘
		有加工的刃缘
		有因加工而改变的刃缘
	两次断裂，有相交边缘	在石砧上的两次断裂
		在打击面上的两次断裂
		在石砧上和打击面上的断裂
		在石砧上和断裂面上的断裂
		在打击面上和断裂面上的断裂

（续表）

有孤立片疤的砾石	有因加工而改变的刃缘	刃缘方向	与轴向平行
	有因剥片而形成的天然凹下刃缘		在角上
	有因剥片而形成的天然凸起刃缘		在边上
	有因剥片而形成的未定边缘		未定
	有单面向心状片疤的石核		在侧边上
	有双面混合加工的刃缘		在侧边末端

第七章

手斧和斧状器的观察与测量

手斧和斧状器是旧石器时代早期至中期的标准器物，是双向加工的砍砸器的一种，其素材或为砾石，或为岩块，或为大石片。这些标本有的长度可达 30 厘米，短的只有 5 厘米。

第一节　手斧和斧状器的观察

手斧和斧状器的观察项目见下表所示：

7–1　手斧和斧状器特征表

总体情况	
素材类型	未定 / 砾石 / 完整 / 断裂 / 砾石断块 / 石片
厚度	厚 / 薄
平面形状	三边形 / 近三边形 / 心形 / 杏仁形（桃形）/ 卵圆形 / 船艇形 / 烧瓶形（长颈瓶形）/ 矛尖形 / 两边内凹—矛尖形 / 弹头—三边形 / 弹头—两边内凹形 / 圆盘形 / 四边形

（续表）

<table>
<tr><th colspan="5">刃缘情况</th></tr>
<tr><td rowspan="3">形状</td><td rowspan="3">双内凹 / 双凸 / 双直 / 直—凸 / 凹—凸 / 直—凹 / 部分两面加工 / 石核形</td><td rowspan="2">特征</td><td colspan="2">在粗凿的两面上部分有石皮</td></tr>
<tr><td colspan="2">有多向片疤</td></tr>
<tr><td rowspan="4">相交角度</td><td colspan="2">强烈相交（角度≤ 45º）</td></tr>
<tr><td rowspan="3">相交边缘</td><td>在近端和远端有两个相交</td><td colspan="2">中等相交（45º< 角度 <90º）</td></tr>
<tr><td>在远端长轴处相交</td><td colspan="2">略相交（角度≥ 90º）</td></tr>
<tr><td>无相交</td><td colspan="2">无相交</td></tr>
<tr><th colspan="5">尺寸特征</th></tr>
<tr><td colspan="2" rowspan="3">延伸特征（X ＝宽度 / 长度）</td><td colspan="3">强烈延伸（1%<X ≤ 50%）；</td></tr>
<tr><td colspan="3">中等延伸（50%<X ≤ 70%）；</td></tr>
<tr><td colspan="3">略延伸（70% <X）</td></tr>
<tr><td colspan="2" rowspan="2">扁平比率［Y1 ＝宽度 / 厚度；Y2 ＝厚度 /2（宽度＋长度）］</td><td colspan="3">薄（Y ＞ 2.35）</td></tr>
<tr><td colspan="3">厚（Y ≤ 2.35）</td></tr>
<tr><th colspan="5">加工特征</th></tr>
<tr><td rowspan="8">原始表面保留状况</td><td rowspan="2">无</td><td rowspan="8">原始表面保留比率</td><td colspan="2">无</td></tr>
<tr><td colspan="2">未定</td></tr>
<tr><td rowspan="2">任何一个面上都有</td><td rowspan="3">小比率</td><td>石皮或原来的表面</td></tr>
<tr><td>早期断裂面</td></tr>
<tr><td rowspan="2">一个面上有</td><td>石皮和断裂面</td></tr>
<tr><td rowspan="3">大比率</td><td>石皮或原来的表面</td></tr>
<tr><td rowspan="2">两个面上有</td><td>早期断裂面</td></tr>
<tr><td>石皮和断裂面</td></tr>
<tr><td>尖端形状</td><td>尖锐 / 钝 / 圆钝（舌形）/ 圆形 / 斜边形 / 缺失</td><td>片疤位置</td><td colspan="2">在末端 / 末端无 / 周边有</td></tr>
<tr><td>两刃加工均一程度</td><td>均一 / 不均一</td><td>跟部保留状况</td><td colspan="2">有保留 / 未保留</td></tr>
</table>

（续表）

<table>
<tr><th colspan="6">边缘状况</th></tr>
<tr><td rowspan="3">边缘形状</td><td colspan="2" rowspan="3">双直刃／双凸刃／双凹刃／直刃＋凸刃／凹刃＋凸刃／直刃＋凹刃</td><td rowspan="3">边缘扁平状况</td><td colspan="2">无</td></tr>
<tr><td rowspan="2">有</td><td>一边扁平</td></tr>
<tr><td>两边扁平</td></tr>
<tr><td rowspan="4">边缘加工</td><td colspan="2">两边均为单面加工（有无交互加工）</td><td rowspan="9">边缘片疤的延伸</td><td rowspan="5">一个面上有</td><td>小面积</td></tr>
<tr><td colspan="2">两边均为双面加工</td><td>中等</td></tr>
<tr><td colspan="2" rowspan="2">一个边为双面加工（部分两面加工）</td><td>大面积</td></tr>
<tr><td rowspan="2">两个面上小面积</td></tr>
<tr><td rowspan="5">斜刃状况</td><td colspan="2">无</td></tr>
<tr><td rowspan="4">有</td><td>由砾石、石片原来的面和片疤组成</td><td rowspan="4">两个面上有</td><td>一个面上小面积而另一个面上大面积</td></tr>
<tr><td rowspan="2">由两个或多个片疤或加工片疤组成</td><td>两个面上均大面积</td></tr>
<tr><td>一个面上大面积而另一个面上中等面积</td></tr>
<tr><td>由两个没有加工的原来表面组成</td><td>一个面上小面积而另一个面上中等面积</td></tr>
<tr><td rowspan="2">远端形状</td><td colspan="2" rowspan="2">尖锐／钝／圆钝（舌形）／圆形／斜边／未定或缺失</td><td rowspan="2">远端加工</td><td colspan="2">双面</td></tr>
<tr><td colspan="2">单面</td></tr>
<tr><td>中远端剖面形状</td><td colspan="2">三边形／四边形／菱形／平行四边形／五边形／六边形／透镜体形／近圆形</td><td>中远端（远端至近端的1/3长度处）两边对称性</td><td colspan="2">两边对称／两边不对称</td></tr>
<tr><td>两边状况</td><td colspan="2">直刃／内弯／弯曲（有规律、无规律）／直—弯曲／内弯—弯曲／直—内弯</td><td>两边对称性</td><td colspan="2">两边对称／两边不对称</td></tr>
<tr><td>两面加工状况</td><td colspan="2">加工较均一／加工略均一／加工不均一</td><td>两面对称性</td><td colspan="2">两面对称／两面不对称</td></tr>
<tr><td>第二步加工状况</td><td colspan="5">无／略有／有／未定</td></tr>
</table>

第二节　手斧的测量

手斧测量的项目分为两类：一种是可以直接在标本上测量的，比如石片疤的长、宽、角度等；另一种是在标本上测量后还需在图纸上校正的，比如标本的最大长、最大宽、最大厚或其他的长、宽、厚等数据。

1. 尺寸数据

标本总长度（L1）

从近端到标本最宽处的长度（L2）

从近端到标本最厚处的长度（L3）

标本总宽度（l1）

标本真宽度（l1′）

从近端到标本 4 / 5 长度处的宽度（l2）

从近端到标本 3 / 4 长度处的宽度（l3）

从近端到标本 1 / 2 长度处的宽度（l4）

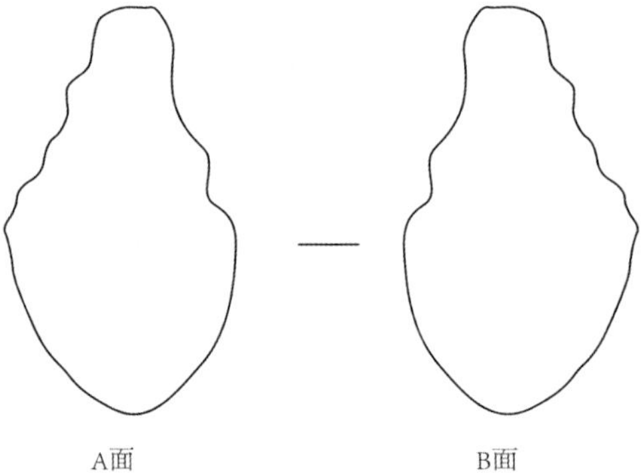

图 7–1　手斧的周长测量示意图

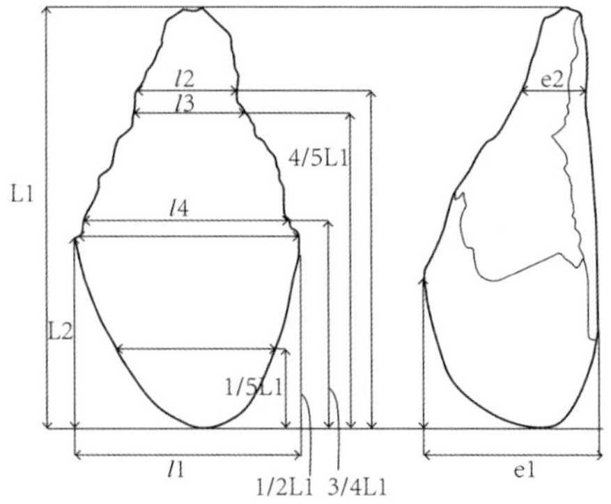

图 7–2　手斧各部分尺寸测量示意图

从近端到标本 1 / 5 长度处的宽度（l5）

总厚度（e1）

从近端到标本 4 / 5 长度处的厚度（e2）

标本周长（Bc）

2. 尺寸比率数据

标本总长度：从近端到标本最宽处的长度（L1 ： L2）

从近端到标本最宽处的长度：标本总长度（L2 ： L1）

从近端到标本最厚处的长度：标本总长度（L3 ： L1）

从近端到标本最宽处的长度：从近端到标本最厚处的长度（L2 ： L3）

标本总宽度：标本总长度（l1 ： L1）

标本总宽度：从近端到标本最厚处的长度（l1 ： L3）

从近端到标本 1 / 2 长度处的宽度：标本总长度（l4 ： L1）

从近端到标本 1 / 2 长度处的宽度：标本总宽度（l4 ： l1）

从近端到标本 4 / 5 长度处的宽度：标本总宽度（l2 ： l1）

从近端到标本 3 / 4 长度处的宽度：标本总宽度（l3 ： l1）

从近端到标本 4 / 5 长度处的宽度：从近端到标本 1 / 5 长度处的宽度（l2 ： l5）

标本总厚度：标本总宽度（e1 ： l1）

标本总宽度：标本总厚度（l1 ： e1）

标本总厚度：标本总长度（e1 ： L1）

标本总厚度：从近端到标本最厚处的长度（e1 ： L3）

从近端到标本 4 / 5 长度处的厚度：标本总厚度（e2 ： e1）

3. 刃缘数据

刃缘数量（NT）

A 面上刃缘 1 的长度（Bo1A）

B 面上刃缘 1 的长度（Bo1B）

刃缘 1 的长度（Bo1）

A 面上刃缘 2 的长度（Bo2A）

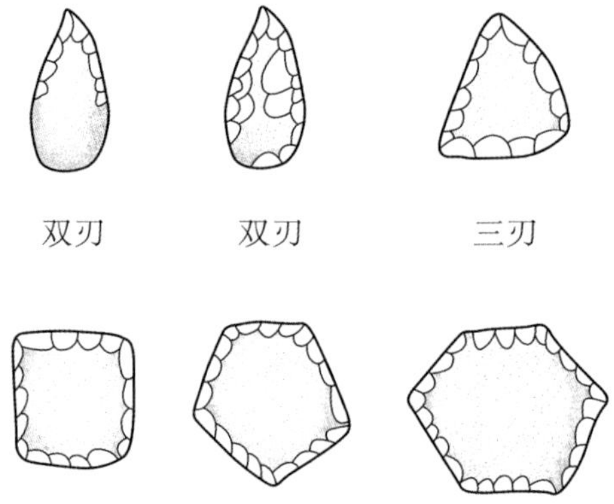

图 7–3 手斧刃缘数量示意图

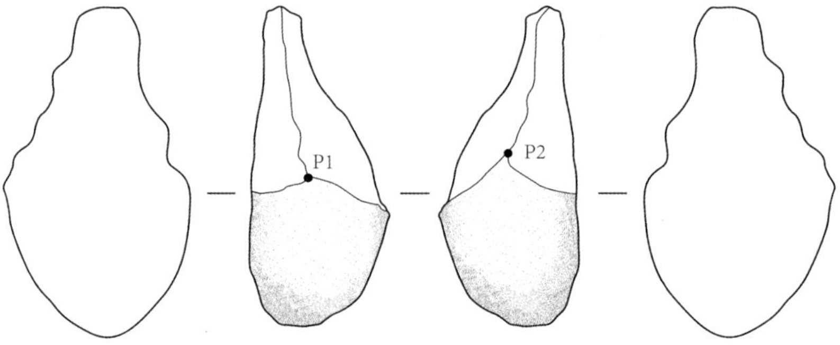

图 7–4 手斧刃缘扁平长度测量示意图

B 面上刃缘 2 的长度（Bo2B）

刃缘 2 的长度（Bo2）

两面加工的总长度（Bo）

刃缘 1 上侧边扁平长度（P1）

刃缘 2 上侧边扁平长度（P2）

刃缘 1 弦长（Bp1）

刃缘 2 弦长（Bp2）

刃缘 1 矢长（Bq1）

刃缘 1 矢长（Bq2）

刃缘 1 凹下部分的矢长（Bq1′）

刃缘 2 凹下部分的矢长（Bq2′）

刃缘 1 从近端到矢长的距离（Br1）

刃缘 2 从近端到矢长的距离（Br2）

刃缘 1 角度（DAT1）

刃缘 2 角度（DAT2）

刃缘 1、2 角度的总和（DAT）

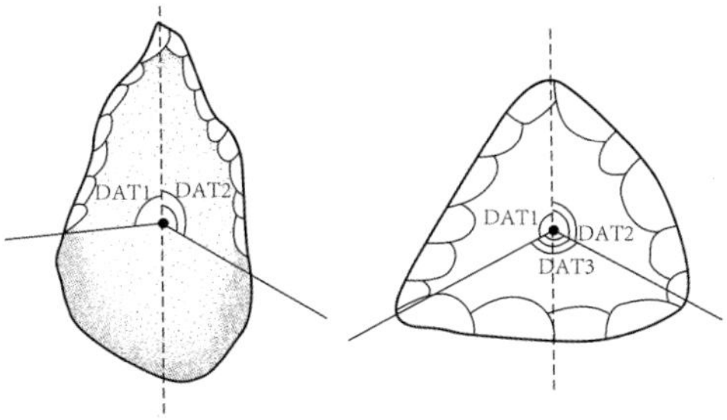

图 7–5　手斧刃缘角度测量示意图

4. 片疤数据

片疤的顺序（Bg）

除刃缘外其他的单个片疤（ENT）

A 面上刃缘 1 的片疤数量（Bd1）

B 面上刃缘 1 的片疤数量（Be1）

A 面上刃缘 2 的片疤数量（Bd2）

B 面上刃缘 2 的片疤数量（Be2）

刃缘 1 的片疤数量（B1T）

刃缘 2 的片疤数量（B2T）

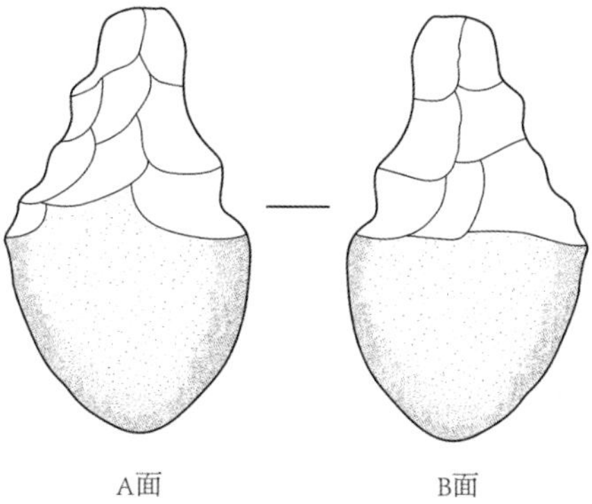

图 7–6　手斧两面加工片疤数量统计示意图

刃缘 1 侧面的片疤数量（Bde1）

刃缘 2 侧面的片疤数量（Bde2）

刃缘 1、2 侧面的片疤数量（BdeT）

A 面上刃缘 1 的片疤平均长度（Bh1）

A 面上刃缘 2 的片疤平均长度（Bh2）

A 面上刃缘 1、2 的片疤平均长度（BhT）

B 面上刃缘 1 的片疤平均长度（Bi1）

B 面上刃缘 2 的片疤平均长度（Bi2）

B 面上刃缘 1、2 的片疤平均长度（BiT）

A 面上最长片疤长度（Bj）

A 面上刃缘 1 的最长片疤长度（Bj1）

A 面上刃缘 2 的最长片疤长度（Bj2）

B 面上最长片疤长度（Bk）

B 面上刃缘 1 的最长片疤长度（Bk1）

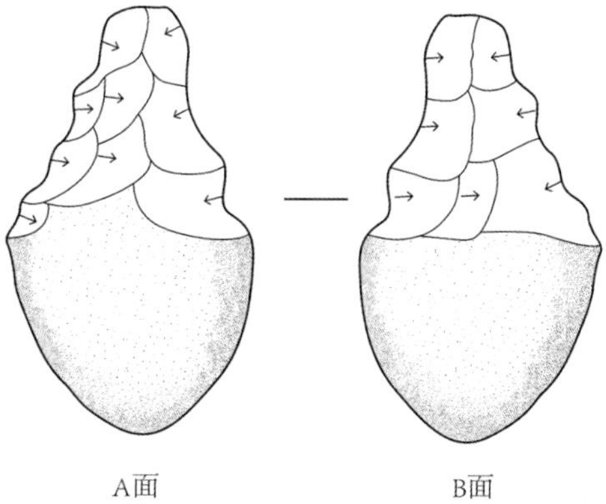

图 7–7　手斧两面加工片疤方向示意图

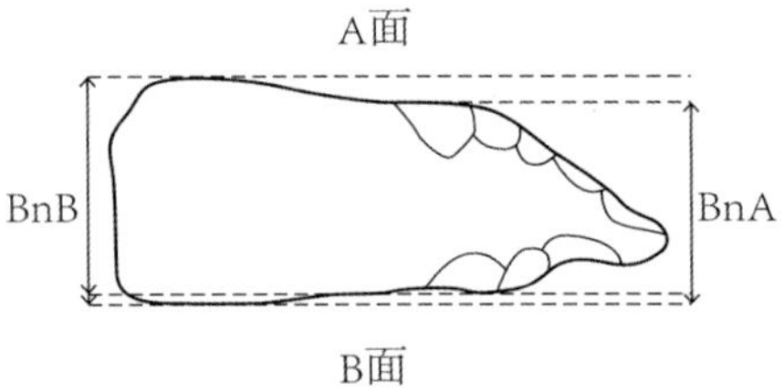

图 7–8　手斧加工片疤最深处的素材厚度测量示意图

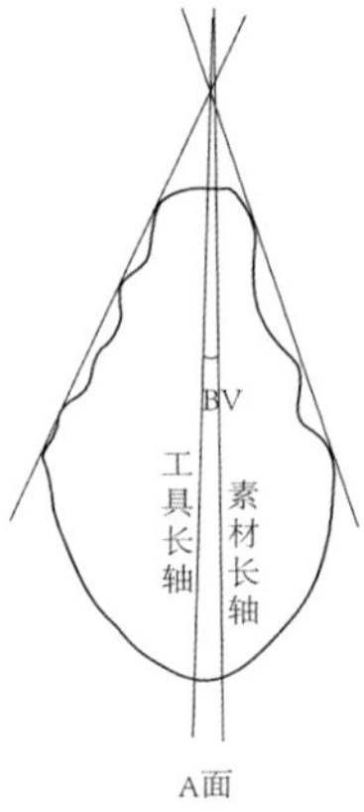

图 7–9　工具轴长和素材轴长的夹角测量示意图

B 面上刃缘 2 的最长片疤长度（Bk2）

A 面上加工最长（深）处片疤的厚度（BnA）

B 面上加工最长（深）处片疤的厚度（BnB）

A 面上加工片疤的平均倾角（BlA）

B 面上加工片疤的平均倾角（BlB）

A 面上刃缘 1 加工片疤的平均倾角（BlA1）

B 面上刃缘 1 加工片疤的平均倾角（BlB1）

刃缘 1 的加工片疤的平均倾角（Bl1）

A 面上刃缘 2 加工片疤的平均倾角（BlA2）

B 面上刃缘 2 加工片疤的平均倾角（BlB2）

刃缘 2 加工片疤的平均倾角（Bl2）

A 面上刃缘 1 刃角平均值（BaA1）

A 面上刃缘 2 刃角平均值（BaA2）

A 面上刃缘刃角平均值（BaA）

A 面上刃缘刃角最大值（BaA′）

B 面上刃缘 1 刃角平均值（BaB1）

B 面上刃缘 2 刃角平均值（BaB2）

B 面上刃缘刃角平均值（BaB）

B 面上刃缘刃角最大值（BaB′）

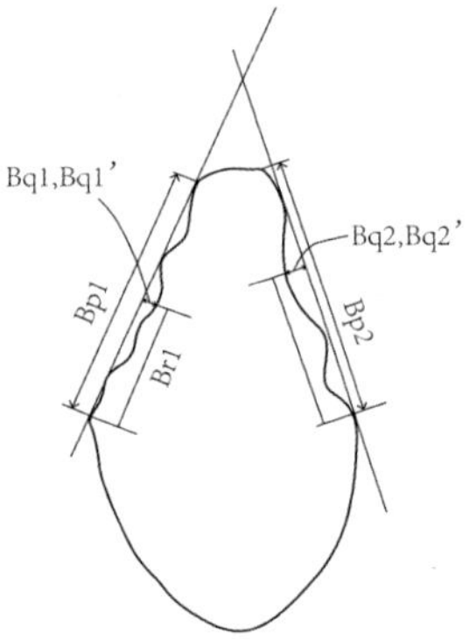

图 7–10　手斧刃缘弧长、弦长和矢长测量示意图

刃缘 1 刃角平均值（Ba1）

刃缘 1 刃角最大值（Ba1′）

刃缘 2 刃角平均值（Ba2）

刃缘 2 刃角最大值（Ba2′）

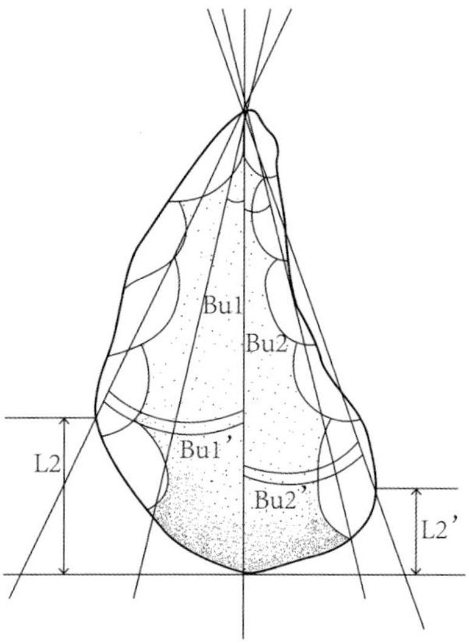

图 7–11　手斧工具对称轴与刃缘之间的夹角

5. 加工程度数据

加工较多的面（Bf）

手斧的剥片程度（Bep）

A 面剥片程度（Bx）

B 面剥片程度（By）

工具长轴和素材长轴的夹角（Bv）

素材的对称轴与刃缘 1 的弦长的夹角（Bu1）

素材的对称轴与刃缘 2 的弦长的夹角（Bu2）

素材的弦长的夹角（Bu）

素材的对称轴与刃缘 1 最宽处的弦长的夹角（Bu1′）

素材的对称轴与刃缘 2 最宽处的弦长的夹角（Bu2′）

素材最宽处的弦长的夹角（Bu′）

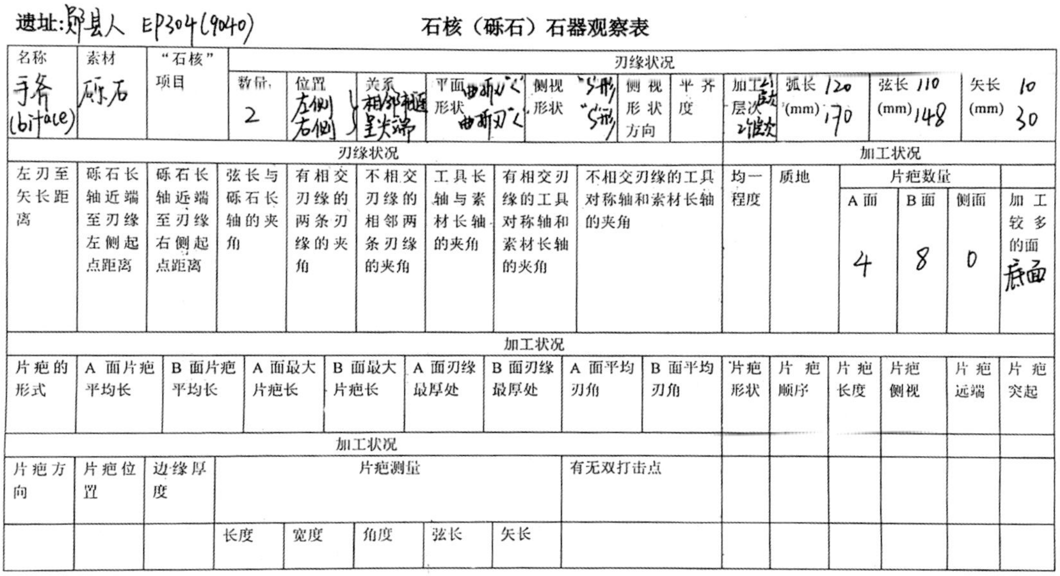

遗址：郧县人 EP304(9040)

石核（砾石）石器观察表

名称	素材	“石核”项目	刃缘状况										
手斧 (biface)	砾石		数量 2	位置 左侧 右侧	关系 相邻相通 呈尖端	平面形状 曲折“く” 曲折刃“く”	侧视形状 “S形” “S形”	侧视形状方向	平齐度	加工层次 [illegible]	弧长 (mm) 120 170	弦长 (mm) 110 148	矢长 (mm) 10 30

刃缘状况									加工状况					
左刃至矢长距离	砾石长轴近端至刃缘左侧起点距离	砾石长轴近端至刃缘右侧起点距离	弦长与砾石长轴的夹角	有相交刃缘的两条刃缘的夹角	不相交刃缘的相邻两条刃缘的夹角	工具长轴与素材长轴的夹角	有相交刃缘的工具对称轴和素材长轴的夹角	不相交刃缘的工具对称轴和素材长轴的夹角	均一程度	质地	片疤数量 A 面	片疤数量 B 面	片疤数量 侧面	加工较多的面
											4	8	0	底面

加工状况													
片疤的形式	A 面片疤平均长	B 面片疤平均长	A 面最大片疤长	B 面最大片疤长	A 面刃缘最厚处	B 面刃缘最厚处	A 面平均刃角	B 面平均刃角	片疤形状	片疤顺序	片疤长度	片疤侧视	片疤远端	片疤突起

加工状况									
片疤方向	片疤位置	边缘厚度	片疤测量					有无双打击点	
			长度	宽度	角度	弦长	矢长		

图 7–12　手斧观察测量信息表填写示例（一）

加工石片疤特征															
加工顺序	长度 mm	宽度 mm	倾斜度	弦长 mm	矢长 mm	形状	到对边长 mm	所属边缘	刃角 °	方向	片疤平视	片疤侧视	片疤剖视	片疤深度	
1	45	50	13	难测	难测	不规则四边形	108	B右	难测	反向	侵入	加高	凹下	薄	
2	66	58	25	37	3	不规则四边形	108	B右	62	反向	侵入	加高	凹下	薄	
3	55	58	18	40	4	不规则四边形	98	B右	80	反向	侵入	加高	凹下	薄	
4	48	125	30	110	11	不规则四边形	101	B左	53	反向	侵入	加高	凹下	薄	
5	41	44	13	43	6	不规则三边形	117	B右	51	反向	侵入	加高	凹下	薄	
6	65	82	26	52	3	不规则四边形	101	A左	53	正向	侵入	加高	凹下	薄	
7	74	98	30	65	6	不规则四边形	137	A右	51	正向	侵入	加高	凹下	薄	
8	24	29	45	20	1.5	不规则四边形	107	A左	72	正向	普通	加高	凹下	薄	
9	25	18	10	17	0.5	不规则三边形	67	A左	79	正向	普通	加高	凹下	薄	
10	22	33	36	30	1.5	不规则四边形	100	B右	108	反向	普通	随	凹下	薄	
11	54	78	34	65	16	不规则四边形	114	B左	73	反向	普通	随	凹下	薄	
12	8	30	48	18	1.5	不规则四边形	98	B左	72	反向	普通	随	凹下	薄	

图 7–13　手斧观察测量信息表填写示例（二）

遗址：郧县人

石核（砾石）观察表

名称	野外编号	室内编号	探方及层位	X / Y / Z（相对深度）（水平深度）（绝对深度）(cm)	方向 / 走向 / 倾向 / 倾角	位于哪张图中 / 绘图者 / 发现者 / 发现日期	观察者 / 观察日期	自然长度 / 自然宽度 / 自然厚度 / 工具长度 / 工具宽度 / 工具厚度 (mm)	重量(g)
砾石	9040	EP304	水库西边 深3米集			发现日期 1990年	观察者 冯小波；观察日期 2009年5月15日	自然长度 200；自然宽度 108；自然厚度 57；工具长度 200；工具宽度 108；工具厚度 57	1085

岩性	几何形状			石锈状况（两面）	拼合状况	变质（风化）状况	脱硅状况	热力作用	被钙结核包裹状况	假菌丝体状况	海洋生物状况	风蚀作用	发亮状况	滚动（是否非常圆）	六面特征					
	平面	横剖面	纵剖面												近	左	远	右	顶	底
石英岩（黑色）	不规则四边形（菱形）	不规则四边形	不规则四边形						✓					✓	石皮加工小疤	破加工小疤	加工使用	石皮加工使用	节理多石皮少	片疤节理面

素材类型	台面状况											
	数量	位置及关系	形状	性质	打片部位	打片边数	打片方向	周长 mm	打片所在边缘长度 mm	打片长度 mm	打片长度/台面周长(百分比)	打片长度/所在边缘长度(百分比)	打击方法
砾石													

剥片面状况					
数量	位置及关系	石片疤数量	石片疤分布	每个剥片面面积/未剥片面面积(百分比)	所有剥片面面积/未剥片面面积(百分比)

图 7–14　手斧观察测量信息表填写示例（三）

遗址：郧县人遗址 EP304(9040)　　　　手斧（Biface）观察表（续）

类型（形状）	相交边缘	相交程度	刃缘平面形状	比率		砾石石皮在表面保留状况	两边破裂均一程度	尖端形态	跟部保留状况	片疤位置	边缘加工	远端加工	远端状况	远端斜刃
				延长比率	扁平比率									
菱形														
边缘形态	侧边扁平	片疤延伸	中远端两边缘对称状况	标本对称状况	两面加工均一程度	两面对称状况	侧（棱边）状况	第二步加工	素材					

图 7–15　手斧观察测量信息表填写示例（四）

尺寸和比率												
						加工片疤测量						
						顺序号	长度	宽度	角度	弦长	矢长	所在刃缘和面
L1 200	L1/L2 2.00	Bc 505	Bh1 38	BlA1 27	Bp2 105							
L2 100	L2/L1 0.50	NT 2	Bh2 74	BlB1 39	Bq1 18							
L3 39	L3/L1 0.20	DAT1 90°-66°	BhT 56	Bl1 33	Bq2 9							
l1 108	L2/L3 2.56	DAT2 82°-90°	Bi1 28	BlA2 30	Bq1′ —							
l1′ 107	l1/L1 0.54	DAT 90°-90°	Bi2 47	BlB2 30	Bq2′ —							
l2 68	l1/L3 2.77	Bd1 3	BiT 38	Bl2 30	Br1 57							
l3 77	l4/L1 0.53	Be1 2	Bj1 65	Bo1A 120	Br2 90							
l4 106	l4/l1 0.98	Bd2 1	Bj2 74	Bo1B 120	Bv 0							
l5 70	l2/l1 0.63	Be2 6	Bj 74	Bo1 120	Bx 3							
e1 57	l3/l1 0.71	B1T 5	Bk1 48	Bo2A 83	By 2							
e2 26	l2/l5 0.97	B2T 7	Bk2 66	Bo2B 170	Bep 3/2							
重量	e1/l1 0.53	Bde1 —	Bk 66	Bo2 83	Bu1 29°							
1085	l1/e1 1.89	Bde2 —	BnA 44	Bo 203	Bu2 29°							
	e1/L1 0.29	BdeT —	BnB 38	P1 —	Bu 58°							
	e1/L3 1.46	ENT 2	BlA 28	P2 —	Bu1′ 29°							
	e2/e1 0.46	Bf B	BlB 27	Bp1 105	Bu2′ 29°							
					Bu′ 58°							
		Bg 1B→2B→3B→4B→5B→6A→7A→8A→9A→10B→11B→12B										

图 7–16　手斧观察测量信息表填写示例（五）

第三节　斧状器的测量

斧状器的测量项目与手斧的测量项目基本一致，主要区别在各部位的尺寸和比率方面。

1. 各部分尺寸数据

标本最大长度（L1）

从近端到标本最宽处的长度（L2）

从近端到标本最厚处的长度（L3）

标本最大宽度（l1）

标本真宽度（l1′　）

从近端到标本 4 / 5 长度处的宽度（l2）

从近端到标本 3 / 4 长度处的宽度（l3）

从近端到标本 1 / 2 长度处的宽度（l4）

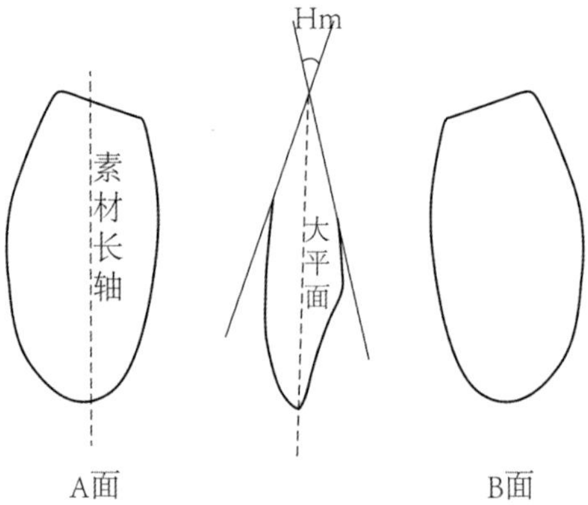

图 7–17　斧状器横斜刃角度测量示意图

从近端到标本 1 / 5 长度处的宽度（l5）

最大厚度（e1）

从近端到标本 4 / 5 长度处的厚度（e2）

标本周长（Hc）

2. 尺寸比率数据

标本最大长度：从近端到标本最宽处的长度（L1 ：L2）

从近端到标本最宽处的长度：标本最大长度（L2 ：L1）

从近端到标本最厚处的长度：标本最大长度（L3 ：L1）

从近端到标本最宽处的长度：从近端到标本最厚处的长度（L2 ：L3）

标本最大宽度：标本最大长度（l1 ：L1）

标本最大宽度：从近端到标本最厚处的长度（l1 ：L3）

从近端到标本 1 / 2 长度处的宽度：标本最大长度（l4 ：L1）

从近端到标本 4 / 5 长度处的宽度：标本最大宽度（l2 ：l1）

从近端到标本 3 / 4 长度处的宽度：标本最大宽度（l3 ：l1）

从近端到标本 4 / 5 长度处的宽度：从近端到标本 1 / 5 长度处的宽度（l2 ：l5）

标本最大厚度：标本最大宽度（e1 ：l1）

标本最大宽度：标本最大厚度（l1 ：e1）

标本最大厚度：标本最大长度（e1 ：L1）

标本最大厚度：从近端到标本最厚处的长度（e1 ：L3）

从近端到标本 4 / 5 长度处的厚度：标本最大厚度（e2 ：e1）

3. 刃缘数据

左刃缘高度（Hng）

右刃缘高度（Hnd）

横刃弧长（Ho）

横刃弦长（Hp）

横刃矢长（Hq）

从左刃缘到横斜刃矢长的距离（Hr）

横斜刃的角度（Hm）

横刃与对称轴的夹角（Hu）

横刃片疤与它所在表面的相对比率（Hx）

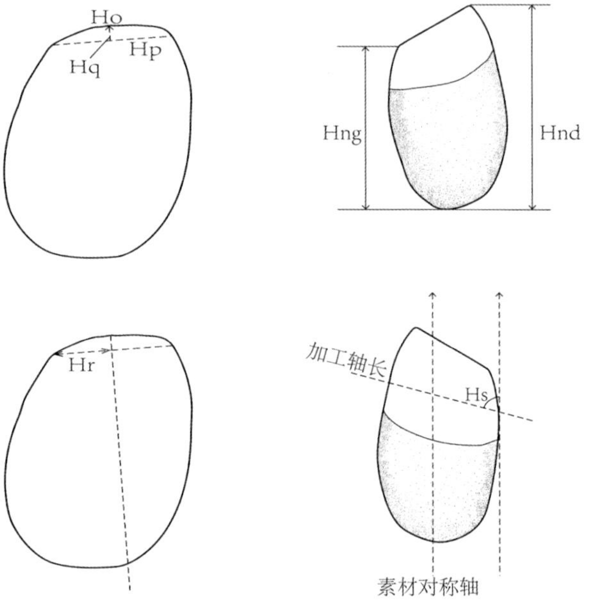

图 7–18　斧状器刃缘数据测量示意图

4. 片疤数据

片疤顺序（Hg）

斧状器片疤的加工轴与素材两侧对称轴的夹角（Hs）

A 面片疤数量（除斧状器的片疤外）（Hd）

B 面片疤数量（除斧状器的片疤外）（He）

A 面上左刃缘的片疤数量（Hb1A）

B 面上左刃缘的片疤数量（Hb1B）

左刃缘的片疤数量（Hb1）

A 面上右刃缘的片疤数量（Hb2A）

B 面上右刃缘的片疤数量（Hb2B）

右刃缘的片疤数量（Hb2）

左刃缘侧面的片疤数量（Hde1）

右刃缘侧面的片疤数量（Hde2）

A 面上左、右刃缘的片疤平均长度（Hh）

B 面上左、右刃缘的片疤平均长度（Hi）

A 面上最长片疤长度（Hj）

B 面上最长片疤长度（Hk）

A 面上左刃缘加工片疤的平均倾角（HlA1）

B 面上左刃缘加工片疤的平均倾角（HlB1）

左刃缘加工片疤的平均倾角（Hl1）

A 面上右刃缘加工片疤的平均倾角（HlA2）

B 面上右刃缘加工片疤的平均倾角（HlB2）

右刃缘加工片疤的平均倾角（Hl2）

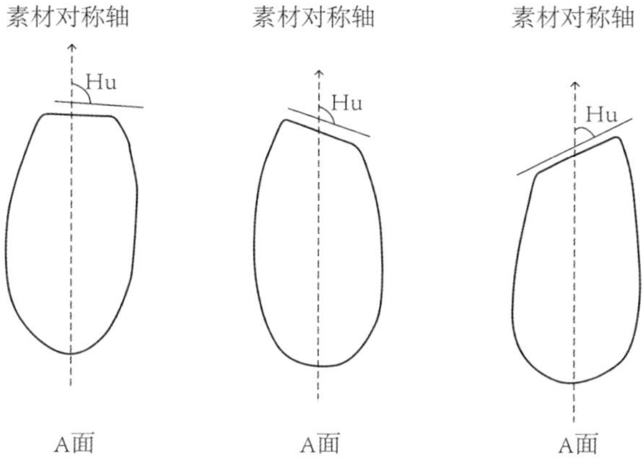

图 7–19　斧状器横刃与对称轴夹角测量示意图

5. 加工程度数据

加工较多的面（Hf）

加工的程度（Hg1）

A 面左侧加工片疤的相对比率（HyA1）

B 面左侧加工片疤的相对比率（HyA2）

左侧加工片疤的相对比率（HyA）

A 面右侧加工片疤的相对比率（HyB1）

B 面右侧加工片疤的相对比率（HyB2）

右侧加工片疤的相对比率（HyB）

素材加工片疤的相对比率（Hy）

素材 A 面加工片疤的相对比率（HyAx）

素材 B 面加工片疤的相对比率（HyBx）

素材加工片疤的相对比率（Hyx）

第八章

石制品描述示例

为了让读者在阅读本书时能更容易理解不同打制石制品的基本描述，特将部分典型打制石制品的描述罗列如下，供读者参考。

第一节　加工工具

加工工具主要有石锤、石砧等。

旧石器时代的打制石锤一般分为单面用石锤和双面用石锤。

单面用石锤

郧县人遗址 1990T345 ②：3（EP216）

素材为完整砾石。岩性为砂岩。

自然尺寸为长 97、宽 87、厚 48 毫米，重 563 克。平面、横剖面、纵剖面几何形状分别为不规则圆形、不规则椭圆形、不规则椭圆形，磨圆度一般。

底面中部偏近端有不规则圆形坑疤，坑疤长 22、宽 21、深 1 毫米，左侧面、右侧面、远端面、近端面上均有石皮。

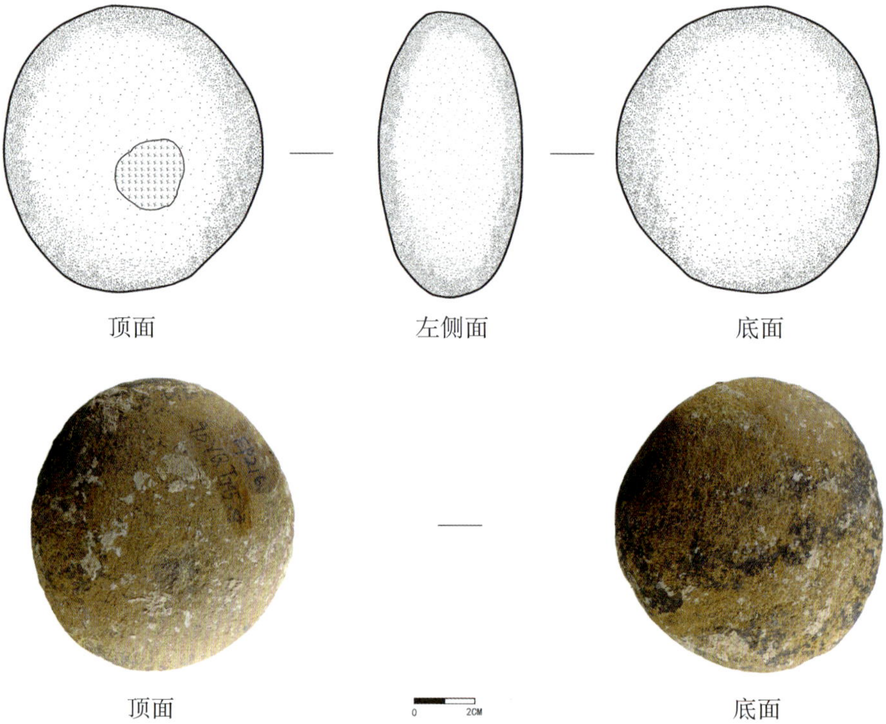

图 8–1　郧县人遗址的石锤（1990T345 ②：3）

第二节　原料及素材

一、石核

（一）单台面石核

1. 郧县人遗址 1991 采集：9122（EP330）

素材为完整砾石。岩性为石英岩。

自然尺寸为长 110、宽 90、厚 67 毫米，重 965 克。平面、横剖面、纵剖面几何形状分别为不规则五边形、不规则四边形、不规则四边形，磨圆度一般。

近端面、左侧面、底面、远端面、右侧面上有片疤，顶面上有石皮。台面在底面，其平面几何形状为不规则五边形，性质为人工片疤的平滑台面，剥片部位在近端边、左侧边、远端边、右侧边，剥片方向从底面→顶面。

台面周长为 320 毫米，近端边剥片所在边缘长度为 72 毫米，剥片长度为 72 毫米，剥片长度：所在边缘长度的比率为 100%，即剥片所在边缘全部被利用；左侧边剥片所在边缘长度为 60 毫米，剥片长度为 60 毫米，剥片长度：所在边缘长度的比率为 100%，即剥片所在边缘全部被利用；远端边剥片所在边缘长度为 98 毫米，剥片长度为 98 毫米，剥片长度：所在边缘长度的比率为 100%，即剥片所在边缘全部被利用；右侧边剥片所在边缘长度为 90 毫米，剥片长度为 90 毫米，剥片长度：所在边缘长度的比率为 100%，即剥片所在边缘全部被利用。全部剥片长度：台面周长的比率为 100%，即剥片所在台面全部被利用。

打击方法为硬锤锤击法。剥片面有 4 个，分别在近端面、左侧面、远端面、右侧面，其中近端面有 2 块单极纵向平行分布的石片疤，剥片面面积与未剥片面面积的比率为 3 ∶ 18；左侧面有 2 块单极纵向平行分布的石片疤，剥片面面积与未剥片面面积的比率为 1 ∶ 20；远端面有 3 块单极纵向平行分布的石片疤，剥片面面积与未剥片面面积的比率为 4 ∶ 17；右侧面有 3 块单极纵向平行分布的石片疤，剥片面面积与未剥片面面积的比率为 3 ∶ 18。

全部 10 块片疤呈棱柱状分布，全部剥片面面积与未剥片面面积的比率为 11 ∶ 10。10 块石片疤的特征，依其剥片顺序依次为：

第 1 块为不完整石片疤，长 52、宽 71 毫米，倾斜度 76°，弦长、矢长难以测量，平面形状为不规则四边形，到对边的长度为 52 毫米，台面角 104°；

第 2 块为不完整石片疤，长 61、宽 61 毫米，倾斜度 88°，弦长、矢长难以测量，平面形状为不规则四边形，到对边的长度为 61 毫米，台面角 95°；

第 3 块为不完整石片疤，长 41、宽 33 毫米，倾斜度 68°，弦长、矢长难以测量，平面形状为不规则四边形，到对边的长度为 52 毫米，台面角 80°；

第 4 块为不完整石片疤，长 52、宽 47 毫米，倾斜度 61°，弦长、矢长难以测量，平面形状为不规则四边形，到对边的长度为 52 毫米，台面角 86°；

第 5 块为不完整石片疤，长 63、宽 44 毫米，倾斜度 63°，弦长、矢长难以测量，平面形状为不规则四边形，到对边的长度为 63 毫米，台面角 66°；

第 6 块为完整石片疤，长 29、宽 39 毫米，倾斜度 83°，弦长 25、矢长 1.5 毫米，平面形状为不规则四边形，到对边的长度为 67 毫米，台面角 90°；

第 7 块为完整石片疤，长 25、宽 32 毫米，倾斜度 89°，弦长 29、矢长 3 毫米，平面形状为不规则四边形，到对边的长度为 67 毫米，台面角 93°；

第 8 块为完整石片疤，长 42、宽 24 毫米，倾斜度 86°，弦长 20、矢长 1 毫米，平面形状为不规则四边形，到对边的长度为 65 毫米，台面角 87°；

第 8 块为完整石片疤，长 54、宽 40 毫米，倾斜度 85°，弦长 35、矢长 5 毫米，平面形状为不规则四边形，到对边的长度为 64 毫米，台面角 80°；

第 10 块为完整石片疤，长 21、宽 37 毫米，倾斜度 80°，弦长 35、矢长 1 毫米，平面形状为不规则四边形，到对边的长度为 51 毫米，台面角 108°。

砾石石皮的总数值为 5 等份（另有 5 等份为底面的片疤），其中顶面有 3 等份、侧面有 2 等份。该标本转动过 7 次、没有翻动过。

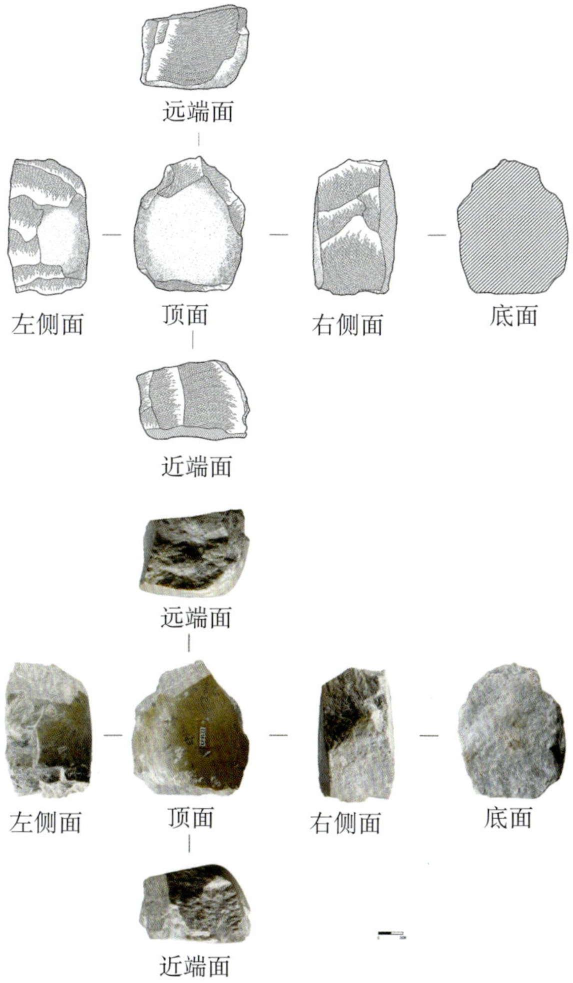

图 8–2　郧县人遗址的单台面石核（1991 采集：9122）

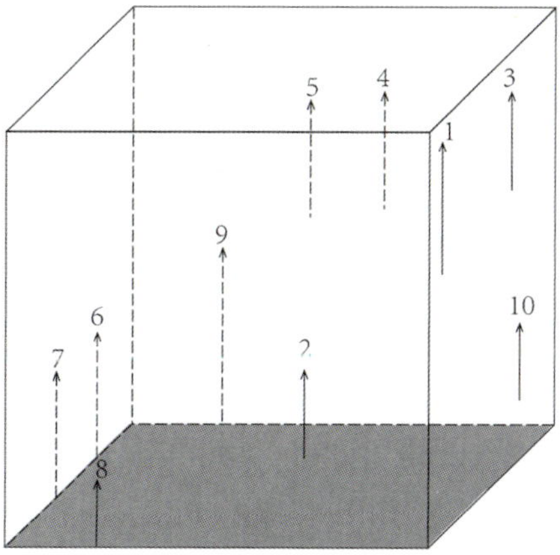

图 8–3　单台面石核（1991 采集：9122）石片疤分布示意图

（二）双台面石核

2. 郧县人遗址 1990T745 ③：5（EP100）

素材为完整砾石。岩性为石英岩。

自然尺寸分别为长 103、宽 109、厚 81 毫米，重 1351 克。平面、横剖面、纵剖面几何形状分别为不规则四边形、不规则四边形、不规则五边形，磨圆度一般。

近端面有片疤，远端面、顶面、底面、左侧面、右侧面上有石皮。台面分别在顶面和左侧面。顶台面平面几何形状为不规则四边形，性质为天然石皮的平滑台面，剥片部位在近端边，剥片方向从顶面→底面。

顶台面周长为 290 毫米，近端边剥片所在边缘长度为 60 毫米，剥片长度为 60 毫米，剥片长度：所在边缘长度的比率为 100%，即剥片所在边缘全部被利用。顶台面剥片长度：台面周长的比率为 21%，即剥片所在台面利用率刚到两成。左侧台面平面几何形状为凸起的不规则四边形，性质为天然石皮，剥片部位在近端边，剥片方向从左侧面→右侧面。左侧台面周长为 298 毫米，近端边剥片所在边缘长度为 85 毫米，剥片长度为 85 毫米，剥片长度：所在边缘长度的比率为 100%，即剥片所在边缘全部被利用，左侧台面剥片长度：台面周长的比率为 29%，即剥片所在台面利用率不到三成。

打击方法为硬锤锤击法。剥片面有 1 个，在近端面，有 6 块垂直相交分布的石片疤，近端剥片面面积与未剥片面面积的比率为 3 ： 12。

6 块石片疤的特征，依其剥片顺序依次为：

第 1 块为不完整石片疤，长 18、宽 19 毫米，倾斜度 48°，弦长、矢长难以测量，平面形状为不规则四边形，到对边的长度为 68 毫米，台面角 65°；

第 2 块为不完整石片疤，长 44、宽 28 毫米，倾斜度 50°，弦长、矢长难以测量，平面形状为不规则四边形，到对边的长度为 80 毫米，台面 58°；

第 3 块为完整石片疤，长 36、宽 37 毫米，倾斜度 84°，弦长 22、矢长 0.1 毫米，平面形状为不规则四边形，到对边的长度 42 毫米，台面角 87°；

第 4 块为完整石片疤，长 35、宽 24 毫米，倾斜度 78°，弦长 20、矢长 0.5 毫米，平面形状为不规则四边形，到对边的长度 62 毫米，台面角 100°；

第 5 块为完整石片疤，长 52、宽 48 毫米，倾斜度 76°，弦长 24、矢长 0.1 毫米，平面形状为不规则四边形，到对边的长度 75 毫米，台面角 84°；

第 6 块为完整石片疤，长 70、宽 82 毫米，倾斜度 85°，弦长 35、矢长 5 毫米，平面形状为不规则四边形，到对边的长度 80 毫米，台面角 90°。

砾石石皮的总数值为 12 等份，其中顶面有 3 等份、底面有 3 等份、侧面有 6 等份。该标本没有转动、翻动过。

图 8–4　郧县人遗址的双台面石核（1990T745 ③ :5）

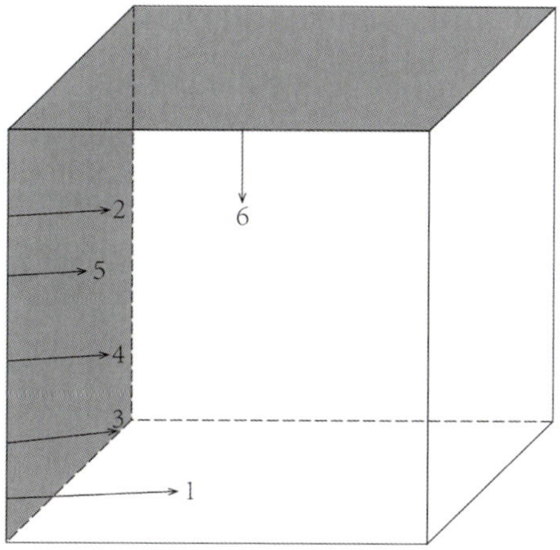

图 8–5　双台面石核（1990T745 ③ :5）石片疤分布示意图

遗址：郧县人　　　　**石核（砾石）观察表**

名称	野外编号	室内编号	探方及层位	X / Y / Z（相对深度）（水平深度）（绝对深度）（cm）	方向 / 走向 / 倾向 / 倾角	位于哪张图中 / 绘图者 / 发现者 / 发现日期	观察者 / 观察日期	自然长度 / 自然宽度 / 自然厚度 / 工具长度 / 工具宽度 / 工具厚度（mm）	重量(g)
双台面石核	5	EP100	1990T745 ③			发现日期 1990年	冯小波 / 2003年	自然长度 103 / 自然宽度 109 / 自然厚度 81	1351

岩性	几何形状：平面	横剖面	纵剖面	石锈状况（两面）	拼合状况	变质（风化）状况	脱硅状况	热力作用	被钙结核包裹状况	假菌丝体状况	海洋生物状况	风蚀作用	发亮状况	滚动（是否非常圆）	近	左	远	右	顶	底
石英岩（灰黄色）	不规则四边形	不规则四边形	不规则四边形						√					√	片疤	石皮	石皮	石皮	石皮	石皮

（物理状况；六面特征）

台面状况

素材类型	数量	位置及关系	形状	性质	打片部位	打片边数	打片方向	周长 mm	打片所在边缘长度 mm	打片长度 mm	打片长度/台面周长(百分比)	打片长度/所在边缘长度(百分比)	打击方法
砾石	2	左侧面	不规则四边形	天然石皮	近端边	1	左→右	298	85	85	85/298=29%	100%	硬锤锤击法
		顶面（两台面相连）	不规则四边形	天然石皮	近端边	1	顶→底	290	60	60	60/290=21%	100%	

剥片面状况

数量	位置及关系	石片疤数量	石片疤分布	每个剥片面面积/未剥片面面积(百分比)	所有剥片面面积/未剥片面面积(百分比)
1	近端面	6	垂直交错	3/12	3/12

图 8–6　郧县人遗址的双台面石核（1990T745 ③ :5）观察表（一）

石片疤特征

打片顺序	长度 mm	宽度 mm	倾斜度	弦长 mm	矢长 mm	形状	到对边长 mm	有无双打击点	所属台面	台面角	方向
1	18	19	48°	难测	难测	不规则四边形	68	无	左侧面	65°	左→右
2	44	28	50°	难测	难测	不规则四边形	80	无	左侧面	58°	左→右
3	36	37	84°	22	0.1	不规则四边形	42	无	左侧面	87°	左→右
4	35	24	78°	20	0.5	不规则四边形	62	无	左侧面	100°	左→右
5	52	48	76°	24	0.1	不规则四边形	75	无	左侧面	84°	左→右
6	70	82	85°	35	5	不规则四边形	80	无	顶面	90°	顶→底

石核总特征

砾石石皮的相对数值
总数值 12
A 面数值 3
B 面数值 3
P 面数值 6
打击方向数量
总数值 6
A 面数值 0
B 面数值 0
P 面数值 6
石片疤的样式　　转动次数 1　　翻动次数 0

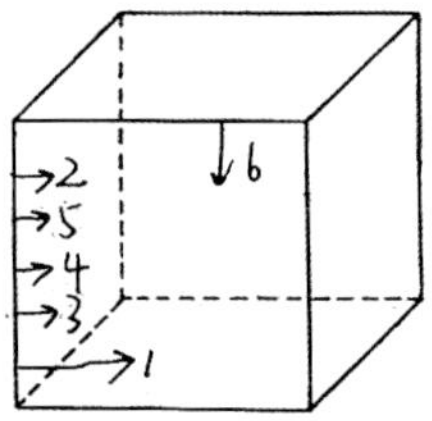

图 8–7　郧县人遗址的双台面石核（1990T745 ③ :5）观察表（二）

二、石片

（一）完整石片

郧县人遗址 2000 台地②：2000-26（EP388）

岩性为石英岩。

自然长度、自然宽度、自然厚度分别为 152、91、28 毫米。重量为 335 克。平面、横剖面、纵剖面几何形状分别为不规则三边形、不规则四边形、不规则四边形。

打击长度、打击宽度、打击厚度分别为 112、118、28 毫米，打击泡附近厚度为 27 毫米，打击轴中段厚度为 24 毫米。

台面为天然石皮的平滑台面，台面弦长 97、厚 29、矢长 4 毫米。可测台面角分别为 52° 、69° 。左侧边有片疤，较薄；远端边有片疤，较薄；右侧边有石皮，较薄。背面上保留砾石石皮比率为 1 ： 3（33%）。背面上有 2 块单极纵向分布的片疤。

破裂面上打击点位置略偏右侧，打击点附近略有破碎，半锥体略发育，有一个打击泡，打击泡略发育，波纹稍明显，没有穗状物，放射线可见，主要、次要锥疤不见，没有卷边，没有双锥体，连接点为平型，没有流线型，不见柳叶纹，石片角为 109° 。

该标本可与 EP267、EP381 拼合。

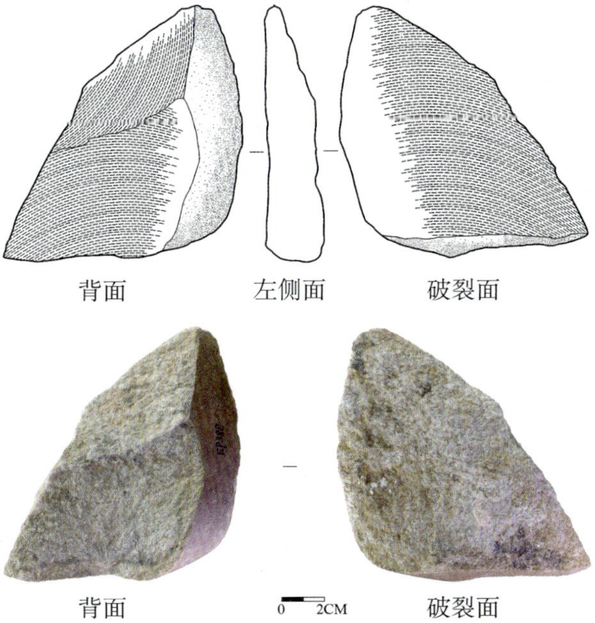

图 8–8　郧县人遗址的完整石片（2000 台地②：2000-26）

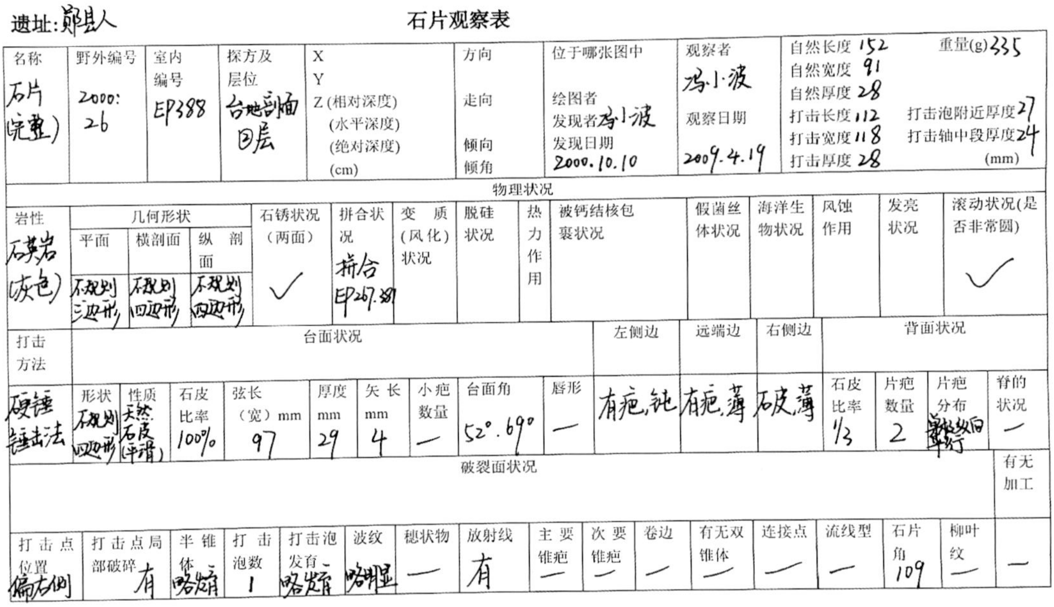

遗址：郧县人　　石片观察表

名称	野外编号	室内编号	探方及层位	X Y Z（相对深度）（水平深度）（绝对深度）(cm)	方向 走向 倾向 倾角	位于哪张图中	观察者	尺寸
石片（完整）	2000:26	EP388	台地剖面③层			绘图者 发现者冯小波 发现日期 2000.10.10	冯小波 观察日期 2009.4.19	自然长度 152　重量(g) 335 自然宽度 91 自然厚度 28 打击长度 112　打击泡附近厚度 27 打击宽度 118　打击轴中段厚度 24 打击厚度 28　(mm)

物理状况

岩性	几何形状：平面	横剖面	纵剖面	石锈状况（两面）	拼合状况	变质（风化）状况	脱硅状况	热力作用	被钙结核包裹状况	假菌丝体状况	海洋生物状况	风蚀作用	发亮状况	滚动状况(是否非常圆)
石英岩（灰色）	不规则三边形	不规则四边形	不规则四边形	✓	拼合 EP267.381									✓

打击方法	台面状况：形状	性质	石皮比率	弦长（宽）mm	厚度 mm	矢长 mm	小疤数量	台面角	唇形	左侧边	远端边	右侧边	背面状况：石皮比率	片疤数量	片疤分布	脊的状况
硬锤锤击法	不规则四边形	天然石皮（平滑）	100%	97	29	4	—	52°.69°	—	有疤，钝	有疤，薄	石皮，薄	1/3	2	[illegible]	—

破裂面状况

打击点位置	打击点局部破碎	半锥体	打击泡数	打击泡发育	波纹	锥状物	放射线	主要锥疤	次要锥疤	卷边	有无双锥体	连接点	流线型	石片角	柳叶纹	有无加工
偏右侧	有	略凸	1	略发育	略明显	—	有	—	—	—	—	—	—	109	—	—

图 8–9　郧县人遗址的双台面石核（1990T745 ③ :5）观察表（一）

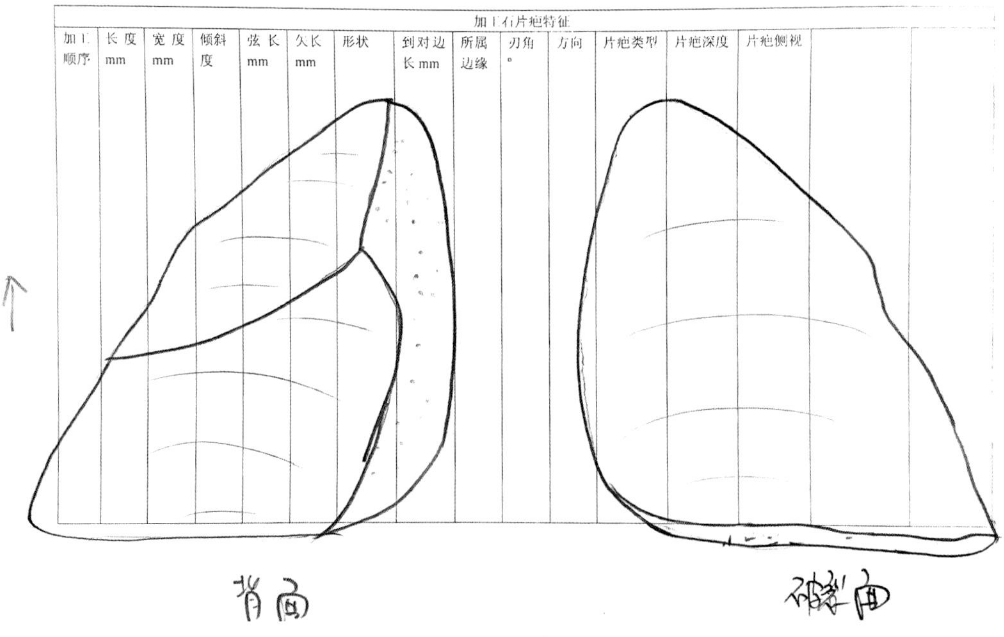

图 8–10　郧县人遗址的双台面石核（1990T745 ③ :5）观察表（二）

（二）不完整（断裂）石片

郧县人遗址 1998 台地③：9825（EP272）

右半石片。岩性为花岗斑岩。

自然长度、自然宽度、自然厚度分别为 80、70、30 毫米。重量为 160 克。平面、横剖面、纵剖面几何形状分别为不规则四边形、不规则四边形、不规则三边形。

打击长度、打击宽度、打击厚度分别为 68、80、30 毫米，打击泡附近厚度为 25 毫米，打击轴中段厚度为 20 毫米。可测台面角为 93°，可测石片角为 97°。

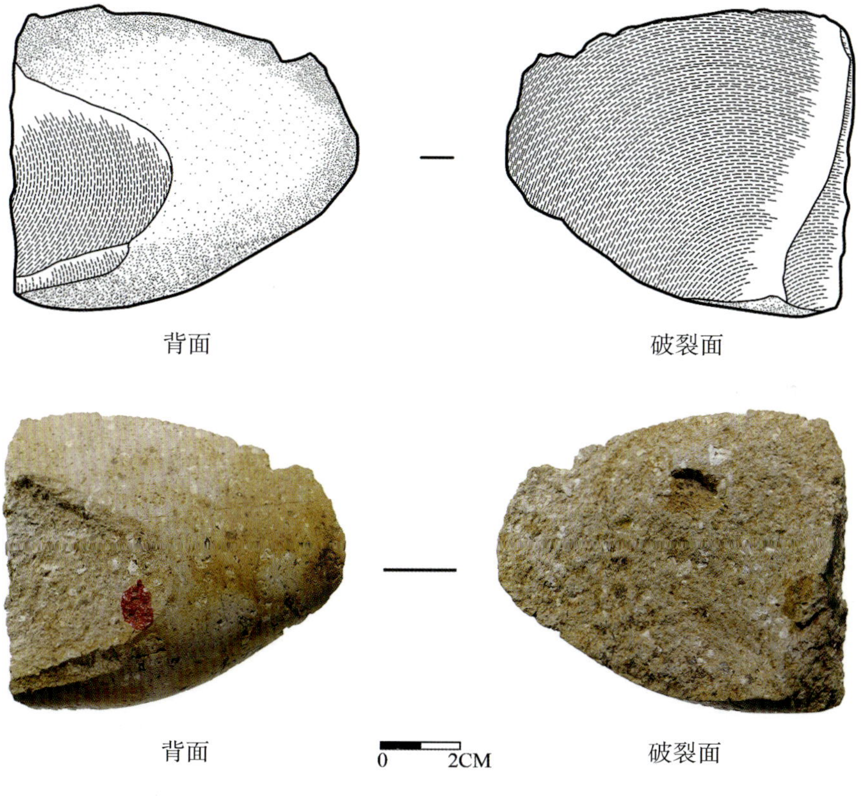

图 8–11　郧县人遗址的右侧半边石片（1998 台地③：9825）

第三节　石核石器

一、单向加工的单刃砍砸器

郧县人遗址 1990 采集：9005（EP289）

素材为完整砾石。岩性为砂岩。

自然尺寸分别为长 176、宽 112、厚 57 毫米，重 1331 克。平面、横剖面、纵剖面几何形状分别为不规则四边形、不规则三边形、不规则四边形，磨圆度一般。

远端面上有片疤，右侧面、左侧面、顶面、底面、近端面上有石皮。有一条刃缘，在远端边，平面形状为凸刃，侧视形状为弧形刃，加工层次有两个系列，弧长 60、弦长 56、矢长 2 毫米。

3 块加工石片疤均在底面，它们的特征，依其加工顺序依次为：

第 1 块为不完整石片疤，长 91、宽 41 毫米，倾斜度 9°，弦长、矢长难测。平面形状为不规则四边形，到对边的长度 173 毫米。所属边缘为远端边，刃角难测，为反向加工。片疤平视为侵入型，片疤侧视为加高型，片疤深度为厚型，片疤剖视形态为凹下型；

第 2 块为不完整石片疤，长 43、宽 22 毫米，倾斜度 19°，弦长、矢长难测。平面形状为不规则四边形，到对边的长度 173 毫米。所属边缘为远端边，刃角 54°，为反向加工。片疤平视为普通型，片疤侧视为加高型，片疤深度为薄型，片疤剖视形态为凹下型；

第 3 块为完整石片疤，长 62、宽 55 毫米，倾斜度为 20°，弦长 53、矢长 5 毫米。平面形状为不规则四边形，到对边的长度 173 毫米。所在边缘为远端边，刃角 58°，为反向加工。片疤平视为普通型，片疤侧视为加高型，片疤深度为厚型，片疤剖视形态为凹下型。

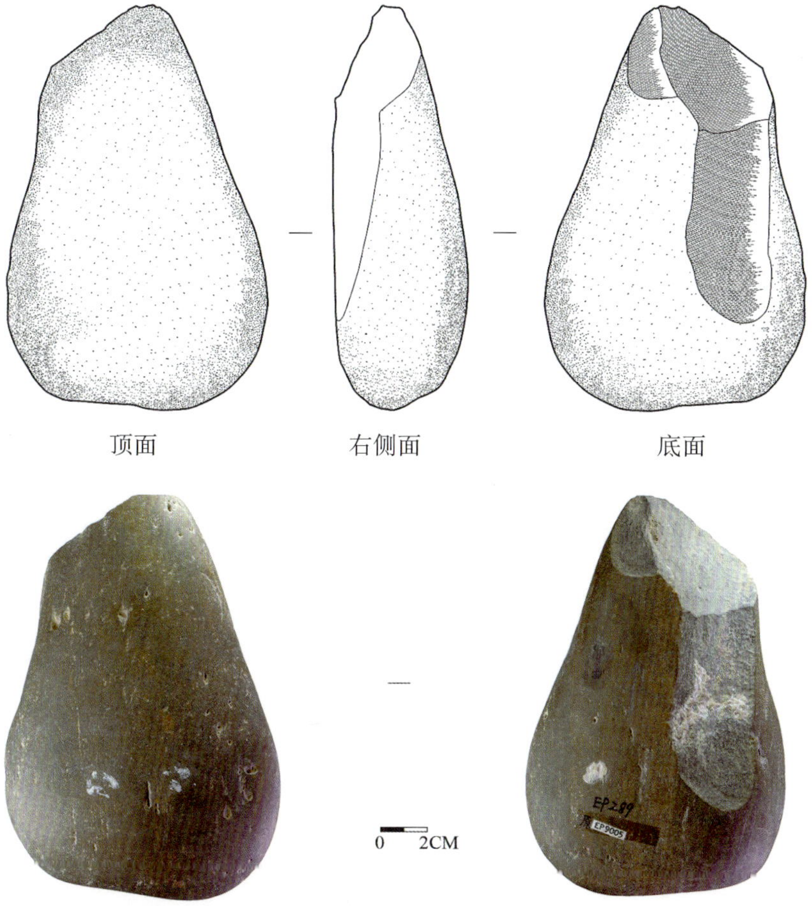

图 8–12　郧县人遗址的单刃单向加工的砍砸器（1990 采集：9005）

二、双向加工的双刃砍砸器

郧县人遗址 1991 采集：9121（EP329）

素材为完整砾石。岩性为含砾砂岩。

自然尺寸分别为长 180、宽 150、厚 68 毫米，重 1828 克。平面、横剖面、纵剖面几何形状均为不规则四边形，磨圆度一般。

近端面、右侧面、左侧面上有片疤，近端面、顶面、底面上有石皮。有两条刃缘，二者相邻相连不成尖。一条刃缘在左侧边，平面形状为凸刃，侧视形状为弧形刃，加工层次有一个系列，弧长 128、弦长 113、矢长 13 毫米；另一条刃缘在右侧边，平面形状为凸刃，侧视形状为“S”形刃，加工层次有一个系列，弧长 136、弦长 118、矢长 17 毫米。

6 块加工石片疤有 2 块在侧面、4 块在顶面，按加工顺序，它们的特征依次为：

第 1 块为不完整石片疤，长 46、宽 57 毫米，倾斜度 26°，弦长、矢长难测。平面形状为不规则三边形，到对边的长度 137 毫米。所属边缘为左侧边，刃角难测，为正向加工。片疤平视为侵入型，片疤侧视为普通型，片疤深度为薄型，片疤剖视形态为凹下型；

第 2 块为完整石片疤，长 63、宽 65 毫米，倾斜度 45°，弦长 38、矢长 2 毫米。平面形状为不规则四边形，到对边的长度 137 毫米。所属边缘为左侧边，刃角 68°，为正向加工。片疤平视为侵入型，片疤侧视为普通型，片疤深度为薄型，片疤剖视形态为凹下型；

第 3 块为完整石片疤，长 59、宽 81 毫米，倾斜度 43°，弦长 36、矢长 2 毫米。平面形状为不规则四边形，到对边的长度 133 毫米。所属边缘为左侧边，刃角 60°，为正向加工。片疤平视为侵入型，片疤侧视为普通型，片疤深度为薄型，片疤剖视形态为凹下型；

第 4 块为完整石片疤，长 59、宽 84 毫米，倾斜度 16°，弦长 86、矢长 13 毫米。平面形状为不规则四边形，到对边的长度 145 毫米。所属边缘为右侧边，刃角 55°，为正向加工。片疤平视为侵入型，片疤侧视为普通型，片疤深度为薄型，片疤剖视形态为凹下型；

第 5 块为完整石片疤，长 89、宽 114 毫米，倾斜度 45°，弦长 60、矢长 2 毫米。平面形状为不规则四边形，到对边的长度 148 毫米。所属边缘为右侧边，刃角 55°，为反向加工。片疤平视为侵入型，片疤侧视为普通型，片疤深度为薄型，片疤剖视形态为凹下型；

第 6 块为完整石片疤，长 40、宽 47 毫米，倾斜度 46°，弦长 35、矢长 3 毫米。平面形状为不规则四边形，到对边的长度 158 毫米。所属边缘为右侧边，刃角 88°，为反向加工。

片疤平视为普通型，片疤侧视为普通型，片疤深度为薄型，片疤剖视形态为凹下型。

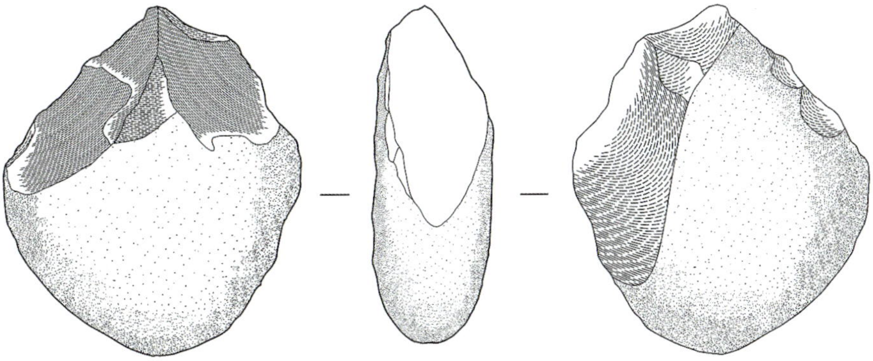

顶面　　左侧面　　底面

顶面　　0　2CM　　底面

图 8–13　郧县人遗址的双向加工的双刃砍砸器（1991 采集：9121）

三、单向加工的多刃砍砸器

郧县人遗址 1995T1328 ②：9504（EP194）

素材为完整砾石。岩性为含砾砂岩。

自然尺寸分别为长 193、宽 130、厚 67 毫米，重 1642 克。平面、横剖面、纵剖面几何形状分别为不规则四边形、不规则椭圆形、不规则四边形，磨圆度一般。

左侧面、远端面、右侧面、顶面上有片疤，底面、近端面上有石皮。

有三条刃缘，相邻相连呈梯形刃（似斧状器），分别为：一条刃缘在左侧边，平面形状为凸刃，侧视形状为弧形刃，加工层次有两个系列，弧长142、弦长130、矢长12毫米；一条刃缘在远端边，平面形状为凹刃，侧视形状为弧形刃，加工层次有两个系列，弧长40、弦长38、矢长1.5毫米；一条刃缘在右侧边，平面形状为凸刃，侧视形状为弧形刃，加工层次有两个系列，弧长104、弦长98、矢长3毫米。

11块加工的片疤中有10块在顶面、1块在底面。这11块加工石片疤的特征依其加工顺序依次为：

第1块为不完整石片疤，长17、宽34毫米，倾斜度11°，弦长、矢长难测。平面形状为不规则四边形，到对边的长度174毫米。所属边缘为左侧边，刃角难测，为正向加工。片疤平视为侵入型，片疤侧视为加高型，片疤深度为薄型，片疤剖视形态为凹下型；

第2块为完整石片疤，长86、宽104毫米，倾斜度5°，弦长59、矢长3毫米。平面形状为不规则四边形，到对边的长度117毫米。所属边缘为左侧边，刃角59°，为正向加工。片疤平视为侵入型，片疤侧视为加高型，片疤深度为薄型，片疤剖视形态为凹下型；

第3块为不完整石片疤，长33、宽43毫米，倾斜度24°，弦长、矢长难测。平面形状为不规则四边形，到对边的长度189毫米。所属边缘为远端边，刃角难测，为正向加工。片疤平视为普通型，片疤侧视为加高型，片疤深度为薄型，片疤剖视形态为凹下型；

第4块为完整石片疤，长58、宽123毫米，倾斜度28°，弦长60、矢长3毫米。平面形状为不规则四边形，到对边的长度105毫米。所属边缘为右侧边，刃角45°，为正向加工。片疤平视为侵入型，片疤侧视为加高型，片疤深度为薄型，片疤剖视形态为凹下型；

第5块为不完整石片疤，长60、宽68毫米，倾斜度27°，弦长、矢长难测。平面形状为不规则四边形，到对边的长度123毫米。所属边缘为左侧边，刃角70°，为正向加工。片疤平视为侵入型，片疤侧视为加高型，片疤深度为薄型，片疤剖视形态为凹下型；

第6块为不完整石片疤，长56、宽42毫米，倾斜度29°，弦长、矢长难测。平面形状为不规则四边形，到对边的长度130毫米。所属边缘为左侧边，刃角79°，为正向加工。片疤平视为侵入型，片疤侧视为加高型，片疤深度为薄型，片疤剖视形态为凹下型；

第 7 块为完整石片疤，长 61、宽 67 毫米，倾斜度 23º，弦长 30、矢长 3 毫米。平面形状为不规则四边形，到对边的长度 127 毫米。所属边缘为右侧边，刃角 69º，为正向加工。片疤平视为侵入型，片疤侧视为加高型，片疤深度为薄型，片疤剖视形态为凹下型；

第 8 块为完整石片疤，长 13、宽 39 毫米，倾斜度 47º，弦长 37、矢长 2 毫米。平面形状为不规则四边形，到对边的长度 189 毫米。所属边缘为远端边，刃角 65º，为正向加工。片疤平视为普通型，片疤侧视为加高型，片疤深度为薄型，片疤剖视形态为凹下型；

第 9 块为完整石片疤，长 20、宽 42 毫米，倾斜度 39º，弦长 41、矢长 4 毫米。平面形状为不规则四边形，到对边的长度 127 毫米。所属边缘为左侧边，刃角 73º，为正向加工。片疤平视为普通型，片疤侧视为加高型，片疤深度为薄型，片疤剖视形态为凹下型；

第 10 块为完整石片疤，长 11、宽 33 毫米，倾斜度 57º，弦长 25、矢长 1 毫米。平面形状为不规则四边形，到对边的长度 96 毫米。所属边缘为左侧边，刃角 71º，为反向加工。片疤平视为普通型，片疤侧视为加高型，片疤深度为薄型，片疤剖视形态为凹下型；

第 11 块为完整石片疤，长 10、宽 40 毫米，倾斜度 38º，弦长 40、矢长 3 毫米。平面形状为不规则四边形，到对边的长度 101 毫米。所属边缘为右侧边，刃角 52º，为正向加工。片疤平视为普通型，片疤侧视为加高型，片疤深度为薄型，片疤剖视形态为凹下型。该标本可与 EP265 拼合。

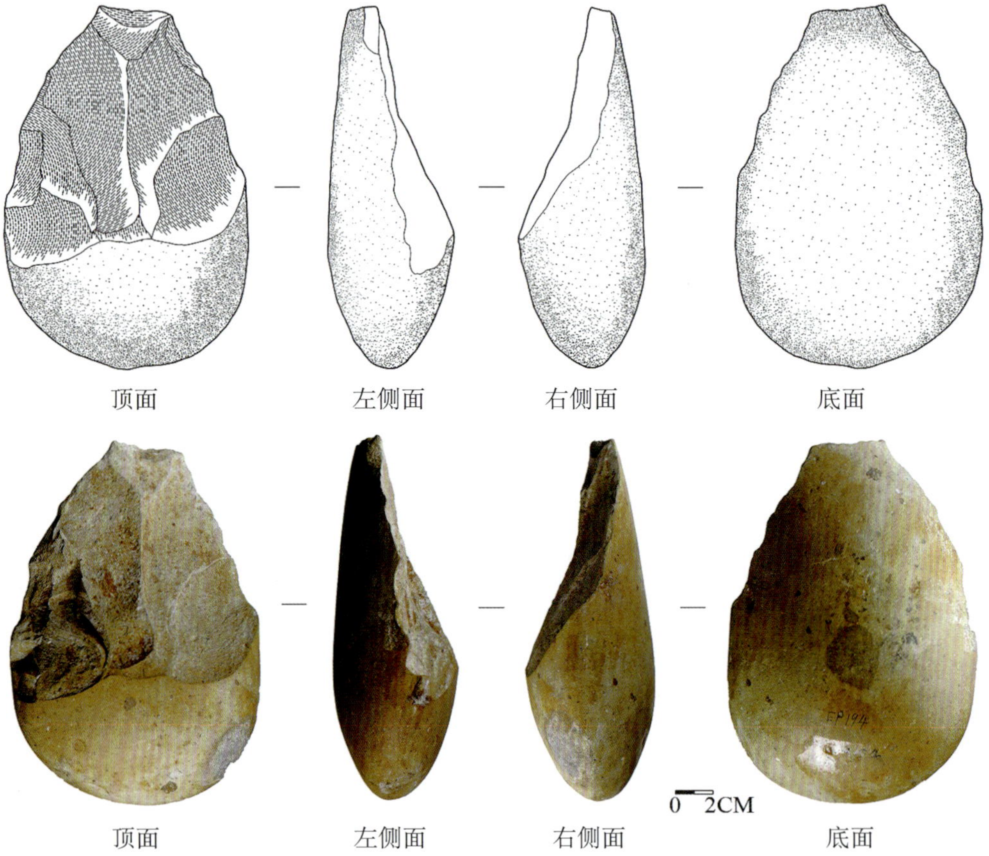

图 8–14　郧县人遗址的单向加工的多刃砍砸器（1995T1328②：9504［EP194］）

四、手镐

素材为完整砾石。岩性为砂岩。

自然尺寸分别为长 283、宽 109、厚 72 毫米，重 1969 克。平面、横剖面和纵剖面几何形状均为不规则椭圆形，磨圆度一般。

左侧面、远端面上有片疤，右侧面、底面、顶面、近端面上有石皮。

有两条刃缘（尖端由两侧加工的片疤组成，略呈圆弧刃），分别为：一条刃缘在左侧边，平面形状为凸刃，侧视形状为弧形刃，加工层次有两个系列，弧长 220、弦长 216、矢长 18 毫米；一条刃缘在远端边，平面形状为凸刃，侧视形状为弧形刃，加工层次有一个系列，弧长 62、弦长 52、矢长 16 毫米。

6 块加工的片疤均在顶面，加工较多的面在顶面。6 块加工石片疤的特征，依其加工顺序依次为：

第 1 块为完整石片疤，长 85、宽 155 毫米，倾斜度 40°，弦长 43、矢长 3 毫米。平面形状为不规则四边形，到对边的长度 94 毫米。所属边缘为左侧边，刃角 85°，为反向加工。片疤平视为侵入型，片疤侧视为加高型，片疤深度为薄型，片疤剖视形态为凹下型；

第 2 块为完整石片疤，长 58、宽 56 毫米，倾斜度为 60°，弦长 44、矢长 4 毫米。平面形状为不规则四边形，到对边的长度 93 毫米。所在边缘为左侧边，刃角 65°，为正向加工。片疤平视为侵入型，片疤侧视为加高型，片疤深度为薄型，片疤剖视形态为凹下型；

第 3 块为完整石片疤，长 51、宽 55 毫米，倾斜度 15°，弦长 51、矢长 15 毫米。平面形状为不规则四边形，到对边的长度 284 毫米。所在边缘为远端边，刃角 41°，为正向加工。片疤平视为普通型，片疤侧视为加高型，片疤深度为薄型，片疤剖视形态为凹下型；

第 4 块为完整石片疤，长 64、宽 60 毫米，倾斜度 66°，弦长 43、矢长 3 毫米。平面形状为不规则四边形，到对边的长度 96 毫米。所属边缘为左侧边，刃角 88°，为正向加工。片疤平视为侵入型，片疤侧视为加高型，片疤深度为薄型，片疤剖视形态为凹下型；

第 5 块为完整石片疤，长 30、宽 50 毫米，倾斜度为 40°，弦长 43、矢长 0.5 毫米。平面形状为不规则四边形，到对边的长度 85 毫米。所在边缘为左侧边，刃角 77°，为正向加工。片疤平视为普通型，片疤侧视为加高型，片疤深度为薄型，片疤剖视形态为凹下型；

第 6 块为完整石片疤，长 22、宽 33 毫米，倾斜度 42°，弦长 26、矢长 0.2 毫米。平面形状为不规则四边形，到对边的长度 100 毫米。所在边缘为左侧边，刃角 78°，为正向加工。

片疤平视为普通型，片疤侧视为加高型，片疤深度为薄型，片疤剖视形态为凹下型。

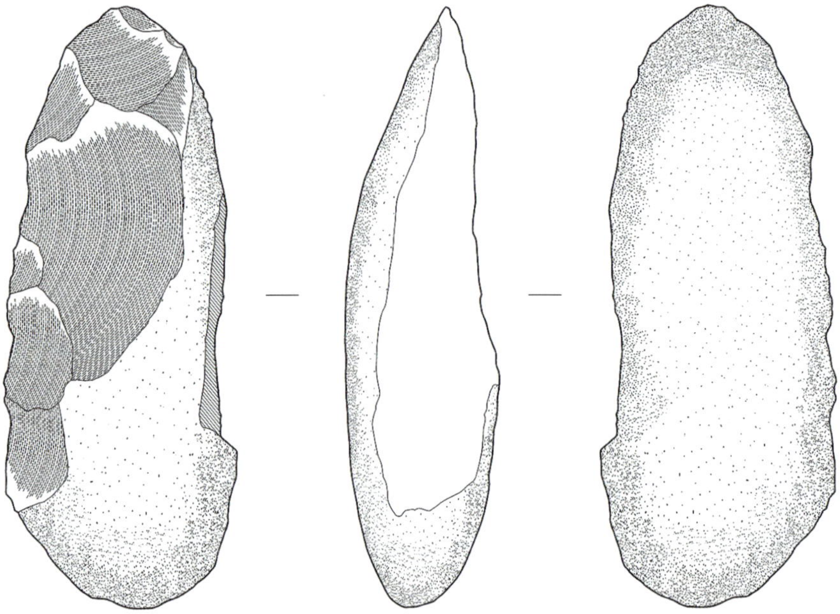

顶面　　左侧面　　底面

顶面　　底面

图 8–15　郧县人遗址的手镐（1995 采集：95 采 02）

遗址：郧县人 EP229

石核（砾石）石器观察表

名称	素材	"石核"项目	刃缘状况										
			数量	位置	关系	平面形状	侧视形状	侧视形状方向	平齐度	加工层次	弧长 (mm)	弦长 (mm)	矢长 (mm)
手镐 (pic)	砾石		2	左侧 远端	相邻相连成圆弧刃	凸刃 凸刃	弧刃 弧刃			[illegible]	220 62	216 52	18 16

刃缘状况									加工状况					
左刃至矢长距离	砾石长轴近端至刃缘左侧起点距离	砾石长轴近端至刃缘右侧起点距离	弦长与砾石长轴的夹角	有相交刃缘的两条刃缘的夹角	不相交刃缘的相邻两条刃缘的夹角	工具长轴与素材长轴的夹角	有相交刃缘的工具对称轴和素材长轴的夹角	不相交刃缘的工具对称轴和素材长轴的夹角	均一程度	质地	片疤数量			
											A 面	B 面	侧面	加工较多的面
											6	0	0	顶面

加工状况														
片疤的形式	A 面片疤平均长	B 面片疤平均长	A 面最大片疤长	B 面最大片疤长	A 面刃缘最厚处	B 面刃缘最厚处	A 面平均刃角	B 面平均刃角	片疤形状	片疤顺序	片疤长度	片疤侧视	片疤远端	片疤突起

加工状况													
片疤方向	片疤位置	边缘厚度	片疤测量					有无双打击点					
			长度	宽度	角度	弦长	矢长						

图 8–16　郧县人遗址的手镐（1995 采集：95 采 02）观察表（一）

加工石片疤特征														
加工顺序	长度 mm	宽度 mm	倾斜度	弦长 mm	矢长 mm	形状	到对边长 mm	所属边缘	刃角	方向	片疤平视	片疤侧视	片疤剖视	片疤深度
1	85	155	40	43	3	不规则四边形	94	左侧	85	正向	侵入	加高	凹下	薄
2	58	56	60	44	4	不规则四边形	93	左侧	85	正向	侵入	加高	凹下	薄
3	51	55	15	51	15	不规则四边形	284	远端	41	正向	普通	加高	凹下	薄
4	64	60	60	43	3	不规则四边形	96	左侧	88	正向	侵入	加高	凹下	薄
5	30	50	40	43	0.5	不规则四边形	85	左侧	77	正向	普通	加高	凹下	薄
6	22	33	42	26	0.2	不规则四边形	100	左侧	78	正向	普通	加高	凹下	薄

图 8–17　郧县人遗址的手镐（1995 采集：95 采 02）观察表（二）

遗址：郧县人

石核（砾石）观察表

名称	野外编号	室内编号	探方及层位	X Y Z (相对深度) (水平深度) (绝对深度) (cm)	方向 走向 倾向 倾角	位于哪张图中 绘图者 发现者 发现日期	观察者 观察日期	自然长度 自然宽度 自然厚度 工具长度 工具宽度 工具厚度 (mm)	重量(g)
砾石	1995年采集02	EP229	地表采集			发现日期 1995年采集	冯小波 2009.5.13	自然长度 283 自然宽度 109 自然厚度 72 工具长度 282 工具宽度 109 工具厚度 72	1969

物理状况														六面特征					
岩性	几何形状：平面	几何形状：横剖面	几何形状：纵剖面	石锈状况（两面）	拼合状况	变质（风化）状况	脱硅状况	热力作用	被钙结核包裹状况	假菌丝体状况	海洋生物状况	风蚀作用	发亮状况	滚动（是否非常圆）	近	左	远	右	顶	底
砂岩（灰色）	不规则长椭圆形	不规则椭圆形	不规则椭圆形	✓					✓					✓	石皮	加工使用	加工使用	石皮带节理面	石皮多，片疤少	石皮

素材类型	台面状况												
	数量	位置及关系	形状	性质	打片部位	打片边数	打片方向	周长 mm	打片所在边缘长度 mm	打片长度 mm	打片长度/台面周长(百分比)	打片长度/所在边缘长度(百分比)	打击方法

剥片面状况					
数量	位置及关系	石片疤数量	石片疤分布	每个剥片面面积/未剥片面面积(百分比)	所有剥片面面积/未剥片面面积(百分比)

图 8-18　郧县人遗址的手镐（1995 采集：95 采 02）观察表（三）

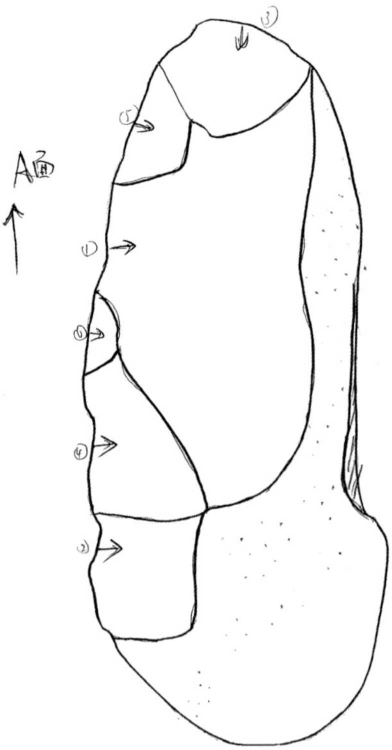

图 8-19　郧县人遗址的手镐（1995 采集：95 采 02）绘图

五、手斧

郧县人遗址 1990 年采集：9040（EP304）

素材为完整砾石。岩性为黑色硅质岩。

自然尺寸分别为 200、108、57 毫米，重量 1085 克。平面、横剖面和纵剖面几何形状分别为不规则四边形、不规则三边形、不规则四边形。

近端面有石皮，左侧面、远端面、右侧面、顶面均有加工片疤，底面全部为片疤。

有两条刃缘，分别在左侧边和右侧边，二者相邻相连成矛尖状；左侧刃平面形状呈“S”形刃，侧视形状为“S”形刃，弧长 120、弦长 110、矢长 10 毫米；右侧刃平面形状呈凸刃，侧视形状略呈“S”形刃，弧长 170、弦长 148、矢长 30 毫米。

有 12 块加工的片疤，加工较多的面在底面（8 块），顶面有 4 块。12 块加工石片疤的特征，按其剥片顺序依次为：

第 1 块为不完整石片疤，长 45、宽 50 毫米，倾斜度 13°，弦长、矢长难测，平面形状为不规则四边形，到对边的长度 108 毫米，所属边缘为右侧边，刃角难测，为反向加工，片疤平视形态为侵入型，片疤侧视形态为加高型，片疤深度为薄型，片疤剖视形态为凹下型；

第 2 块为完整石片疤，长 66、宽 58 毫米，倾斜度 25°，弦长 37、矢长 3 毫米，平面形状为不规则四边形，到对边的长度 108 毫米，所属边缘为右侧边，刃角 62°，为反向加工，片疤平视形态为侵入型，片疤侧视形态为加高型，片疤深度为薄型，片疤剖视形态为凹下型；

第 3 块为完整石片疤，长 55、宽 58 毫米，倾斜度 18°，弦长 40、矢长 4 毫米，平面形状为不规则四边形，到对边的长度 98 毫米，所属边缘为右侧边，刃角 80°，为反向加工，片疤平视形态为侵入型，片疤侧视形态为加高型，片疤深度为薄型，片疤剖视形态为凹下型；

第 4 块为完整石片疤，长 48、宽 125 毫米，倾斜度 30°，弦长 110、矢长 11 毫米，平面形状为不规则四边形，到对边的长度 101 毫米，所属边缘为左侧边，刃角 53°，为反向加工，片疤平视形态为侵入型，片疤侧视形态为加高型，片疤深度为薄型，片疤剖视形态为凹下型；

第 5 块为完整石片疤，长 41、宽 44 毫米，倾斜度 13°，弦长 43、矢长 6 毫米，平面形状为不规则三边形，到对边的长度117毫米，所属边缘为右侧边，刃角51°，为反向加工，片疤平视形态为侵入型，片疤侧视形态为加高型，片疤深度为薄型，片疤剖视形态为凹下型；

第6块为完整石片疤，长65、宽82毫米，倾斜度26°，弦长52、矢长3毫米，平面形状为不规则四边形，到对边的长度101毫米，所属边缘为左侧边，刃角53°，为正向加工，片疤平视形态为侵入型，片疤侧视形态为加高型，片疤深度为薄型，片疤剖视形态为凹下型；

第7块为完整石片疤，长74、宽98毫米，倾斜度30°，弦长65、矢长6毫米，平面形状为不规则四边形，到对边的长度137毫米，所属边缘为右侧边，刃角51°，为正向加工，片疤平视形态为侵入型，片疤侧视形态为加高型，片疤深度为薄型，片疤剖视形态为凹下型；

第8块为完整石片疤，长24、宽29毫米，倾斜度45°，弦长20、矢长1.5毫米，平面形状为不规则四边形，到对边的长度107毫米，所属边缘为左侧边，刃角72°，为正向加工，片疤平视形态为普通型，片疤侧视形态为加高型，片疤深度为薄型，片疤剖视形态为凹下型；

第9块为完整石片疤，长25、宽18毫米，倾斜度10°，弦长17、矢长0.5毫米，平面形状为不规则三边形，到对边的长度67毫米，所属边缘为左侧边，刃角79°，为正向加工，片疤平视形态为普通型，片疤侧视形态为加高型，片疤深度为薄型，片疤剖视形态为凹下型；

第10块为完整石片疤，长22、宽33毫米，倾斜度36°，弦长30、矢长1.5毫米，平面形状为不规则四边形，到对边的长度100毫米，所属边缘为右侧边，刃角108°，为反向加工，片疤平视形态为普通型，片疤侧视形态为陡型，片疤深度为薄型，片疤剖视形态为凹下型；

第11块为完整石片疤，长54、宽78毫米，倾斜度34°，弦长65、矢长16毫米，平面形状为不规则四边形，到对边的长度为114毫米，所属边缘为左侧边，刃角73°，为正向加工，片疤平视形态为普通型，片疤侧视形态为陡型，片疤深度为薄型，片疤剖视形态为凹下型；

第12块为完整石片疤，长8、宽30毫米，倾斜度48°，弦长18、矢长1.5毫米，平面形状为不规则四边形，到对边的长度98毫米，所属边缘为左侧边，刃角

72°，为正向加工，片疤平视形态为普通型，片疤侧视形态为陡型，片疤深度为薄型，片疤剖视形态为凹下型。

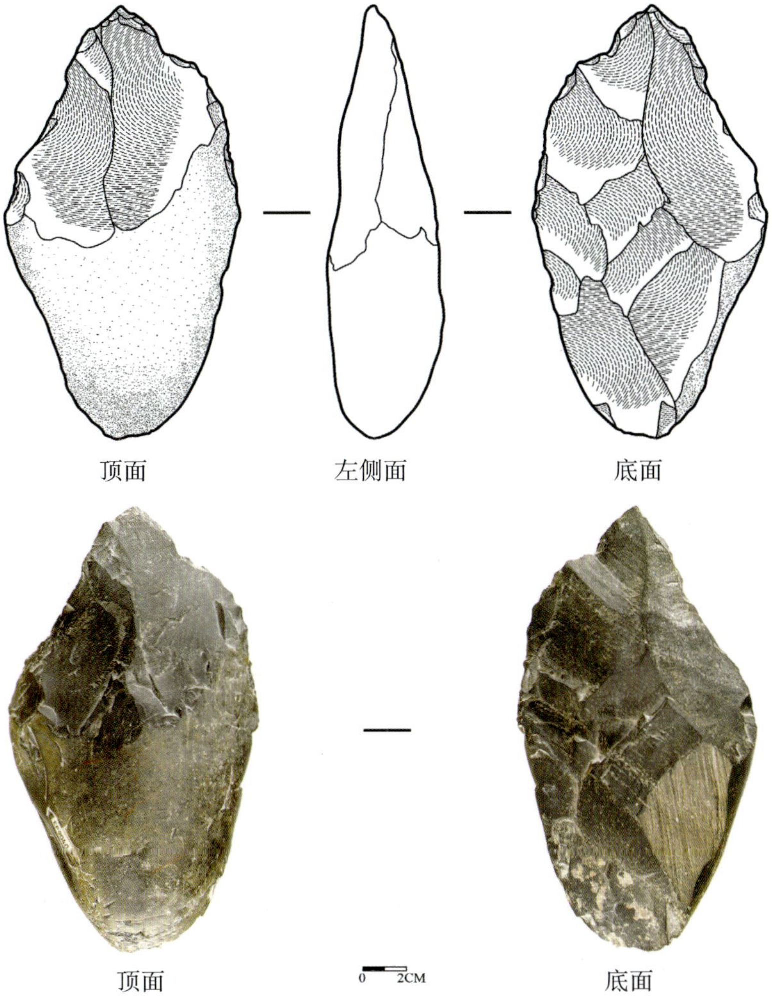

图 8–20　郧县人遗址的手斧（1990 年采集：9040）

手斧的周长为 505 毫米，其中左侧刃缘两面加工长度为 120 毫米，右侧刃缘两面加工长度为 83 毫米，两面加工的总长度为 203 毫米。可测刃角中，顶面左侧刃缘的刃角平均值为 68°，顶面右侧刃缘的刃角平均值为 51°，顶面左、右侧刃缘的刃角平均值为 60°，顶面刃角最大值为 79°；底面左侧刃缘的刃角平均值为 63°，底面右侧刃缘的刃角平均值为 78°，底面左、右侧刃缘的刃角平均值为 71°，底面刃角最大值为 108° 。手斧左侧刃缘的刃角平均值为 66° ，左侧刃缘刃角最大值为 79° ；右侧刃缘的刃角平均值为 65° ，右侧刃缘刃角最大值为 108° 。

遗址：郧县人 EP304（9040）

石核（砾石）石器观察表

名称	素材	"石核"项目	刃缘状况								弧长(mm)	弦长(mm)	矢长(mm)
			数量	位置	关系	平面形状	侧视形状	侧视形状方向	平齐度	加工层次			
手斧 (bifaace)	砾石		2	左侧 右侧	相邻和近呈尖端	曲折刃"く" 曲折刃"く"	"S"形 "S"形			[illegible]	120 170	110 148	10 30

刃缘状况									加工状况					
左刃至矢长距离	砾石长轴近端至刃缘左侧起点距离	砾石长轴近端至刃缘右侧起点距离	弦长与砾石长轴的夹角	有相交刃缘的两条刃缘的夹角	不相交刃缘的相邻两条刃缘的夹角	工具长轴与素材长轴的夹角	有相交刃缘的工具对称轴和素材长轴的夹角	不相交刃缘的工具对称轴和素材长轴的夹角	均一程度	质地	片疤数量 A面	片疤数量 B面	片疤数量 侧面	加工较多的面
											4	8	0	底面

加工状况													
片疤的形式	A面片疤平均长	B面片疤平均长	A面最大片疤长	B面最大片疤长	A面刃缘最厚处	B面刃缘最厚处	A面平均刃角	B面平均刃角	片疤形状	片疤顺序	片疤长度	片疤侧视	片疤远端	片疤突起

加工状况									
片疤方向	片疤位置	边缘厚度	片疤测量 长度	片疤测量 宽度	片疤测量 角度	片疤测量 弦长	片疤测量 矢长	有无双打击点	

图 8–21 郧县人遗址的手斧（1990 年采集：9040）观察表（一）

加工石片疤特征														
加工顺序	长度 mm	宽度 mm	倾斜度	弦长 mm	矢长 mm	形状	到对边长 mm	所属边缘	刃角 °	方向	片疤平视	片疤侧视	片疤剖视	片疤深度
1	45	50	13	难测	难测	不规则四边形	108	B右	难测	反向	侵入	加高	凹下	薄
2	66	58	25	37	3	不规则四边形	108	B右	62	反向	侵入	加高	凹下	薄
3	55	58	18	40	4	不规则四边形	98	B右	80	反向	侵入	加高	凹下	薄
4	48	125	30	110	11	不规则四边形	101	B左	53	反向	侵入	加高	凹下	薄
5	41	44	13	43	6	不规则三边形	117	B右	51	反向	侵入	加高	凹下	薄
6	65	82	26	52	3	不规则四边形	101	A左	53	正向	侵入	加高	凹下	薄
7	74	98	30	65	6	不规则四边形	137	A右	51	正向	侵入	加高	凹下	薄
8	24	29	45	20	1.5	不规则四边形	107	A左	72	正向	普通	加高	凹下	薄
9	25	18	10	17	0.5	不规则三边形	67	A左	79	正向	普通	加高	凹下	薄
10	22	33	36	30	1.5	不规则四边形	100	B右	108	反向	普通	陡	凹下	薄
11	54	78	34	65	16	不规则四边形	114	B左	73	反向	普通	陡	凹下	薄
12	8	30	48	18	1.5	不规则四边形	98	B左	72	反向	普通	陡	凹下	薄

图 8–22 郧县人遗址的手斧（1990 年采集：9040）观察表（二）

遗址：郧县人

石核（砾石）观察表

名称	野外编号	室内编号	探方及层位	X / Y / Z（相对深度）（水平深度）（绝对深度）（cm）	方向 / 走向 / 倾向 / 倾角	位于哪张图中 / 绘图者 / 发现者 / 发现日期	观察者 / 观察日期	自然长度 / 自然宽度 / 自然厚度 / 工具长度 / 工具宽度 / 工具厚度（mm）	重量(g)
砾石	9040	EP304	水库西边消落采集			发现日期 1990年	冯小波 / 2009年5月15日	自然长度 200 / 自然宽度 108 / 自然厚度 57 / 工具长度 200 / 工具宽度 108 / 工具厚度 57	1085

物理状况															六面特征					
岩性	几何形状：平面	几何形状：横剖面	几何形状：纵剖面	石锈状况（两面）	拼合状况	变质（风化）状况	脱硅状况	热力作用	被钙结核包裹状况	假菌丝体状况	海洋生物状况	风蚀作用	发亮状况	滚动（是否非常圆）	近	左	远	右	顶	底
硅质岩（黑色）	不规则四边形（菱形）	不规则四边形	不规则四边形						✓					✓	石皮 加工小疤	破 加工小疤	加工使用	石皮 加工使用	喇叭形 破碎	片疤 节理面

素材类型	台面状况											
	数量	位置及关系	形状	性质	打片部位	打片边数	打片方向	周长 mm	打片所在边缘长度 mm	打片长度 mm	打片长度/台面周长(百分比)	打片长度/所在边缘长度(百分比)
砾石												

打击方法：

剥片面状况					
数量	位置及关系	石片疤数量	石片疤分布	每个剥片面面积/未剥片面面积(百分比)	所有剥片面面积/未剥片面面积(百分比)

图 8–23　郧县人遗址的手斧（1990 年采集：9040）观察表（三）

遗址：郧县人遗址 EP304（9040）

手斧（Biface）观察表（续）

类型（形状）	相交边缘	相交程度	刃缘平面形状	比率：延长比率	比率：扁平比率	砾石石皮在表面保留状况	两边破裂均一程度	尖端形态	跟部保留状况	片疤位置	边缘加工	远端加工	远端状况	远端斜刃
菱形														
边缘形态	侧边扁平	片疤延伸	中远端两边缘对称状况	标本对称状况	两面加工均一程度	两面对称状况	侧边（棱边）状况	第二步加工	素材					

图 8–24　郧县人遗址的手斧（1990 年采集：9040）观察表（四）

<table>
<tr><td colspan="13">尺寸和比率</td></tr>
<tr><td colspan="6" rowspan="2"></td><td colspan="7">加工片疤测量</td></tr>
<tr><td>顺序号</td><td>长度</td><td>宽度</td><td>角度</td><td>弦长</td><td>矢长</td><td>所在刃缘和面</td></tr>
<tr>
<td rowspan="2">L1 200
L2 100
L3 39
l1 108
l1′ 107
l2 68
l3 77
l4 106
l5 70
e1 57
e2 26
重量
1085</td>
<td rowspan="2">L1/L2 2.00
L2/L1 0.50
L3/L1 0.20
L2/L3 2.56
l1/L1 0.54
l1/L3 2.77
l4/L1 0.53
l4/l1 0.98
l2/l1 0.63
l3/l1 0.71
l2/l5 0.97
e1/l1 0.53
l1/e1 1.89
e1/L1 0.29
e1/L3 1.46
e2/e1 0.46</td>
<td>Bc 505
NT 2
DAT1 90°-66°
DAT2 82°-90°
DAT 90°-90°
Bd1 3
Be1 2
Bd2 1
Be2 6
B1T 5
B2T 7
Bde1 —
Bde2 —
BdeT —
ENT 2
Bf B</td>
<td>Bh1 38
Bh2 74
BhT 56
Bi1 28
Bi2 47
BiT 38
Bj1 65
Bj2 74
Bj 74
Bk1 48
Bk2 66
Bk 66
BnA 44
BnB 38
BlA 28
BlB 27</td>
<td>BlA1 27
BlB1 39
Bl1 33
BlA2 30
BlB2 30
Bl2 30
Bo1A 120
Bo1B 120
Bo1 120
Bo2A 83
Bo2B 170
Bo2 83
Bo 203
P1 —
P2 —
Bp1 105</td>
<td>Bp2 105
Bq1 18
Bq2 9
Bq1′ —
Bq2′ —
Br1 57
Br2 90
Bv 0
Bx 3
By 2
Bep 3/2
Bu1 29°
Bu2 29°
Bu 58°
Bu1′ 29°
Bu2′ 29°
Bu′ 58°</td>
<td rowspan="2"></td><td rowspan="2"></td><td rowspan="2"></td><td rowspan="2"></td><td rowspan="2"></td><td rowspan="2"></td><td rowspan="2"></td>
</tr>
<tr><td colspan="4">Bg
1B→2B→3B→4B→5B→6A
→7A→8A→9A→10B→11B→12B</td></tr>
</table>

图 8–25　郧县人遗址的手斧（1990 年采集：9040）观察表（五）

第四节　石片石器

一、刮削器

（一）单刃刮削器

郧县人遗址 1998 采集：9810（EP353）

素材为断片。岩性为脉石英。

自然尺寸分别为长 75、宽 63、厚 36 毫米，重 183 克。平面、横剖面、纵剖面几何形状均为不规则四边形，磨圆度一般。

有一条刃缘，在远端边，刃缘平面形状为凸刃，侧视形状为直刃，弧长 46、弦长 43、矢长 3 毫米，加工层次有一个系列。

破裂面上有 2 块加工片疤。2 块加工石片疤的特征，依其加工顺序依次为：

第 1 块为完整石片疤，长 41、宽 21 毫米，倾斜度 16°，弦长 17、矢长 3 毫米。平面形状为不规则四边形，到对边的长度 71 毫米。所属边缘为远端边，刃角 80°，为反向加工。片疤平视为侵入型，片疤侧视为陡型，片疤深度为薄型，片疤剖视形态为凹下型；

第 2 块为完整石片疤，长 30、宽 33 毫米，倾斜度 27°，弦长 25、矢长 3 毫米。平面形状为不规则四边形，到对边的长度 68 毫米。所属边缘为远端边，刃角 74°，为反向加工。

片疤平视为侵入型，片疤侧视为陡型，片疤深度为薄型，片疤剖视为浅阶梯型。

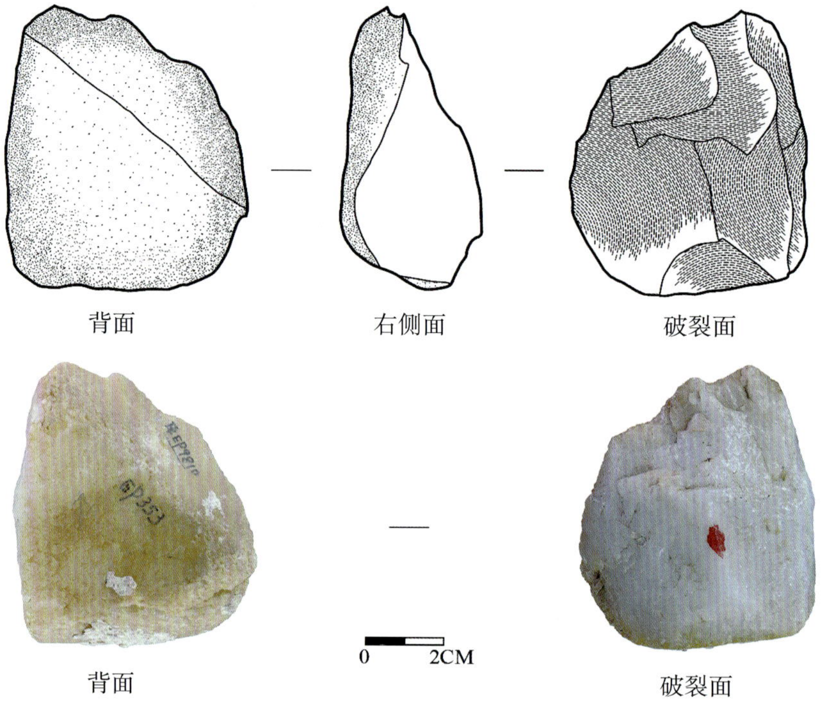

图 8–26　郧县人遗址的手斧（1990 年采集：9040）

（二）多刃刮削器

郧县人遗址 1991 采集：9115（EP323）

素材为完整零台面石片。岩性为含砾砂岩。

自然尺寸分别为长 144、宽 97、厚 22 毫米，重 383 克。平面、横剖面、纵剖面几何形状分别为不规则五边形、不规则椭圆形、不规则椭圆形，磨圆度一般。

有三条刃缘，分别在左侧边、远端边、右侧边，左侧刃缘平面形状为凸刃，侧视形状为弧形刃，弧长 65、弦长 58、矢长 10 毫米，加工层次有一个系列；远端刃缘平面形状为凸刃，侧视形状为弧形刃，弧长 148、弦长 125、矢长 36 毫米，加工层次有一个系列；右侧刃缘平面形状为凸刃，侧视形状为弧形刃，刃弧长 55、弦长 50、矢长 8 毫米，加工层次有一个系列。

7 块加工片疤有 3 块在背面、4 块在底面。这 7 块加工石片疤的特征，依其加工顺序依次为：

第 1 块为完整石片疤，长 12、宽 28 毫米，倾斜度 46° ，弦长 26、矢长 1 毫米。平面形状为不规则四边形，到对边的长度 113 毫米。所属边缘为左侧边，刃角 69° ，为反向加工。片疤平视为普通型，片疤侧视为普通型，片疤深度为薄型，片疤剖视形态为凹下型；

第 2 块为完整石片疤，长 17、宽 29 毫米，倾斜度 29° ，弦长 23、矢长 1.5 毫米。平面形状为不规则四边形，到对边的长度 104 毫米。所属边缘为远端边，刃角 67° ，为反向加工。片疤平视为普通型，片疤侧视为普通型，片疤深度为薄型，片疤剖视形态为凹下型；

第 3 块为完整石片疤，长 6、宽 20 毫米，倾斜度 63° ，弦长 17、矢长 1.5 毫米。平面形状为不规则四边形，到对边的长度 104 毫米。所属边缘为远端边，刃角 78° ，为正向加工。片疤平视为普通型，片疤侧视为普通型，片疤深度为薄型，片疤剖视形态为凹下型；

第 4 块为完整石片疤，长 5、宽 18 毫米，倾斜度 56° ，弦长 11、矢长 1 毫米。平面形状为不规则四边形，到对边的长度 102 毫米。所属边缘为远端边，刃角 69° ，为正向加工。片疤平视为普通型，片疤侧视为普通型，片疤深度为薄型，片疤剖视形态为凹下型；

第 5 块为完整石片疤，长 16、宽 39 毫米，倾斜度 26° ，弦长 29、矢长 3 毫米。平面形状为不规则四边形，到对边的长度 82 毫米。所属边缘为远端边，刃角 71° ，为反向加工。片疤平视为普通型，片疤侧视为普通型，片疤深度为薄型，片疤剖视形态为凹下型；

第 6 块为完整石片疤，长 9、宽 18 毫米，倾斜度 52° ，弦长 9、矢长 0.5 毫米。平面形状为不规则四边形，到对边的长度 90 毫米。所属边缘为远端边，刃角 66° ，为正向加工。片疤平视为普通型，片疤侧视为普通型，片疤深度为薄型，片疤剖视形态为凹下型；

第 7 块为完整石片疤，长 10、宽 18 毫米，倾斜度 37° ，弦长 27、矢长 1.5 毫米。平面形状为不规则四边形，到对边的长度 142 毫米。所属边缘为右侧边，刃角 60° ，为反向加工。

片疤平视为普通型，片疤侧视为普通型，片疤深度为薄型，片疤剖视形态为凹下型。

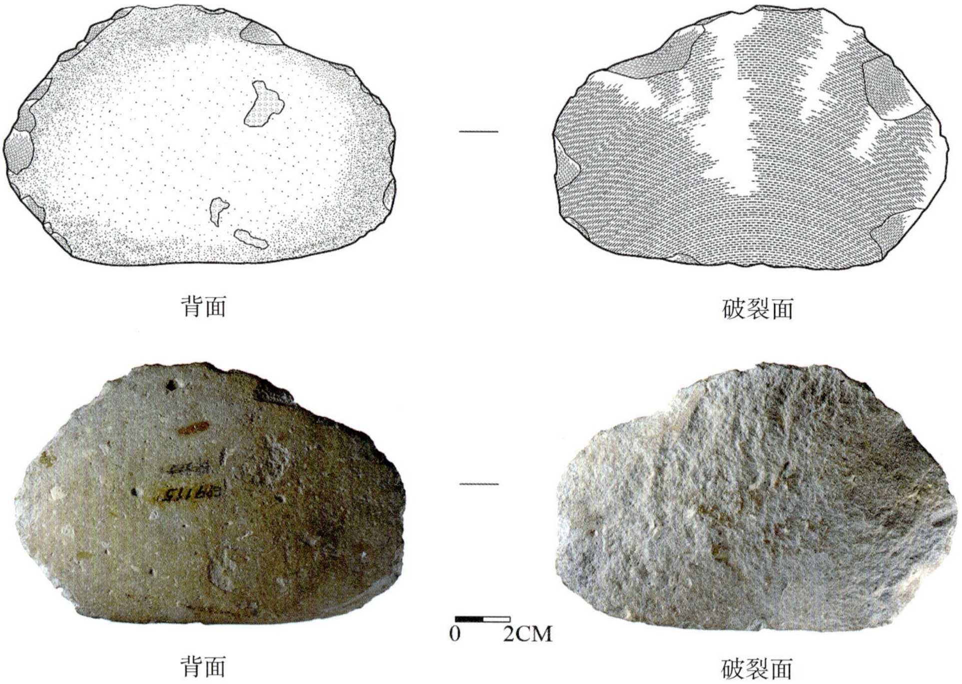

图 8–27　郧县人遗址的多刃刮削器（1991 采：9115）

二、雕刻器

郧县人遗址 1991 采集：9104（EP312）

素材为完整石片。岩性为片麻岩。

自然尺寸分别为长 107、宽 66、厚 28 毫米，重 151 克。平面、横剖面、纵剖面几何形状均为不规则四边形，磨圆度一般。

有一条刃缘，在左侧远角，刃缘平面形状为凸刃，侧视形状为弧形刃，雕刻器刃的两个面夹角 81°，刃角 81°，雕刻刃缘宽度 8 毫米。

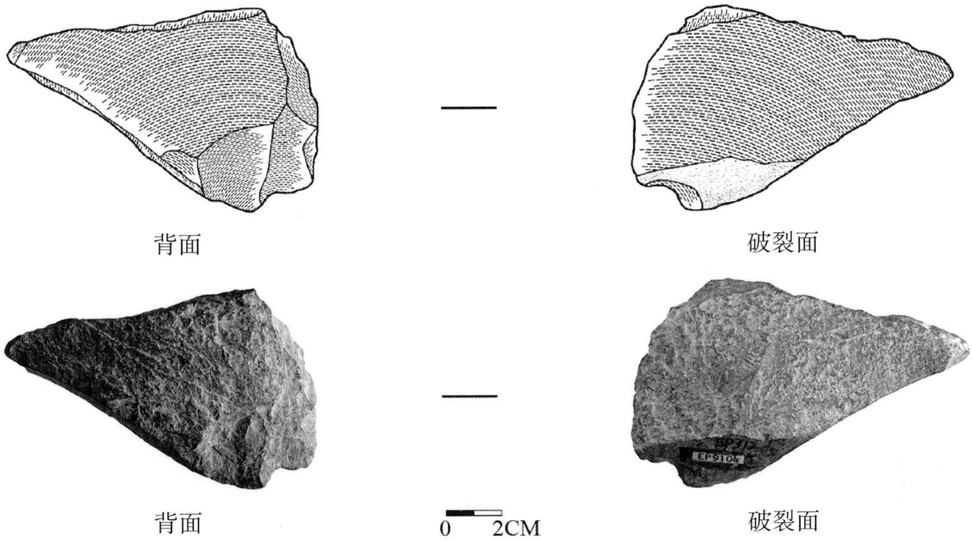

图 8–28　郧县人遗址的雕刻器（1991 采集：9104）

三、尖状（刮削）器

郧县人遗址 1991 采集：9129（EP337）

素材为完整石片。岩性为硅质岩。

自然尺寸分别为长 81、宽 71、厚 20 毫米，重 88 克。平面、横剖面、纵剖面几何形状均为不规则四边形，磨圆度一般。

有两条刃缘，分别在远端边、左侧边，远端刃缘平面形状为凹刃，侧视形状为弧形刃，弧长 68、弦长 62、矢长 4 毫米，加工层次有一个系列；左侧刃缘平面形状为凸刃，侧视形状为弧形刃，弧长 78、弦长 68、矢长 8 毫米，加工层次有一个系列。

3 块加工片疤有 2 块在背面、1 块在破裂面。这 3 块加工石片疤的特征，依其加工顺序依次为：

第 1 块为完整石片疤，长 3、宽 13 毫米，倾斜度 60°，弦长 12、矢长 2 毫米。平面形状为不规则四边形，到对边的长度 66 毫米。所属边缘为左侧边，刃角 58°，为正向加工。片疤平视为普通型，片疤侧视为陡型，片疤深度为薄型，片疤剖视形态为凹下型；

第 2 块为完整石片疤，长 10、宽 14 毫米，倾斜度 81° ，弦长 18、矢长 3 毫米。平面形状为不规则四边形，到对边的长度 63 毫米。所属边缘为左侧边，刃角 78° ，为正向加工。片疤平视为普通型，片疤侧视为陡型，片疤深度为薄型，片疤剖视形态为凹下型；

第 3 块为完整石片疤，长 3、宽 18 毫米，倾斜度 44° ，弦长 17、矢长 3 毫米。平面形状为不规则四边形，到对边的长度 44 毫米。所属边缘为远端边，刃角 75° ，为反向加工。片疤平视为普通型，片疤侧视为陡型，片疤深度为薄型，片疤剖视形态为凹下型。

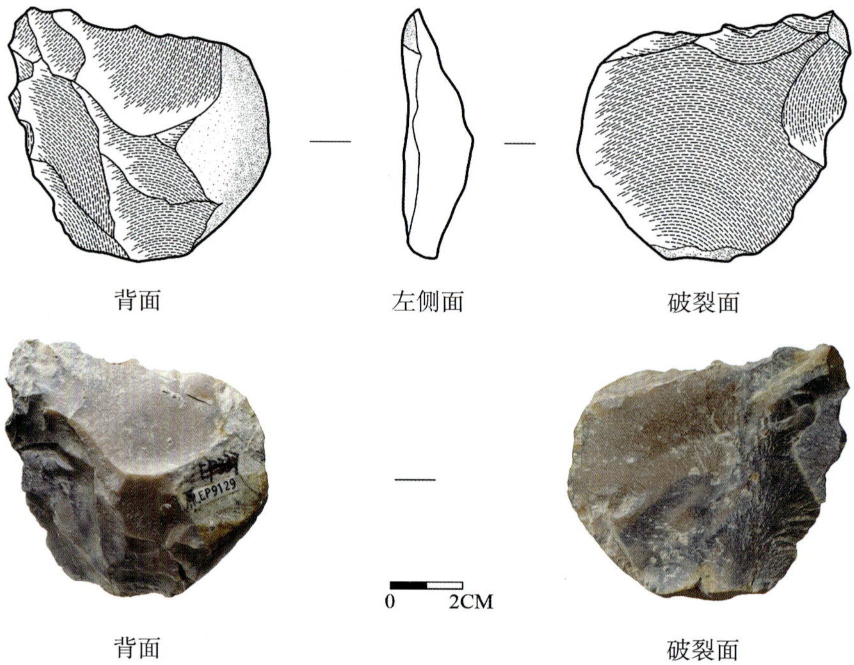

图 8–29　郧县人遗址的尖状（刮削）器（1991 采集：9129）

附　表

附表 1　旧石器时代遗址遗物野外信息登记表

遗址名称：　　　　　　　　　记录者：　　　　　　　　　　日期：

编号	探方及层位	名称	三维坐标 (cm)			出土状况					所在图纸编号	摄影编号	备注
			X	Y	Z	走向（°）	倾向（°）	倾角（°）	放置方式	正投影尺寸 (mm)			

附表 2　旧石器时代遗址调查基本情况表

<table>
<tr><td>遗址名称</td><td></td><td>编号</td><td colspan="2"></td></tr>
<tr><td>行政隶属</td><td colspan="2"></td><td>中心高程</td><td></td></tr>
<tr><td>调查日期</td><td></td><td>文化性质、时代</td><td colspan="2"></td></tr>
<tr><td>分布面积</td><td>平方米</td><td>中心地理坐标</td><td colspan="2">北纬　东经</td></tr>
<tr><td>四至地理坐标</td><td colspan="4">东：北纬　东经　海拔　南：北纬　东经　海拔
西：北纬　东经　海拔　北：北纬　东经　海拔</td></tr>
<tr><td>堆积厚度</td><td>米</td><td>保护级别</td><td></td><td>所在图纸号</td></tr>
<tr><td>地貌特征</td><td colspan="4"></td></tr>
<tr><td>调查人员</td><td colspan="4"></td></tr>
<tr><td colspan="5">文物位置及分布范围示意图（应标明有方位、标志物等）</td></tr>
<tr><td colspan="5"></td></tr>
<tr><td colspan="5">遗址全景照（注明拍摄者所在 GPS 位置：经纬度和海拔、方向）
编号　北纬　东经　海拔　方向
编号　北纬　东经　海拔　方向
……</td></tr>
<tr><td colspan="5">遗址地层、局部、遗物等特征照（注明拍摄者所在 GPS 位置：经纬度和海拔、方向）
编号　北纬　东经　海拔　方向
编号　北纬　东经　海拔　方向
……</td></tr>
</table>

附表 3　石制品基本信息表

发现者：			观察者：		绘图者：	
发现日期：			观察日期：		所在图号：	
标本名称		野外编号			室内编号	
标本所在区域			探方编号			
			次级探方编号			
层位	大的沉积单元	自然层位	水平层位		古人类居住地（遗迹）	
坐标	横坐标（X）		走向（°）			
	纵坐标（Y）		倾向（°）			
	相对深度（Z1）		方向（最好以地质罗盘的读数为准）			
	参考平面深度（Z2）		倾角（°）（放置方式）			
	绝对深度（Z3）					
观察时的尺寸（mm）	自然长		自然宽		自然厚	
	工具长		工具宽		工具厚	
	石片的打击长		打击宽		打击厚	
	打击泡附近厚		打击轴长		中段厚	
岩性		素材类型		重量（g）		
几何形状	平面	横剖面	纵剖面		滚动、搬运	
表面状况	石锈（颜色、分布）		变质作用			
	脱硅化		热力作用			
	钙皮		假菌丝体			
	海洋生物		风蚀			
	光泽		拼合			

附表 4　石核观察及测量项目表

发现者：	观察者：	绘图者：
发现日期：	观察日期：	所在图号：

标本名称		野外编号		室内编号	
标本所在区域			探方编号		
			次级探方编号		
台面位置		台面形状		台面性质	
台面数量		台面关系		台面周长（mm）	
打击方法		剥片部位		剥片边数	
剥片长度（mm）		剥片位置		剥片面数量	
剥片面之间的关系		石片疤数量		石片疤分布	

剥片所在各边缘长度（mm）			
剥片长度：所在边缘长度		剥片长度：台面周长	
所有剥片面面积：未剥片面面积		每个剥片面面积：未剥片面面积	

砾石石皮的相对数值	总数值	A 面	B 面	侧面
打击方向数量	总数值	A 面	B 面	侧面

剥片顺序	长度 mm	宽度 mm	倾斜度	弦长 mm	矢长 mm	形状	到对边长 mm	有无双打击点	所属台面	台面角	方向

附表 5 石核石器观察及测量项目表

发现者：		观察者：				绘图者：	
发现日期：		观察日期：				所在图号：	
标本名称		野外编号				室内编号	
标本所在区域		探方编号					
		次级探方编号					
加工情况							
第二步加工起点		第二步加工终点					
加工特征							
加工方向	侧面		加工的定位				
	中脊		加工的系列				
	背面		加工状况				
	破裂面		加工质量				
			加工终止的方向				
刃缘状况							
数量		位置		关系		平齐度	
刃缘平视形状		刃缘侧视形状		刃缘方向			
刃角（° ）		弧长（mm）		弦长（mm）		矢长（mm）	
刃缘左边到矢长的距离（mm）		沿长轴方向砾石近端到刃缘左边的距离（mm）				沿长轴方向砾石近端到刃缘右边的距离（mm）	
刃缘弦长与长轴方向的夹角（° ）		相交刃缘的夹角（° ）				有两条相邻相交刃缘的夹角（° ）	
工具长轴和素材长轴的夹角（° ）		工具对称轴和素材长轴的夹角（° ）				工具两个对称轴和素材长轴的夹角（° ）	

（续表）

<table>
<tr><th colspan="8">加工石片疤特征</th></tr>
<tr><td rowspan="4">单个加工片疤的类型</td><td>片疤平视</td><td></td><td rowspan="2">多个片疤的组合类型</td><td></td><td rowspan="3">加工片疤数量</td><td>A面</td><td></td></tr>
<tr><td>片疤侧视</td><td></td><td></td><td>B面</td><td></td></tr>
<tr><td>片疤剖视</td><td></td><td>片疤倾斜角度</td><td></td><td>侧面</td><td></td></tr>
<tr><td>片疤深度</td><td></td><td>片疤形状</td><td></td><td colspan="2">加工较多的面</td><td></td></tr>
</table>

A 面上加工片疤的平均长度		B 面上加工片疤的平均长度	
A 面上加工片疤的最大长度		B 面上加工片疤的最大长度	
A 面上刃缘顶端厚度		B 面上刃缘顶端厚度	
A 面上加工片疤的平均倾斜度		B 面上加工片疤的平均倾斜度	
A 面上加工的比率		B 面上加工的比率	
A 面上最长片疤到对边的长度		B 面上最长片疤到对边的长度	
A 面上最短片疤到对边的长度		B 面上最短片疤到对边的长度	

单个片疤的观察及测量

剥片顺序	长度 mm	宽度 mm	倾斜度（°）	弦长 mm	矢长 mm	形状	到对边长 mm	所属边缘	刃角（°）	方向	片疤类型	片疤剖视	片疤侧视	片疤深度
01														
02														
03														
04														
05														
06														
07														
08														
09														
10														
11														
12														
…														

附表 6　石片观察及测量项目表

<table>
<tr><td colspan="2">发现者：</td><td colspan="2">观察者：</td><td colspan="2">绘图者：</td></tr>
<tr><td colspan="2">发现日期：</td><td colspan="2">观察日期：</td><td colspan="2">所在图号：</td></tr>
<tr><td>标本名称</td><td></td><td>野外编号</td><td></td><td>室内编号</td><td></td></tr>
<tr><td rowspan="2">标本所在区域</td><td colspan="2"></td><td colspan="2">探方编号</td><td></td></tr>
<tr><td colspan="2"></td><td colspan="2">次级探方编号</td><td></td></tr>
<tr><td colspan="6">边缘状况</td></tr>
<tr><td>左侧边</td><td></td><td>右侧边</td><td></td><td rowspan="2">背面</td><td rowspan="2"></td></tr>
<tr><td>远端边</td><td></td><td>近端边</td><td></td></tr>
<tr><td colspan="6">台面状况</td></tr>
<tr><td>打击方法</td><td></td><td>形状</td><td></td><td>性质</td><td></td></tr>
<tr><td>石皮比率</td><td></td><td>弦长（宽）</td><td></td><td>厚度</td><td></td></tr>
<tr><td>矢长</td><td></td><td>片疤数量</td><td></td><td>台面角</td><td></td></tr>
<tr><td colspan="6">背面状况</td></tr>
<tr><td>石皮比率</td><td></td><td>片疤数量</td><td></td><td>脊的状况</td><td></td></tr>
<tr><td colspan="6">破裂面状况</td></tr>
<tr><td>打击点</td><td></td><td>打击点是否局部破碎</td><td></td><td>半锥体</td><td></td></tr>
<tr><td>打击泡</td><td></td><td>打击泡数量</td><td></td><td>波纹</td><td></td></tr>
<tr><td>穗状物</td><td></td><td>有无放射线</td><td></td><td>连接点</td><td></td></tr>
<tr><td>主要锥疤</td><td></td><td>次要锥疤</td><td></td><td>有无流线型</td><td></td></tr>
<tr><td>有无双锥体</td><td></td><td>石片角</td><td></td><td>有无二次加工形成石器的情况</td><td></td></tr>
<tr><td colspan="6">断裂情况</td></tr>
<tr><td>自然断裂的类型</td><td></td><td>断裂特征</td><td></td><td>断裂顺序号</td><td></td></tr>
<tr><td colspan="6">打击痕迹</td></tr>
<tr><td>长度</td><td></td><td>宽度</td><td></td><td>工具编号</td><td></td></tr>
<tr><td>磨损最小指数</td><td></td><td>磨损最大指数</td><td></td><td>打击曲线最小半径</td><td></td></tr>
</table>

附表 7 石片石器观察及测量项目表

发现者:		观察者:		绘图者:	
发现日期:		观察日期:		所在图号:	
标本名称		野外编号		室内编号	
标本所在区域		探方编号			
		次级探方编号			

加工状况				
均一程度		片疤数量	A 面	
质地			B 面	
加工较多的面			侧面	

刃缘状况							
数量		位置		关系		平齐度	
刃缘平视形状		刃缘侧视形状		刃缘方向			
刃角（° ）		弧长（mm）		弦长（mm）		矢长（mm）	

加工石片疤特征							
单个加工片疤的类型	片疤平视		多个片疤的组合类型		加工片疤数量	A 面	
	片疤侧视					B 面	
	片疤剖视		片疤倾斜角度			侧面	
	片疤深度		片疤形状		加工较多的面		
A 面上加工片疤的平均长度				B 面上加工片疤的平均长度			
A 面上加工片疤的最大长度				B 面上加工片疤的最大长度			
A 面上刃缘顶端厚度				B 面上刃缘顶端厚度			
A 面上加工片疤的平均倾斜度				B 面上加工片疤的平均倾斜度			
A 面上加工的比率				B 面上加工的比率			
A 面上最长片疤到对边的长度				B 面上最长片疤到对边的长度			
A 面上最短片疤到对边的长度				B 面上最短片疤到对边的长度			

单个片疤的观察及测量

剥片顺序	长度 mm	宽度 mm	倾斜度（° ）	弦长 mm	矢长 mm	形状	到对边长 mm	所属边缘	刃角（° ）	方向	片疤类型	片疤剖视	片疤侧视	片疤深度
01														
02														

（续表）

03														
04														
05														
06														
07														
08														
09														
10														
11														
12														
……														

断裂情况	
断裂顺序号	
自然断裂的类型	
断裂特征	

打击痕迹	
长度	
宽度	
工具编号	
磨损最小指数	
磨损最大指数	
打击曲线最小半径	

附表 8　手斧观察及测量项目表

素材情况	素材类型		素材形状		素材厚度情况	
	L1		L2		L3	
	l1		l1′		l2	
	l3		l4		l5	
	e1		e2		Bc	
	L1 ： L2		L2 ： L1		L3 ： L1	
	L2 ： L3		l1 ： L1		l1 ： L3	
	l4 ： L1		l2 ： l1		l3 ： l1	
	l2 ： l5		e1 ： l1		l1 ： e1	
	e1 ： L1		e1 ： L3		e2 ： e1	
刃缘情况	刃缘形状		刃缘特征		尺寸比率 延伸比率	
	相交边缘		相交角度		尺寸比率 扁平比率	
	NT		Bo1A		Bo1B	
	Bo1		Bo2A		Bo2B	
	Bo2		Bo		P1	
	P2		Bp1		Bp2	
	Bq1		Bq2		Bq1′	
	Bq2′		Br1		Br2	
	DAT1		DAT2		DAT	
片疤情况	Bg			ENT		
	Bd1		Be1		Bd2	
	Be2		Bde1		Bde2	
	BdeT		Bf		Bh1	
	Bh2		BhT		Bi1	
	Bi2		BiT		Bj1	
	Bj2		Bj		Bk1	
	Bk2		Bk		BnA	
	BnB		BlA		BlB	
	BlA1		BlB1		Bl1	
	BlA2		BlB2		Bl2	

（续表）

<table>
<tr><td rowspan="7">加工特征</td><td>原始表面保留状况</td><td colspan="2"></td><td>原始表面保留比率</td><td colspan="2"></td></tr>
<tr><td>尖端形状</td><td colspan="2"></td><td>片疤位置</td><td colspan="2"></td></tr>
<tr><td>两刃加工均一程度</td><td colspan="2"></td><td>跟部保留状况</td><td colspan="2"></td></tr>
<tr><td>Bf</td><td></td><td>Bep</td><td></td><td>Bx</td><td></td></tr>
<tr><td>By</td><td></td><td>Bv</td><td></td><td>Bu1</td><td></td></tr>
<tr><td>Bu2</td><td></td><td>Bu</td><td></td><td>Bu1′</td><td></td></tr>
<tr><td>Bu2′</td><td></td><td>Bu′</td><td></td><td></td><td></td></tr>
<tr><td rowspan="7">边缘状况</td><td>边缘形状</td><td colspan="2"></td><td>边缘扁平状况</td><td colspan="2"></td></tr>
<tr><td>边缘加工</td><td colspan="2"></td><td rowspan="2">边缘片疤延伸状况</td><td colspan="2" rowspan="2"></td></tr>
<tr><td>斜刃状况</td><td colspan="2"></td></tr>
<tr><td>远端形状</td><td colspan="2"></td><td>远端加工</td><td colspan="2"></td></tr>
<tr><td>中远端剖面形状</td><td colspan="2"></td><td>中远端两边对称状况</td><td colspan="2"></td></tr>
<tr><td>两边状况</td><td colspan="2"></td><td>标本对称状况</td><td colspan="2"></td></tr>
<tr><td>两面加工状况</td><td colspan="2"></td><td>两面对称状况</td><td colspan="2"></td></tr>
<tr><td colspan="2">第二步加工状况</td><td colspan="5"></td></tr>
</table>

附表 9　斧状器观察及测量项目表

素材情况	素材类型		素材形状		素材厚度情况	
	L1		L2		L3	
	l1		l1′		l2	
	l3		l4		l5	
	e1		e2		Hc	
	L1 ∶ L2		L2 ∶ L1		L3 ∶ L1	
	L2 ∶ L3		l1 ∶ L1		l1 ∶ L3	
	l4 ∶ L1		l2 ∶ l1		l3 ∶ l1	
	l2 ∶ l5		e1 ∶ l1		l1 ∶ e1	
	e1 ∶ L1		e1 ∶ L3		e2 ∶ e1	
刃缘情况	刃缘形状		刃缘特征		尺寸比率 延伸比率	
	相交边缘		相交角度		尺寸比率 扁平比率	
	Hng		Hnd		Ho	
	Hp		Hq		Hr	
	Hm		Hu		Hx	
片疤情况	Hg		Hs			
	Hd		He		Hb1A	
	Hb1B		Hb1		Hb2A	
	Hb2B		Hb2		Hde1	
	Hde2		Hh		Hi	
	Hj		Hk		HlA1	
	HlB1		Hl1		HlA2	
	HlB2		Hl2			
加工特征	原始表面保留状况			原始表面保留比率		
	尖端形状			片疤位置		
	两刃加工均一程度			跟部保留状况		
	Hf		Hg1		HyA1	
	HyA2		HyA		HyB1	
	HyB2		HyB		Hy	
	HyAx		HyBx		Hyx	
边缘状况	边缘形状			边缘扁平状况		
	边缘加工			边缘片疤延伸状况		
	斜刃状况					
	远端形状			远端加工		
	中远端剖面形状			中远端两边对称状况		
	两边状况			标本对称状况		
	两面加工状况			两面对称状况		
第二步加工状况						

旧石器时代考古学常用词汇
中文—法文—英文对照表

一、打制石器加工方法

中文	法文	英文
方（技）法	méthode	method
技术	technique	technique
操作链	chaîne opératoire	“chaîne opératoire”
打击	percussion	percussion
直接打击法	percussion directe	direct percussion
硬锤直接打击法	percussion directe au percuteur de pierre	direct percussion with a hard hammer
间接打击法	percussion indirecte	indirect percussion
软锤间接打击法	percussion indirecte au percuteur tendre	indirect percussion soft hammer
压制法（剥片）	débitage par pression	pressure débitage
初始剥片	épannelage	preliminary
再修型	ravivage	resharpening
制作（过程）	tailler	knap
制作（过程）的	taille, taillé(e)	knapping, knapped
加工（修型）	façonnage	shaping
加工（修型）	façonner	shape

（续表）

中文	法文	英文
加工（修理）	retouche	retouch
修成型	mis en forme	shaping out
初步修型	préforme	preform
剥片制品	produits de débitage	débitage produits
粗凿（剥第一块石片的）	entame	first flake
粗凿（加工）	ébauche	roughout
剥石皮	décorticage	cortex removal
剥片	débitage	“débitage”
形态的	morphologie	morphology
打制石器时的意外断裂	accident de taille	knapping accident
超过	outrepassé	plunging
斯瑞特断裂	Siret(accident de)	Siret accidental(break)
舌形	langutte	tongue
划艇形（断裂）	nacelle	“nacelle”
工具	outil	tool
破裂	fractionnement	breakage
断裂	fracture	fracture
断裂的面部	front de fracture	fracture front
拼合	remontage	refitting
连接	raccord	Conjoining(flake)
预备	préparation	preparation
磨平	égrisage	rub
磨光的	poli(e)	polished
磨制的	polissage	polishing
石叶剥片	débitage laminaire	Débitage bladelet
石刀打击法	tranchet(coup de)	tranchet blow technique
勒瓦娄瓦（技术）	Levallois(méthode)	Levallois (method)
勒瓦娄瓦尖状器	pointe de Levallois	Levallois point
空吧哇（技术）	Kombeva(méthode)	Kombeva(method)
由别式（技术）	Méthode Yubetsu	Yubetsu(method)
热处理	traitement thermique	heat treatment

二、加工工具

中文	法文	英文
石锤	percuteur	hammer
石砧	enclume	anvil
丁字状（剥片工具）	béquille	crutch
（石叶）剥片的凿子	chasse-lame(ciseau)	punch
凿子	punch	punch

三、被加工对象

1. 原料及素材

（1）定位

中文	法文	英文
素材	support	blank
石制品	industrie	industry
定位	orientation	orientation
完整砾石	galet entire	complete pebble
断裂砾石	galet cassé	broken pebble
六个面	six faces	six faces
顶（上）面	face supérieure	upper face
底（下）面	face inférieure	lower face
左侧面	face gauche	left face
右侧面	face droite	right face
远端面	face distale	distal face
近端面	face proximale	proximal face
结核	rognon	nodule
石块	bloc	block
小块	plaquette	flakelet
小碎屑	déchet	a small flake
断块	fragement	fragement
碎片（屑）	débris	debris

（续表）

中文	法文	英文
远端边	bord distal	distal edge
右侧边	bord droit	right edge
左侧边	bord gauche	left edge
边缘	bord	edge
陡边	bord abattu	abattu edge
底部，跟部（近端）	base	base
雕刻器加工的末端	chute de burin	burin spall

（2）石核

中文	法文	英文
石核	nucléus	core
石核型的	nucléiforme	core-like
圆盘形石核	nucléus disque	disk core
金字塔形石核	nucléus pyramidal	pyramidal core
两面金字塔形石核	nucléus bi-pyramidal	bi-pyramidal core
棱柱体石核	nucléus prismatique	prismatic core
西维多利亚石核	nucléus Victoria West	Victoria West core
球状（石核）	polyédrique	polyhedral
球状	sphéroïdal	spheroidal
单台面石核	nucléus à plateforme unique	single-platform core
双台面石核	nucléus à plateformes deux	two-platform core
多台面石核	nucléus à plateformes multiples	multi-platform core
石核剩块	nucléus restant	leftover stone core
砾石石皮	cortex	cortex
剥片面	surface débitage	flaked surface
石片疤	enlèvement	removal
（石核上的）反泡	contre-bulbe	negative bulb
（石核台面上的）檐	corniche	overhang
（冠状）嵴	crête	crest
片疤阴痕	négatif d’enlèvement	negative of removal(scar)

（3）石片

中文	法文	英文
石片	éclat	flake
石叶	lame	blade
细石叶	lamelle	bladelet
有冠石叶	lame à crûte	crested blade
（打击）台面	plan de frappe	striking platform
有石皮的台面	plan de frappe cortical(talon cortical)	cortical striking platform(cortical butt)
平滑台面	plan de frappe lisse(talon lisse)	plain striking platform(plain butt)
有小面台面	plan de frappe préparé(talon facetté)	prepared striking platform(facetted butt)
压制台面	plan de frappe pression	pressure striking platform
似骑兵帽的台面	talon en chapeau de gendarme	platform “chapeau de gendarme”
似鸟翼的台面	talon en aile d’oiseau	winged platform
山嘴（马刺）形台面	talon en éperon	spur platform
两个面的（台面）	talon dièdre	dihedral platform
有三个打击的（台面）	talon piquant trièdre	trihedral platform
远端边	extrémité distale	distal end
中间部分	partie mésiale	mesial part
近端边	extrémité proximale	proximal end
背（上）部	face supérieure	upper face
背部	dos	back
脊	arête	ridge
石皮的	cortical(e)	cortical
打击点	point d’impact	impact point
破裂（腹、下）面	face inférieure	lower face
唇部	lèvre	lip
打击泡	bulbe	bulb
贝壳状的	conchoïde	conchoid
锥体	cône	cone
柳叶纹	lancette	hackle
波浪纹	ondulation	ripples

（续表）

中文	法文	英文
有刺的	éperon	spur
锥疤	ésauillement du bulbe	bulb scars
平滑的	lisse	flat(plain)
线状的	linéaire	linear
点状（台面）	punctiforme	punctiform
凸肩	épaulement	shoulder
（石片）打击角度	angle de chasse	"angle de chasse"
（石片）破裂角度（石片角）	angle d' éclatement	flaking angle
（剥片时的）偶然断裂	accident de taille	knapping accident

（4）石器

中文	法文	英文
砾石石器		
单向（面）加工的石核石器	chopper	chopper
有孤立片疤的砾石	galet à enlèvement isolé	pebble with an isole removal
双向（面）加工的石核石器	chopping-tool	chopping-tool
手斧	biface	handaxe
阿布维利手斧	bifaces abbevilliens	Abbevillian handaxes
菲克隆手斧	les <Ficrons> bifaces	Ficrons handaxes
鲽鱼形手斧	les <limandes>	dabfish handaxes
米科克文化手斧	bifaces Micoquiens	Micoquiens handaxes
心形手斧	bifaces cordiformes	heart-shaped handaxes
三边形手斧	bifaces triangulaires	triangular handaxes
斧状器	hachereau	cleaver
石球	bola	bola
两面修理（使成型）	façonnage bifacial	bifacial shaping
多面体和球形状修理（使成型）	façonnage polyédrique et sphéroïdal	polyhedral and spheroidal shaping
三面修理（成型）	façonnage triédrique	triangular prism shaping
四面修理（成型）	façonnage quadrangulaire	quadrilateral shaping

（续表）

中文	法文	英文
石片石器		
刮削器	racloir	scraper
凹缺刮器	encoche	coche
尖突	bec	beak
雕刻器	burin	burin
雕刻器的齿状刃	dent du burin	burin tip
细小雕刻器	microburin	microburin
（雕刻器的）面	pan(du burin)	burin face
雕刻器的修尖	recoupe de burin	sharpening spall
端刮器	grattoir	end-scraper
端刮器的面部	front de grattoir	end-scraper front
钻头	perçoir	drill
小钻头	microperçoir	microdrill
平切器	troncature	truncation
刨形器	rabot	colter
锯	scie	saw
有肩的凹缺	cran	shoulder
锯齿状的	denticulé(e)	denticulated
有角的	déversé	canted
鼻部	museau	nose
有柄的	pédoncule	tang
刀柄状	soie	tang(long, narrow)

四、加工方向

中文	法文	英文
天然（未加工）的	brut	untreated
无加工的	brut de débitage(brut de taille)	unretouched
正向（直接）的	directe(e)	direct
反向	inverse	inverse
间接的	indirect(e)	indirect

（续表）

中文	法文	英文
破裂	cassure	break
裂缝	brisure	snap
长轴	axe	axis
形态长轴（方向）	axe morphologie	morphological axis
剥片长轴（方向）	axe de débitage	“débitage” axis
琢制（凿磨）	bouchardage	pecking
交替（转向）加工（同一边缘）	alternant(e)	alternating
错向加工（不同边缘）	alterne	alternate
雕刻器（加工）	burin(technique du coup de)	burin (blow technical)
有凹槽的	cannelé	fluted
龙骨状（船下体）的	caréné(carénage)	careenated
凹缺	coche	notch
低角度的	rasant(e)	low angle
变钝的	émoussé	blunted
阶梯形的	scalariforme	stepped
半陡的	semi- abrupt(e)	semi- abrupt
有光泽的	lustre	gloss
（片疤）轮廓	délinéation(enlèvement)	delineation(removal)
直线的	rectiligne	rectilinear
弯曲的	concave	concave
凸起的	convexe	convex
凹缺的	(en) coche	notched
齿状的	denticulé	denticulated
不规律的	irrégulier	irregular
有规律的	régulier	regular
（片疤）延伸	étendue(enlèvement)	extent(removal)
短的	courte	short
长的	longue	long
侵入的	envahissante	invasive
覆盖的	couvrante	covering
（片疤）倾斜度	inclination(enlèvement)	angle(of removal)

（续表）

中文	法文	英文
陡的	abrupte	abrupt
交错陡的	abrupte croisée	crossed abrupt
半陡的	semi-abrupte	semi-abrupt
（低）锐角的	rasante	low
（片疤）定位	localisation(enlèvement)	localization(removal)
远端边的	distale	distal
中段边的	mésiale	mesial
近端边的	proximale	proximal
右侧边的	droite	right
左侧边的	gauche	left
底部（跟部）的	basale	basal
（片疤）的形态	morphologie d'un enlèvement	a removal morphology
鳞片形的	écailleuse	scaled
阶梯形的	scalariforme	stepped
近平行形的	subparallèle	sub-parallel
平行形的	parallèle	parallel
（片疤）位置	position(enlèvement)	position(removal)
正向的	directe	direct
反向的	inverse	inverse
错向的	alterne	alternate
转向（交互）的	alternante	alternating
交错的	croisée	crossed
两面的	bifaciale	bifacial
（片疤）分布	répartition(enlèvement)	distribution(removal)
连续的	continue	continuous
不连续的	discontinue	discontinuous
部分（局部）的	Partiel(le)	partial

参考文献

Toth N. The stone technologies of early hominids at Koobi Fora, Kenya: anexperimental approach in Department of Anthropology, Vol. PH.D. University ofCalifornia, Berkeley, 1982, 73-75.

Bordes F. The Old Stone Age. World University Library, McGraw-Hill Book Compent, New York & Toronto. 1968, 1-256.

Movius, H. L.. Early Man and Pleistocene stratigraphy in Southern and Eastern Asia. Papers Peabady Mus. Amer. Arch. & Eth., Harzurd Univ., 1944, 19: 1-15.

Leakey, M, D..Olduvai Gorge:excavation in Beds 1 and 2.1961-1963. Cambridge;Cambridge University Press.1971.

Clark, J.D.and M.R.Kleindienst. Kalambo Falls Prehistoric Site, II, The Later Prehistoric Cultures. Cambridge University Press, Cambridge.1974.

Bhattacharya, D.K.. Old Stone Age Tools(A manual of laboratory techniques of analysis), K. P. Bagchi and Company, Calcutta.1979.

Freeman, L.G.. Paleolihic archaeology and Paleoanthropolgy in China.Eds Howells, W.W and Teuchitani, P, J., Paleoanthropolgy in People's Republic of China:79-113. 1977.

Tixier J., Inizan M.-L., Roche H.. Préhistoire de la pierre taillée 1 : terminologie et technologie.Paris, C.R.E.P.1980.

Andrefsky, W. . Lithics: Macroscopic approaches to analysis (Second edition), Cambridge University Press, Cambridge, New York.2005.

Bar-Yosef O, Kuhn SL. The Big Deal about Blades: Laminar Technologies and Human Evolution. American Anthropologist, 1999. 101: 322-338.

Bordes, F.. Typologie du Paleolithique Ancien et Moyen. In: Menoires de Institut Prehistoriques de I'Universite de Bordeaus I, 2 vols. Bordeaus Delmas.1961.

Deetz Jas.March.Invitation to archaeology, Nat. Hist. Press, N. Y., 1-150.1967.

Frison G.C.. A Functional Analysis of Certain Chipped Stone Tools. American Antiquity，1968. 33:149-155.

Gao, X.. Explanations of typological variability in Paleolithic remains from Zhoukoudian Locality 15, China. Ph.D dissertation, The University of Arizona, 2000， 1-295.

Bordes F, de Sonneville Bordes D..The significance of variability in Paleolithic assemblages. World Archaeology, 1971, 2(1):61-73

Binford LR, Binford SR. A preliminary analysis of functional variability in the Mousterian of Levallois facies. American Anthropologist, 1966, 62(2):238-295

Binford SR, Binford LR.Stone tools and human behavior. Scientific American, 220(4):1969, 70-84.

Frank F. C. Lawn B. R.. On the Theory of Hertzian Fracture. Proc. R. Soc. Lond. A . 1967, 299(1458): 291-306.

Henry de Lumley, Gérard Batalla i Llasat, Dominique Cauche, Olivier Notter et Li Tianyuan, Li Yanxian et Feng Xiaobo. L'industrie du Pléolithique inférieur du site de l'Homme de Yunxian. In: Le site de l'Homme de Yunxian. Quyuanhekou, Quingqu, Yunxian, Province du Hubei(Sous la direction de Henry de Lumley et Li Tianyuan). CNRS Editions, Paris, 2008, 467-584.

Jean-Luc Piel-Desruisseax.Outils préhistoriques——Du galet taillé au bistoury d'obsidienne. Masson Paris, France, 2007.

裴文中 . 中国史前时期之研究 . 上海：商务印书馆，1948 年。

裴文中，贾兰坡 . 山西襄汾县丁村旧石器时代遗址发掘报告 . 北京：科学出版社，1958 年。

贾兰坡等 . 匼河——山西西南部旧石器时代早期文化遗址 . 北京：科学出版社，1962 年。

王建，陶富海，王益人 . 丁村旧石器时代遗址群调查发掘简报 . 文物季刊，1994，(3)，1-75。

王益人．石片类型学新论．天道酬勤桃李香——贾兰坡院士百年诞辰纪念文集．北京：科学出版社，2008。

张森水．中国旧石器文化．天津：天津科学技术出版社，1987 年。

贾兰坡，卫奇．阳高许家窑旧石器文化遗址．考古学报，1976，(2)，97—114。

裴文中，张森水．中国猿人石器研究．北京：科学出版社，1985 年。

陈淳．石器时代分野问题．考古，1994，(3)，239—246。

陈淳．谈旧石器类型学．人类学学报，1994，13(4)，374—382。

陈淳．再谈旧石器类型学．人类学学报，1997，16(1)，74—80。

陈淳．两极法与 pièce esquillées. 人类学学报，1998，17(1)，73—80。

陈淳．旧石器时代考古学的昨天与今天．第四纪研究，1999，(2)，148—154。

陈淳．考古学的理论与研究．上海：学林出版社，2003。

陈淳．考古学的范例变更与概念重构．南方文物，2011，(2)，78—84。

王建，王益人．石片形制探究——旧石器考古研究的一种新的理论与方法．考古与文物，1988，(2)，12—30。

李炎贤．关于石片台面的分类．人类学学报，1984，(3)，253—258。

李炎贤，文本亨．观音洞——贵州黔西旧石器时代初期文化遗址．北京：文物出版社，1986 年。

李炎贤．河北阳原板井子石制品的初步研究．中国科学院古脊椎动物与古人类研究所参加第十三届国际第四纪大会论文选．北京：北京科学技术出版社，1991 年。

蔡回阳．贵州普定白岩脚洞石片的初步研究．人类学学报，1989，(4)，335—342。

卫奇．石制品观察格式探讨．第八届中国古脊椎动物学学术年会论文集（邓涛，王原主编）．北京：海洋出版社，2001，209—218。

李炎贤．关于石片台面研究的一些问题——兼与卫奇先生商榷．江汉考古，2004，(2)，35—42。

卫奇．关于石片台面研究问题的问题．文物春秋，2006，(4)，1—12。

卫奇．就石片台面问题答李炎贤．江汉考古，2006，(4)，86—91。

陈淳．考古学理论．上海：复旦大学出版社，2004 年。

广西壮族自治区博物馆编（黄启善主编）．百色旧石器．北京：文物出版社。

贺存定．石器分类和命名刍议．长江文明，2012，(1)，1—12。

李炎贤．关于石片台面的分类．人类学学报，1984，3(3)，253—258。

林圣龙．中国的薄刃斧．人类学学报，1992，11(3)，193-201。

林圣龙．中西方旧石器文化中的技术模式的比较．人类学学报，1996，15(1)，1—20。

王社江．洛南盆地的薄刃斧．人类学学报，2006，25(4)，332-342。

山西省考古研究所（王益人主编）．丁村旧石器时代遗址群—丁村遗址群 1976—1980 年发掘报告．北京：科学出版社，2014。

王幼平．中国远古人类文化的源流．北京：科学出版社，2005。

王幼平．石器研究——旧石器时代考古方法初探．北京：北京大学出版社，2006。

张森水．丁村 54:100 地点石制品研究．人类学学报，1993，12(3)，195—213。

张森水．丁村 54:90 地点石制品研究．人类学学报，1994，13(3)，209—222。

冯小波．郧县人遗址石核的研究．人类学学报，2004.23（1）:1—12。

冯小波．湖北郧县人遗址石器的第二步加工．华夏考古，2003，（4）：32—38。

杜杰，冯小波，王凤竹等．湖北省郧县肖家河发现的石制品．华夏考古，2015，(1)，26—33。

北京联合大学应用文理学院等．湖北省郧县黄家窝旧石器时代遗址石制品初步研究．中原文物，2014，(5)，16—23。

北京联合大学应用文理学院历史文博系等．湖北郧县刘湾旧石器时代遗址发掘简报．江汉考古，2012，(6)，3—11。

李英华．旧石器技术：理论与实践．北京：社会科学文献出版社，2017。

内蒙古博物院，中国科学院古脊椎动物与古人类研究所（冯兴无，汪英华主编）．大窑遗址研究——四道沟地点（1980—1984）．北京：科学出版社，2015。

广西壮族自治区自然博物馆编（王頠主编）．广西百色盆地枫树岛旧石器遗址．北京：科学出版社，2014。

陕西省考古研究院等．花石浪（Ⅰ）——洛南盆地旷野类型旧石器地点群研究．北京：科学出版社，2007。

中国科学院古脊椎动物与古人类研究所等．盘县大洞：贵州旧石器初期遗址综合研究．北京：科学出版社，2012。

裴树文．旧石器时代石制品室内观察项目探讨．第十四届中国古脊椎动物学学术年会论文集（董为主编）．北京：海洋出版社，2014，181—194。

后　记

1989 年我从北京大学考古学系毕业后入职湖北省文物考古研究所，参与了湖北省十堰市郧县（郧阳区）“学堂梁子（郧县人）遗址”的发掘，时间倏忽一过，三十四载光阴，却仿佛还在昨日，而自己从一个考古小白慢慢成长为一名考古发掘项目负责人（考古发掘领队），唏嘘不已。曾自嘲“误上”旧石器时代考古研究之船，幸得前师明灯引路，又有同仁同行鞭策，更兼后学紧迫督学，虽天资愚钝，仍勉力前行。

以我自己的求学经历可以窥见中国旧石器时代考古学研究（尤其是石器类型学）一个阶段的发展历程，供大家参考。

我虽在本科生阶段随吕遵谔师、黄蕴萍师习旧石器时代考古学之皮毛，但一直不得其解。1990 年随李天元师初入旧石器时代考古研究之门，幸有李天元师为我答疑解惑，在参与“郧县人遗址”发掘期间，我基本上只做些发掘工地上后勤及民工管理之杂事，室内整理时只对修理哺乳动物化石兴趣稍浓，无法深入其中，乃至天元师调侃我是一个“尖”屁股，根本静不下心来做研究。

转机在 1996 年到来，中国科学院古脊椎动物与古人类研究所李炎贤师、计宏祥师南下武汉，加入“郧县人遗址”研究课题组。李天元师嘱我随李炎贤师专攻石器研究，我虽应允，实则忐忑，皆因自己基础全无，岩性不解，类型不识。李炎贤师不嫌我资质愚钝，不厌其烦为我解答专业人员皆不会提出的唐突之问，如“石器怎么放啊”“何为砍砸器”“何为刮削器”“何为手斧”“何为正向加工”“何为反向加工”等最最基本的概念。如今回想起来惭愧不已，遂有了 1998 年发表的《郧县人遗址发现的石制品》[《人类学学报》，1998，17（2），94-114]。这是我在李炎贤师、天元师等指导下首次亲身参与石器研究论文的撰写，为我后来的学术生涯打下了较为坚实的基础。

1999 年 10 月，经过中国科学院古脊椎动物与古人类研究所李炎贤师联络，法国人类古生物学研究所所长 Henry de LUMLEY 教授率领研究团队赴武汉，在东湖之畔的湖北省文物考古研究所与该所研究人员共同考察了“郧县人遗址”1989—1998 年发现的古人类化石、沉积学样品、石制品、哺乳动物化石等材料。

自 2000 年开始，湖北省文物考古研究所与法国人类古生物学研究所、摩纳哥亲王阿尔伯特一世基金会、法国国家自然历史博物馆史前考古实验室、欧洲史前研究中心史前考古实验室联合开展“郧县人遗址”相关研究。就是在这次合作研究过程中，我第一次接触到一种之前没有见过的石制品研究方法，法国学者对石制品观察得特别仔细，石核、石片、石核石器、石片石器均有单独的观察卡片，观察的项目很多，且有专人、专业工具绘制石制品、动物化石、古人类化石线图。中、法两国研究人员在郧县人遗址获取了大量沉积学样品，进行了实验室分析。最终于 2008 年形成了法语版相关研究成果《Le site de l’Homme de Yunxian》，为郧县人遗址的后续整理提供了新的方法和理论参考。

2004 年至 2005 年，在法国人类古生物学研究所所长 Henry de LUMLEY 教授的大力支持下，我赴法国人类古生物研究所（简称“IPH”，中国旧石器时代考古学之父裴文中先生攻读博士学位的研究所）系统学习了旧石器时代考古研究的理论与方法。学成归国后从 2009 年即开始借鉴法国成熟的旧石器时代考古类型学方法研究“郧县人遗址”发现的石制品，出版了《学堂梁子——郧县人遗址（1989—1995 年）考古发掘报告：石制品研究》（湖北省文物考古研究所编著，冯小波主编，中国社会科学出版社，2022 年）。

为了继续全面丰富、完善自己的旧石器时代考古知识体系，2007 年—2010 年，我北上中国科学院古脊椎动物与古人类研究所，随高星师做博士后研究，融合中国与国外（主要是法国）旧石器时代考古石制品类型学研究理论体系，形成了一套较为完备的旧石器时代考古石制品类型学研究方法，且通俗易懂、操作简便。

2010 年博士后出站后，我供职于北京联合大学，开始在培养研究生的过程中让学生们使用这种方法，并随时补充、完善。学生们用这种方法研究了湖北省十堰市丹江口库区的郧县人、刘湾、黄家窝、滴水岩、韩家洲、艾河、雷陂、崔家坪，以及广西百色盆地的百谷、南坡山、杨屋等十几个旧石器时代遗址的石制品，得出了非常客观、合理的结论。

值本书出版之际，首先要感谢中国科学院古脊椎动物与古人类研究所李炎贤研究员和法国人类古生物学研究所所长 Henry de Lumley 教授，在他们的教诲下，我全面、系统地学习了法国的旧石器时代石制品研究方法；其次要感谢湖北省文物考古研究所李天元研究员，是他带领我走上旧石器时代考古学研究之路。还要感谢的人还有很多，中国科学院古脊椎动物与古人类研究所吴新智院士、计宏祥研究员、高星研究员、裴树文研究员、侯亚梅研究员，北京大学考古文博学院吕遵谔教授、黄蕴萍教授、王幼平教授，湖北省文物考古研究所陈振裕所长、王红星所长、方勤馆（所）长，云南省文物考古研究所高峰研究员，广西文物保护与考古研究所谢光茂研究员，湖南省文物考古研究所袁家荣研究员，河北省文物考古研究院刘连强研究员、王法岗研究员，河北师范大学谢飞教授、梅惠杰副教授，吉林大学考古学院陈全家教授，山西博物院石金鸣研究员，山西省考古研究院王益人研究员，山西大学考古文博学院李君教授、宋艳花教授。

特别感谢北京联合大学应用文理学院对本书出版的资助，特别是张宝秀教授、张景秋教授等院领导对本书的关心与支持。

感谢北京联合大学自 2010 年即参与旧石器时代考古遗址调查、发掘、整理的研究生及本科生们，尤其是要感谢周天媛同学承担了本书线图清绘及制表的主要工作。

感谢金城出版社编辑欧阳云的耐心、细心和支持，可以说没有你的鼓励，就没有如今呈现给读者的这本书。

冯小波
2023 年 5 月 18 日于北京